»Wider den undeutschen Geist«

Heinz Kiwitz
Holzschnitt zu N. Marceau
Cinq Ans de Dictature Hitlerienne
Paris 1938

»Wider den undeutschen Geist«

Bücherverbrennung 1933

Werner Treß

Parthas

Dieses Buch wurde in neuer Rechtschreibung geschrieben. In den Zitaten blieb die alte Rechtschreibung erhalten. Fehler, auch die Schreibweise der Autorennamen betreffend, wurden hier nicht bereinigt.

Lektorat: Karin Schneider und Klaus Wettig
Gestaltung und Satz: Gaston Isoz
Gesamtherstellung: Albdruck, Berlin

Stresemannstraße 30
10 963 Berlin

ISBN 3-932529-55-3

Vorwort

Vor siebzig Jahren, in den späten Abendstunden des 10. Mai 1933, erhellten brennende Scheiterhaufen die zentralen Plätze der meisten deutschen Universitätsstädte. Große Menschenmengen waren aufmarschiert, um öffentlich Bücher zu verbrennen. Studenten in SA-Uniform schleuderten die Bücher von Heinrich Mann, Kurt Tucholsky, Bertolt Brecht, Sigmund Freud und vielen weiteren Schriftstellern, Publizisten und Wissenschaftlern in die Flammen, während mit gellender Stimme ausgerufene »Feuersprüche« den »undeutschen Geist« ihrer Werke geißelten. Professoren traten in Talaren vor die Scheiterhaufen, um »Brandreden« zu halten und verliehen so diesem schauderhaften Ritual eine akademische Weihe.

Nach ihrer Machtübernahme am 30. Januar 1933 hatten die Nationalsozialisten in wenigen Wochen die Grundrechte der Weimarer Verfassung beseitigt. Die Parlamente und die Institutionen des öffentlichen Lebens wurden gleichgeschaltet, Zuchthäuser und erste Konzentrationslager füllten sich mit Menschen, die es gewagt hatten, diesem Angriff auf die Demokratie entgegenzutreten. Jüdische und kritische Intellektuelle emigrierten in Scharen. Das Schicksal des Exils bedeutete für sie, dass sie mit ihrem Land auch ihre Sprache verloren – die Sprache, in der sie gelesen, gedacht, geschrieben und in der sie publiziert hatten. Einige Schriftsteller ertrugen diese Situation nicht und nahmen sich das Leben, wie 1935 Kurt Tucholsky. Anderen gelang es, neuen Mut zu schöpfen. Viele der emigrierten Kulturschaffenden organisierten sich im Exil. Sie gründeten Verbände, Akademien, Verlage und versuchten so, sich vor der Weltöffentlichkeit und den noch in Deutschland Ausharrenden Gehör zu verschaffen. Der Historiker Peter Gay beschrieb später das Exil der Deutschen als die »*größte Versammlung an Geist, Talent und Gelehrsamkeit, deren Exodus die Welt je gesehen hat*«.[1]

Es waren Geist, Talent und Gelehrsamkeit jener, deren Bücher auf den Scheiterhaufen des 10. Mai verbrannten. Diejenigen, die zu den Bücherverbrennungen aufmarschiert waren, wollten sich mit ihrer Tat als neue geistige Elite des Dritten Reiches präsentieren.

Mit der Verbrennung und dem Verbot der Bücher begann auch das Vergessen ihrer Autoren. Dass viele der betroffenen Schriftsteller in Vergessenheit gerieten, zeigt die nachhaltige Wirkung der Bücherverbrennung bis in die heutige Zeit.

Umso wichtiger ist es, der Bücherverbrennungen des 10. Mai 1933 und ihrer Opfer zu gedenken. Dazu will das vorliegende Buch beitragen, indem es die Vorgeschichte und den Verlauf der nationalsozialistischen Bücherverbrennungen dokumentiert.

Berlin, im März 2003

Werner Treß

1 Peter Gay, *Die Republik der Außenseiter*, Frankfurt am Main 1970, Vorwort.

Die Bücherverbrennung auf dem Wartburgfest 1817 nach einer Zeichnung von W. Friedrich. Mit den angefeindeten Büchern, darunter Werke von August Friedrich Kotzebue und Saul Ascher, wurden ein Korporalsstock, ein Schnürleib und ein Perückenzopf als Symbole der Restauration verbrannt.

Einleitung

Das Mahnmal auf dem Berliner Bebelplatz

Wer heute in Berlin entlang der Linden das Forum Fridericianum besucht und dabei den Bebelplatz überquert, findet in der Mitte des Platzes ein Mahnmal zum Gedenken an die Bücherverbrennung des 10. Mai 1933. An dem Ort, wo damals Tausende Bücher vernichtet wurden, ist heute eine Glasplatte in den Boden eingelassen. Durch sie hindurch fällt der Blick in einen hell erleuchteten unterirdischen Raum, dessen Wände, in Weiß gehalten, von leeren Bücherregalen bedeckt sind. Die tiefe Leere dieses Raumes symbolisiert den unermesslichen geistigen Verlust, der sich in die Geschichte dieses Platzes eingebrannt hat. Zugleich erblickt der Betrachter in den leeren Regalwänden aber auch die zahllosen Lücken, welche die Bücherverbrennung im eigenen Gedächtnis hinterlassen haben muss. Denn selbst die belesenen Besucher des Mahnmals von Micha Ullman vermögen es nicht, vor ihrem geistigen Auge die Regalwände wieder mit den Namen der Autoren und den Titeln ihrer Werken zu füllen, die einst auf dem Bebelplatz verbrannt wurden.

Wenige Meter neben dem Mahnmal erinnern eiserne Gedenktafeln an das Ereignis des 10. Mai 1933. Heinrich Heines Voraussage wird zitiert: »*Das war ein Vorspiel nur, dort wo man Bücher verbrennt, verbrennt man auch am Ende Menschen.*«[2] Diese 1823 von Heine veröffentlichten Worte an diesem Ort zu lesen, lassen einen erschaudern, so prophetisch wirken sie: »Und so ist es auch gekommen«, könnte der verweilende Leser denken, »1933 verbrannten die Nazis Tausende Bücher, 1938 Hunderte Synagogen und schließlich verbrannten sie Millionen ermordeter Menschen in den Krematorien der Vernichtungslager.«

Bücherverbrennungen vor 1933 – ein historischer Abriss

Das Gedenken, zu dem uns das Heine-Zitat anregt, lässt uns fragen, woraus Heinrich Heine diese Worte geschöpft haben mag. Es wäre wenig glaubhaft

2 Heinrich Heine, *Ludwig Börne. Eine Denkschrift*, in: *Sämtliche Schriften in zwölf Bänden*, hg. von Klaus Briegleb, Bd. 7, Frankfurt am Main u.a. 1981, S. 88.

3 Hermann Rafetseder, *Bücherverbrennungen. Die öffentliche Hinrichtung von Schriften im historischen Wandel*, Wien u.a. 1988, S. 9 ff.

und dem aufgeklärten Geist dieses Dichters nicht angemessen, wollte man behaupten, Heine habe prophetische Gaben besessen.

Nur wenige Jahre bevor Heine diesen Satz in seiner Tragödie *Almansor* niederschrieb, hatten die neu gegründeten Burschenschaften 1817 auf dem Wartburgfest eine Bücherverbrennung initiiert. Neben anderen Werken, deren Autoren sich gegen die nationalistische Turnerbewegung Friedrich Ludwig Jahns oder für die Restauration aussprachen, landete auch das Buch *Geschichte des deutschen Reiches von den Anfängen bis zu seinem Untergang* des schreibenden russischen Generalkonsuls August Friedrich von Kotzebue in den Flammen. Im Feuerschein stand auch der Student Karl Ludwig Sand, der Kotzebue 1819 in Mannheim durch einen Dolchstoß ermordete.

Heine hatte also einen durchaus aktuellen Anlass, die mörderische Dimension zu erkennen, die in öffentlichen Bücherverbrennungen zum Ausdruck kam. In seiner Denkschrift über Ludwig Börne schrieb Heine später über das Wartburgfest: »[...] *hier aber auf der Wartburg, krächzte die Vergangenheit ihren obskuren Rabengesang, und bei Fackellicht wurden Dummheiten gesagt und getan, die des blödsinnigsten Mittelalters würdig waren!*«

Heines Worte weisen unser Gedenken auch auf jene Spuren, die sich durch das Schreckensinstrument öffentlicher Scheiterhaufen tief in das historische Gedächtnis der Menschen in Europa eingebrannt haben. Im deutschsprachigen Raum wurde bis in das 18. Jahrhundert hinein die öffentliche Verbrennung von Menschen auf dem Scheiterhaufen praktiziert. Ebenso üblich war es, theologisch und politisch verworfene Bücher zu verbrennen. In historischen Untersuchungen ist dieser Vorgang auch mit dem Begriff »Buchhinrichtung«[3] bezeichnet worden. Bücher wurden stellvertretend für ihre Verfasser hingerichtet, wobei das Buch in einer Einheit mit dem Geist seines Verfassers gesehen wurde. In der frühen Neuzeit war es nach der Verurteilung eines Buches durch die Zensurbehörden folgerichtig die Aufgabe des zuständigen Scharfrichters, die Verbrennung des Buches durchzuführen.

Menschen wurden auch zusammen mit ihren Büchern öffentlich auf dem Scheiterhaufen verbrannt. Im späten Mittelalter, während des Konzils von Konstanz, musste 1415 der als Ketzer verurteilte Jan Hus der Verbrennung seiner Bücher zusehen, bevor man ihn selbst auf den Scheiterhaufen führte.

Bücherverbrennungen haben in der europäischen Geschichte eine Tradition, die bis ins Altertum zurückreicht. Aus dem antiken Athen ist die Verbrennung der Schriften des Philosophen Protagoras überliefert. Die ältesten bekannten Berichte über dieses Ereignis, das sich im Jahre 411 v. Chr. zugetragen haben soll, sind jedoch über dreihundert Jahre später von Cicero und

Diogenes Laertios verfasst worden. Danach sei Protagoras, wie auch etwas später Sokrates, der Gottlosigkeit angeklagt worden, nachdem er eine seiner Schriften mit den Worten eingeleitet hatte: »*Von den Göttern vermag ich nichts festzustellen, weder dass es sie gibt, noch, dass es sie nicht gibt.*« Protagoras sei zum Tode verurteilt, seine Schriften seien durch Gerichtsboten eingesammelt und auf der Agora in Athen verbrannt worden. Ihr Urheber sei vor der Vollstreckung seines Todesurteils geflohen, doch auf der Überfahrt nach Sizilien umgekommen.[4]

Aus der römischen Kaiserzeit ist nachgewiesen, dass Bücherverbrennungen ein Instrument staatlicher Zensur waren. Ein Beispiel aus dem Jahr 8. n. Chr. ist die Verbrennung der Schriften des Titus Labienus, der für seine kritische Haltung gegenüber Kaiser Augustus bekannt war.

Bis heute sind viele Legenden über das tragische Schicksal der Bibliothek von Alexandria lebendig, der bedeutendsten Bibliothek der griechisch-römischen Antike. Seit dem 13. Jahrhundert kursiert die Geschichte, der arabische Emir Amru habe nach der Besetzung Alexandrias 642 n. Chr. die Bücher der Bibliothek zur Beheizung der alexandrinischen Bäder verbrennen lassen. Inzwischen geht man davon aus, dass ein Großteil der Bibliothek schon während der Eroberung Alexandrias durch Julius Cäsar im Jahr 47 v. Chr. zerstört worden war. Alexandria blieb jedoch auch unter römischer Herrschaft ein geistiges Zentrum späthellenischer Kultur. Die Bibliothek wurde über drei Jahrhunderte neu aufgebaut, bis sie im Jahr 272 n. Chr. während der Kämpfe zwischen dem römischen Kaiser Aurelian und Zenobia von Palmyra erneut den Flammen zum Opfer fiel. Im Verlauf heftiger Auseinandersetzungen mit späthellenischen Eliten in Ägypten wurden im 4. und 5. Jahrhundert die noch erhaltenen Bestände der alexandrinischen Bibliothek durch fanatische Christen verbrannt.

Bücherverbrennungen waren auch Bestandteil theologischer Auseinandersetzungen in der Zeit der Kirchenväter. Die von der römisch-katholischen Kirche als »häretisch« verurteilten Schriften wurden verbrannt. Nach dem Konzil von Nicäa 325 n. Chr., das die christliche Lehre des Arius verurteilt

4 Vgl. Diogenes Laertios, *Leben und Lehre der Philosophen*, Stuttgart 1998, S. 429 f.

5 Bischof Otto von Freising und Rahewin, *Die Taten Friedrichs*, hg. von Franz-Josef Schmale, Darmstadt 1965, S. 227.

6 Zitiert nach: Günter Stemberger (Hg.), *2000 Jahre Christentum*, Erlangen 1989, S. 505.

7 Die aus Spanien (hebräisch: Sfarad) stammenden sefardischen Juden bilden heute eine der bedeutendsten Gemeinschaften des Judentums (Sefardim).

hatte, ordnete der zum Christentum übergetretene römische Kaiser Konstantin 333 n. Chr. an, die arianischen Schriften zu verbrennen. Nach den weiteren Konzilien wurden die Werke der Manichäer, der Nestorianer und anderer frühchristlicher Bewegungen vernichtet.

Aus dem Mittelalter ist ab dem 11. Jahrhundert überliefert, dass Autoren ihre als häretisch verurteilten Schriften eigenhändig verbrennen mussten. So wurde der Mitbegründer der Scholastik, Petrus Abaelard, der eine aristotelisch inspirierte Schrift über die göttliche Dreifaltigkeit veröffentlicht hatte, 1121 der Häresie beschuldigt. Der zeitgenössische Chronist Bischof Otto von Freising berichtet über den Fall Abaelard: »*Daher wurde er auf einer Provinzialsynode zu Soissons* [...] *von ausgezeichneten Männern und namhaften Magistern* [...] *als sabellianischer Ketzer verurteilt und von den Bischöfen gezwungen, die Bücher, die er veröffentlicht hatte, eigenhändig zu verbrennen; es wurde ihm keine Gelegenheit gegeben, sich zu rechtfertigen, weil seine Gewandtheit im Disputieren von allen gefürchtet wurde.*«[5]

Ab dem 13. Jahrhundert fanden vermehrt öffentliche Bücherverbrennungen statt. Dabei äußerten sich die antijudaischen Motive der katholischen Kirche zunehmend auch in Talmud-Verbrennungen. Der jüdische Historiker Josef ha-Kohen berichtet über eine Talmud-Verbrennung, die Papst Julius III. 1553 in Rom angeordnet hatte: »*Da geriet jener ungestüme Julius in Zorn. Sein Grimm entbrannte in ihm. Und er befahl, den Talmud fortzuschaffen und zu verbrennen. Kaum war der Befehl seinem Mund entfahren, als die Beamten schnell und hurtig fortgingen, sich in die Häuser der Juden begaben, die dort befindlichen Bücher auf den Markt der Stadt brachten und sie am Sabbat, dem Neujahrstage 5314, verbrannten, worauf die Israeliten den Brand beweinten, den die Feinde des Herren angerichtet hatten.*«[6]

Der kirchliche Judenhass steigerte sich während der spanischen und portugiesischen Inquisition. Ab 1492 setzte in Spanien und Portugal die grausame Vertreibung der dort seit dem 8. Jahrhundert ansässigen Juden ein.[7] Die katholische Kirche warf ihnen vor nach ihrer erzwungenen Taufe am jüdischen Glauben festgehalten zu haben. 1540 wurden in Lissabon erstmals Juden verbrannt. Dieses furchtbare Ritual erhielt im Portugiesischen die Bezeichnung »o auto-de-fé«: »feierlicher Akt des Glaubens«. Davon abgeleitet ist der noch heute im Deutschen für »Ketzergericht, Ketzerverbrennung und Bücherverbrennung« übliche Begriff Autodafé. – Ein Synonym, das nach dem 10. Mai 1933 die Schlagzeilen der deutschen Zeitungsberichte beherrschte und von dem heute kaum noch jemand weiß, dass es ursprünglich antisemitisch motivierte Menschenverbrennungen meinte.

Während der Reformation waren Bücherverbrennungen ein weit verbreitetes Mittel konfessioneller Auseinandersetzungen. Nach dem Erlass der Bannandrohungsbulle durch Papst Leo X. gegen Martin Luther im Juni 1520 kam es auf Betreiben der Nuntien Aleander und Eck in den Städten Löwen, Lüttich, Köln, Trier und Mainz zu öffentlichen Verbrennungen der Schriften Luthers. Entgegen der in der Bannandrohungsbulle enthaltenen Aufforderung, binnen sechzig Tagen seine Irrlehren zu widerrufen und seine verurteilten Schriften zu verbrennen, holte Luther zu einem symbolischen Gegenschlag aus. Am 10. Dezember 1520 verbrannten Luthers Anhänger in Wittenberg feierlich einige Ausgaben des kanonischen Rechts, ein katholisches Beichthandbuch sowie einige Bücher der Luthergegner Eck und Emser. Schließlich trat Luther selbst an den Scheiterhaufen und verbrannte die päpstliche Bannandrohungsbulle, wobei er auf Lateinisch gesprochen haben soll: »*Quia tu conturbasti veritatem Dei, conturbet te hodie Dominus. In ignem istum*«: »*Weil du die heilige Wahrheit Gottes verderbt hast, verderbe dich heute der Herr. Hinein damit ins Feuer.*«[8]

Der Ort dieser Bücherverbrennung, bei der Heiligkreuzkapelle vor dem Elstertor, wo auch die Hinrichtungen stattfanden, dürfte von Luther und seinen Anhängern mit Bedacht ausgewählt worden sein. Schließlich verbrannte Luther mit der Bannandrohungsbulle symbolisch den Papst selbst, indem er seine Worte gegen dessen Person richtete. Die so intendierte Konsequenz seiner Tat ergänzte Luther am folgenden Tag mit der Erklärung, dass nicht nur die päpstlichen Statuten, sondern auch der päpstliche Stuhl verbrannt werden sollte. Die Bücherverbrennung durch Luther wird bis heute aufgrund ihrer oppositionellen und reformatorischen Motivation noch immer moralisch aufgewertet.

Ähnlich steht es um die historische Bewertung des Wartburgfestes von 1817, dessen Bücherverbrennung dem Vorbild Luthers folgte. Bis heute hat sich der Eindruck erhalten, im schwarzrotgoldenen Fahnenmeer des Burschenschaftsfestes wäre erstmals ein demokratischer Protest zum Ausdruck gekommen, dessen Geist auch in das Selbstverständnis der Bundesrepublik eingegangen sei. Doch die demokratischen Forderungen, etwa nach einer gesamtdeutschen Verfassung, wurden von radikal nationalistischen Tönen begleitet. Diese Dimension zeigte sich besonders in der Bücherverbrennung,

8 Zitiert nach: THEODOR VERWEYEN, *Bücherverbrennungen*, Heidelberg 2000, S. 88 (im Folgenden: Verweyen).

9 Ebd., S. 141.

die auch antisemitische Motive offenbarte. Während der Verbrennung des Buches *Germanomanie. Skizze zu einem Zeitgemälde* des jüdischen Schriftstellers Saul Ascher wurde der Feuerspruch ausgerufen: »*Wehe über die Juden, so da festhalten an ihrem Judenthum und wollen über unser Volkthum und Deutschthum spotten und schmähen.*«[9]

Zur historischen Einordnung der Bücherverbrennung vom 10. Mai 1933

Das Anknüpfen an das Wartburgfest von 1817 bei den Bücherverbrennungen am 10. Mai 1933 war unübersehbar gewollt. Neben den Akteuren der Deutschen Studentenschaften und des NS-Studentenbundes umsäumten vor allem Burschenschaften die brennenden Bücherscheiterhaufen. Das *Göttinger Tageblatt* titelte am Tag nach der Bücherverbrennung: *Burschen heraus!* Schon das Erstarken des NS-Studentenbundes an den deutschen Universitäten war auch der Taktik geschuldet, burschenschaftliche Traditionen in die eigene Praxis des politischen Kampfes zu übernehmen. Die Ereignisse des 10. Mai 1933 knüpften direkt an den burschenschaftlichen Gründungsgeist von 1817 an und wirkten daher umso sinnstiftender für das Zusammengehörigkeitsgefühl der Burschenschaften mit der NS-Bewegung. Dank dieser Symbolik gelang es den NS-Studenten zudem, sich zu Opfern eines bisher übermächtigen »undeutschen Geistes« zu stilisieren, um ihrem brutalen und repressiven Vorgehen den Ausdruck eines leidenschaftlichen Protestes zu verleihen.

Der öffentliche Verbrennungsakt wurde als Mittel obrigkeitsstaatlicher Zensur wiederbelebt. Damit ging auch der erwähnte Zusammenhang zwischen Bücher- und Menschenverbrennungen einher, der dem Anblick öffentlicher Scheiterhaufen nicht nur symbolisch anhaftete. Durch das Instrument des Scheiterhaufens war es möglich, eine bloß mittelbare Hinrichtungssymbolik zu einem unmittelbaren Akt der Vernichtung zu erweitern. Dass das Motiv, die Vernichtung von Büchern auch auf Menschen zu übertragen, den NS-Studenten nicht fremd war, zeigte sich bei der Bücherverbrennung auf dem Berliner Opernplatz. Dort wurde zusammen mit seinen Büchern auch die Büste des jüdischen Sexualwissenschaftlers Magnus Hirschfeld den Flammen übergeben.

Obgleich sich die nationalsozialistische Bücherverbrennung auch der Motive vorheriger Bücherverbrennungen bediente, wäre es irreführend, in den Ereignissen des 10. Mai 1933 nur eine historische Kontinuität zu sehen. Vielmehr bewiesen die Nationalsozialisten mit der Bücherverbrennung ein weiteres Mal ihr Gespür dafür, tief verwurzelte Bräuche und Ressentiments auf-

Die nationalsozialistische Bücherverbrennung (vermutlich auf dem Münchner Königsplatz) nach einer verherrlichenden Zeichnung des NS-Malers Elk Eber. Die Anordnung des Bildes, insbesondere die Darstellung der ihren Degen präsentierenden Burschenschaftler, zeigt das symbolische Anknüpfen an das Wartburgfest.

zugreifen, um sie mit den modernsten Mitteln politischer Propaganda für die eigene Bewegung zu überwältigender Wirkung zu entfalten.

In entscheidenden Punkten unterschied sich die NS-Bücherverbrennung ganz wesentlich von ihren historischen Vorläufern. Das Geschehen am 10. Mai 1933 war keine regional begrenzte Aktion, sondern fand reichsweit an fast allen Hochschulorten zeitgleich statt. Die Verbrennungsakte waren Teil eines zentral gesteuerten Programms des politischen und ideologischen Kampfes: der so genannten Aktion wider den undeutschen Geist. Dabei handelte es sich um eine vierwöchige akribisch vorbereitete Kampagne: ein aufeinander abgestimmtes Werk aus aggressiver, antisemitischer Propaganda und flächendeckendem politischen Terror.

Die NS-Bücherverbrennung richtete sich nicht gegen eine überschaubare Auswahl einzelner Autoren. So vielseitig, wie sich das progressive Literaturleben bis zum Ende der Weimarer Republik entwickelt hatte, so umfassend wurde es von den Nationalsozialisten vernichtet. Allein der Bücherverbrennung auf dem Berliner Opernplatz fielen über zwanzigtausend Bücher Hunderter Autoren zum Opfer.

Die Wahrnehmung der Bücherverbrennungen an den einzelnen Hochschulorten reichte weit über die herbeigeströmten Zuschauermassen hinaus. Die deutschen Rundfunksender übertrugen eine eigens vorbereitete Staffelreportage von den verschiedenen Schauplätzen in unzählige Wohnzimmer. Schon am Morgen des 11. Mai, als die Aschehaufen der verbrannten Bücher noch glommen, berichteten viele deutsche Zeitungen auf ihren Titelseiten über die Ereignisse der vergangenen Nacht. Die Bücherverbrennung wurde in der gleichgeschalteten deutschen Presse nahezu einhellig begrüßt. Nur die Weltpresse reagierte mit wachsendem Befremden auf diesen erneuten Ausbruch auch antisemitischer Verfolgung in Deutschland.

Studenten als Wegbereiter der nationalsozialistischen Bewegung vor 1933

Als die Deutsche Studentenschaft am 13. April 1933 mit einer reichsweiten Plakataktion die »Aktion wider den undeutschen Geist« begann, war bereits fünf Tage zuvor an jede einzelne Studentenschaft die Anordnung ergangen, am 10. Mai an sämtlichen deutschen Hochschulorten Bücherverbrennungen durchzuführen. Obwohl der Semesterbetrieb noch nicht wieder aufgenommen worden war, zweifelte die Reichsführung der Deutschen Studentenschaft (DSt) nicht daran, dass die »Aktion wider den undeutschen Geist« ein durchschlagender Erfolg werden würde. Routiniert in Fragen des politischen Kampfes wusste die DSt die logistischen Möglichkeiten der studentischen Organisationsbasis gut einzuschätzen. Schließlich hatte der Nationalsozialistische Deutsche Studentenbund (NSDStB) seit fast zwei Jahren auf allen Ebenen der Studentenschaften eine kaum noch anfechtbare Vorherrschaft eingenommen. Mit größeren organisatorischen Reibungsverlusten, etwa durch mangelnde Motivation oder politische Bedenkenträger, war im April 1933 nicht mehr zu rechnen.

Wie war es möglich, dass der NSDStB bereits im Juli 1931 alle Ebenen der Studentenschaften kontrollierte und somit politische Macht auf institutioneller Basis ausüben konnte?

Der NSDStB wurde Anfang 1926 in München gegründet.[10] Hitler ernannte den Jurastudenten Wilhelm Tempel zum ersten Reichsleiter des NS-Studentenbundes. Von Leipzig aus begann dieser, reichsweit NSDStB-Hochschulgruppen aufzubauen. Im Dezember 1926 erschien erstmals eine eigene Zeitung mit dem Titel *Nationalsozialistische Hochschulbriefe – Kampfblatt des Nationalsozialistischen Deutschen Studentenbundes*.[11] Antisemitische und antikapitalistische Parolen bestimmten den Inhalt. Gefordert wurden ein Numerus clausus für jüdische Studenten, der Abbau von Studiengebühren für studierende Arbeitersöhne und die Wehrhaftmachung Deutschlands. Im akademischen Milieu der Hochschulen war das Auftreten des NS-Studentenbundes vor allem durch sein antibürgerliches und aktiv-kämpferisches Gepräge auffällig. Die Priorität des politischen Kampfes wurde von Hitler selbst in der Januarausgabe 1927 der *Nationalsozialistischen Hochschulbriefe* formuliert: »*Nicht bierehrliche Stichfestigkeit, sondern politische Schlagkraft ist jetzt gefragt, und die Vorstellung der heutigen Zeit wird nicht mehr befriedigt durch den Studiosus von einst, das mehr oder weniger bemooste Haupt, als vielmehr durch den Mann, dessen Beschreibung heißt: Schlank wie ein Windhund, zäh wie Leder und hart wie Stahl.*«[12]

10 Vgl. Anselm Faust, *Der Nationalsozialistische Deutsche Studentenbund*, 2 Bände, Düsseldorf 1973, Band 1, S. 36. Für den Zeitraum der Entwicklung des NSDStB von seiner Gründung bis zur NS-Machtübernahme 1933 ist diese Monografie von Anselm Faust die bisher ausführlichste Darstellung.

11 Hans Peter Bleuel/Ernst Klinnert, *Deutsche Studenten auf dem Weg ins Dritte Reich*, Gütersloh 1967, S. 197. (im Folgenden: Bleuel/Klinnert). Diese Monografie von Bleuel und Klinnert zeichnet sich dadurch aus, dass in ihr das studentische Zeitungs wesen (insgesamt 56 Titel) zwischen 1918 und 1935 sehr detailgenau aufgearbeitet wurde.

12 Zitiert nach: Bleuel/Klinnert, S. 198.

13 Ebd. S. 200. (*Der junge Revolutionär*, 5/1927)

14 Vgl. ebd., S. 205.

Bei der Reichsführertagung des NS-Studentenbundes im Mai 1927 waren bereits fünfzehn Hochschulgruppen vertreten und an den Hochschulen wurde Hitlers Kampfauftrag aggressiv umgesetzt. Die Novemberausgabe 1927 der umbenannten NSDStB-Zeitung *Der junge Revolutionär* vermittelt einen Eindruck vom Ausmaß des politischen Terrors, den der NS-Studentenbund innerhalb der Universitäten ausübte: »*Mit der äußersten Schärfe nahmen die nationalsozialistischen Studenten den Kampf auf akademischen Boden gegen die Juden und Marxisten auf. Öfters kam es zu schweren blutigen Zusammenstößen. Zweimal konnte man in allen Zeitungen der Welt davon lesen. Das letzte mal wurde der Angriff der Studenten eröffnet durch unseren Kampfruf: Es lebe die deutsche Arbeiterschaft und abgeschlossen durch das Hitlerlied, welches aus hundert Kehlen die Aula durchbrauste. Sieben schwerverletzte Juden wurden weggetragen, auf unserer Seite waren nur Leichtverletzte. 100 Deutsche hatten die vierfache Überzahl aus der Universität gepeitscht.*«[13]

Im Juli 1928 ernannte Hitler den Jurastudenten Baldur von Schirach zum neuen Reichsführer des NSDStB. Baldur von Schirach, der spätere Reichsjugendführer und Reichsstatthalter von Wien, gehörte zu den intellektuellen Kreisen innerhalb der NSDAP der späten zwanziger Jahre. Sein Vater Karl B. N. von Schirach, der frühere Generalintendant des Weimarer Hoftheaters, war Vorstandsmitglied des 1928 um Alfred Rosenberg gegründeten nationalsozialistischen Kampfbundes für Deutsche Kultur.

Als neuer Reichsführer sorgte Baldur von Schirach zunächst für die Eingliederung der einzelnen Mitglieder des NS-Studentenbundes in SA und SS. Weiter war er bestrebt das proletarische und antibürgerliche Auftreten der einzelnen Hochschulgruppen zu mäßigen. Dadurch gelang es von Schirach, den NS-Studentenbund auch für die völkisch-elitären Milieus der Burschenschaften attraktiv zu machen. Bald konnte er stolz verkünden, dass der NSDStB in über 150 studentischen Verbindungen durch Doppelmitgliedschaften vertreten war.[14] Die politische Kooperation mit den studentischen Verbindungen und die Intensivierung der Agitation durch regelmäßige Versammlungen und Stehkonvente begründeten den Erfolg des NS-Studentenbundes.1928 erreichte der NSDStB bei den Wahlen zu den Allgemeinen Studentenausschüssen (AStA) bereits 11,9 Prozent der Stimmen. Gewählt wurde in allen Studentenschaften, die Mitglied im Dachverband Deutsche Studentenschaft waren. Dazu zählten auch jene der Hochschulen in Österreich und der Universität in Prag. Zur selben Zeit erreichte die NSDAP bei den Reichstagswahlen im Mai 1928 nur einen Stimmenanteil von 2,6 Prozent. Im Jahr 1929 steigerte der NSDStB sich bei den AStA-Wahlen auf 19,5 Prozent und 1930 gelang mit 34,4 Prozent der endgültige Durchbruch.[15] An elf Hochschulen kontrollierte der NSDStB nun mit absoluten Mehrheiten die Studentenschaften: Erlangen, TH Berlin-Charlottenburg, Rostock, Breslau, Jena, Greifswald, Köthen, Gießen, Leipzig sowie an den beiden Hochschulen für Bodenkultur und für Welthandel in Wien.[16] An zwölf weiteren Hochschulen stellte der NS-Studentenbund die stärkste Fraktion: Tierärztliche Hochschule Berlin, Königsberg, Karlsruhe, Braunschweig, Darmstadt, Mannheim, Hamburg, Würzburg, TH und Universität München, TH und Universität Wien.[17] 1931 war die Eroberung der Studentenschaften so gut wie gelungen. Der NS-Studentenbund erreichte bei den AStA-Wahlen 44,4 Prozent der Stimmen und kontrollierte nun auch die Studentenschaften in Göttingen, Halle und Marburg. Von den zehn Kreisleitungen der Deutschen Studentenschaft waren inzwischen acht unter NSDStB-Führung. Schließlich wurde im Juli 1931 beim Studententag in Graz mit dem Diplom-Landwirt Walter Lienau ein NSDStB-Mitglied zum Vorsitzenden der Deutschen Studentenschaft gewählt.[18]

Der steile Aufstieg des NSDStB ist durch seine aktiv-kämpferische Ausrichtung allein nicht zu erklären. Es bedurfte eines entsprechenden Resonanzbodens. Doch warum waren gerade Studenten in so hohem Maße anfällig für den Nationalsozialismus?

Sicherlich waren die oft problematische soziale Lage der Studierenden, daraus resultierende Existenzängste und die hohe Akademikerarbeitslosigkeit wichtige Faktoren. Die Aufnahme eines Studiums bedeutete nicht mehr,

15 Michael Grüttner, *Studenten im Dritten Reich*, Paderborn (u.a.) 1995, S. 54. (im Folgenden: Grüttner).

16 Vgl. Bleuel/Klinnert, S. 214.

17 Ebd.

18 Vgl. ebd., S. 214 f.

19 Vgl. Michael H. Kater, *Studentenschaft und Rechtsradikalismus in Deutschland 1918–1933*, Hamburg 1975, S. 95 ff. Kater vertritt in seiner sozialhistorischen Untersuchung die These, dass der während der Weimarer Republik unter den Studenten verstärkt auftretende wirtschaftliche Notstand zu einer tiefen Krise des studentischen Elitebewusstseins geführt habe und hält dies für ursächlich dafür, dass die Studenten für die politischen Ziele der NS-Bewegung empfänglich wurden.

20 Heinrich von Treitschke, *Unsere Aussichten*, in: *Preußische Jahrbücher*, 15. November 1879.

21 Vgl. Bleuel/Klinnert, S. 21.

22 Zitiert nach: ebd.

23 Zitiert nach: ebd., S. 23.

wie noch vor dem Ersten Weltkrieg, eine Eintrittskarte zu Wohlstand und gesellschaftlicher Anerkennung.[19] Dennoch waren die sozialen Probleme der Studenten von minderer Bedeutung für den Erfolg des NS-Studentenbundes. Vielmehr war die Gesinnung der Studenten schon zu Beginn der Weimarer Republik mehrheitlich antirepublikanisch, völkisch-nationalistisch und antisemitisch. Insbesondere der Antisemitismus war unter den Studenten seit der frühen Kaiserzeit fest verwurzelt. Die politische Radikalisierung des Antisemitismus ging auch von den Hörsälen der Universitäten aus. Der angesehene Historiker der Berliner Universität Heinrich von Treitschke verkündete 1879: »*Bis in die Kreise der höchsten Bildung hinauf, unter Männern, die jeden Gedanken kirchlicher Unduldsamkeit oder nationalen Hochmuts von sich weisen würden, ertönt es heute wie von einem Munde: Die Juden sind unser Unglück.*«[20]

Auch die Texte der Antisemiten Wilhelm Marr, Adolf Stoecker und Houston Stewart Chamberlain erfreuten sich besonders in Kreisen studentischer Verbindungen großer Beliebtheit.

Im Jahr 1880 erhielt der Reichskanzler Otto von Bismarck eine studentische Petition, in der eine »Einschränkung der jüdischen Machtstellung« gefordert wurde. Viertausend Unterzeichner, fast zwanzig Prozent der deutschen Studenten, konnten für die Unterstützung dieser Petition mobilisiert werden.[21] Inspiriert durch den Erfolg gründete sich 1881 der Verband der Vereine Deutscher Studenten (VDSt), der achthundert Studenten auf dem thüringischen Berg Kyffhäuser versammelte und seitdem als Kyffhäuserverband von sich Reden machte. Obwohl zunächst überbündisch agierend, gab er sich bald wie eine waffen- und farbentragende Burschenschaft und wandte sich mit seinen Schlagworten »Deutschtum«, »Christentum« und »Monarchie« von Anbeginn gegen »*die Überwucherung durch den artfremden Geist des Judentums*«.[22] Es sollte nicht unerwähnt bleiben, dass der Kyffhäuserverband auch heute noch als studentische Verbindung unter den Farben Schwarz-Weiß-Rot in vielen Universitätsstädten anzutreffen ist.

Mit Ausnahme der wenigen konfessionell orientierten Verbindungen machte sich in den studentischen Verbindungen – den Burschenschaften, Korps, Landsmannschaften, Turnerschaften und Sängerschaften – zunehmend ein rassistisch motivierter Antisemitismus bemerkbar. Der Konvent der Deutschen Burschenschaft erklärte 1896: »*Die Burschenschaft steht auf dem Standpunkt des deutschen Volkstums, daher können nur Studenten deutscher Abstammung bei ihr Aufnahme finden. Anmerkung: Jüdische Reichsangehörige sind nicht als Deutsche zu betrachten.*«[23]

Nachdem vor und während des Ersten Weltkrieges die so genannte Judenfrage zunächst an Popularität verlor, entwickelte der rassistische Antisemitismus unter den Studenten in der Weimarer Republik umso bedrohlichere Ausmaße. 1920 verabschiedete der Burschentag der Deutschen Burschenschaft folgenden Beschluss: »*Der Burschentag verpflichtet die einzelnen Burschenschaften, ihre Mitglieder so zu erziehen, daß eine Heirat mit einem jüdischen oder farbigen Weibe ausgeschlossen ist oder daß bei solcher Heirat der Betreffende ausscheidet.*«[24]

Für das Programm der Mitgliederschulungen des Kyffhäuserverbandes wurden 1924 folgende Empfehlungen gegeben: »*Behandelt in der theoretischen Fuchsenstunde in erster Linie die Judenfrage. Gebt Euren Füchsen die Kampfmittel gegen das Judentum. Gebt ferner Euren Füchsen möglichst viel Tatsachenmaterial, vor allem Zahlen. Weist auf die Entartungserscheinungen der jüdischen Rasse hin und deren Ursachen. Leitet endlich die Füchse an, in Gesprächen mit dem Publikum auf der Straße oder in der Eisenbahn die Judenfrage ernst und sachlich zu erörtern* [...]. *So lernen dann die Bundesbrüder, auch als Redner zur Aussprache in politischen Versammlungen zur Judenfrage zu sprechen. Wenn so planmäßig gearbeitet wird, ist es leicht, den wiederauflebenden Antisemitismus auf das ganze Volk auszudehnen und sachlich zu klären, und dann ist der erste Schritt zu einem neuerstarkten Deutschland getan.*«[25] Diese Dokumente zeigen, mit welch nachdrücklicher Priorität der rassistische Antisemitismus in den Milieus der studentischen Verbindungen der Weimarer Republik, verstärkt durch eigens geschulte Methoden des ideologischen und politischen Kampfes, propagiert wurde. Sie erklären, warum der NS-Studentenbund ab 1926 nicht mehr viel Mühe darauf verwenden musste, solche verbindungsstudentischen Kreise wie die des Kyffhäuserverbandes von der nationalsozialistischen Ideologie zu überzeugen. Die ideologische Grundlage war bereits ausgebildet und bedurfte nur noch der agitatorischen Transmission in die Reihen der nationalsozialistischen Bewegung.

Zu einem Sammelbecken republikfeindlichen studentischen Engagements entwickelte sich der 1919 in Berlin gegründete Hochschulring deutscher Art (HdA). Als fast alle studentischen Organisationen auch korporative Mitglieder des Hochschulrings deutscher Art waren, dominierten in ihm schon sehr

24 Zitiert nach: ebd., S. 148.

25 Zitiert nach: ebd., S. 145 f. Als »Fuchs« wird das neue Mitglied einer studentischen Verbindung bezeichnet.

bald die Kräfte der völkisch-nationalistischen Bewegung. Das zeigte sich insbesondere durch die Teilnahme des Münchner HdA am so genannten Hitlerputsch am 9. November 1923. Der damalige Vorsitzende des Münchner HdA war der Hitlervertraute und Kämpfer des Freikorps Oberland, Graf von Starhemberg. Nachdem der mit Beteiligung des HdA organisierte »Marsch zur Feldherrenhalle« am Militär gescheitert war, formierten Graf von Starhembergs Anhänger von der Universität aus einen erneuten Aufmarsch mit über tausend Studenten. Auch dieser Marsch wurde schließlich von der Reichswehr gestoppt.

Noch bevor der NS-Studentenbund in der Deutschen Studentenschaft (DSt) seine ersten Erfolge verbuchen konnte, kam es 1927 zwischen dem Vorstand der DSt und dem preußischen Kultusminister Carl Heinrich Be-

Sitzung der Führung des Nationalsozialistischen Deutschen Studentenbundes (NSDStB). Am Tischende stehend: Der Führer des NSDStB und spätere Reichsjugendführer Baldur von Schirach. Vorn rechts in der Uniform eines SA-Sturmbannführers: Horst Krutschinna, Redner bei der Bücherverbrennung in Königsberg, später Persönlicher Adjutant des Reichsjugendführers von Schirach.

cker zu einem erbitterten Streit. 1919 war die DSt als Dachverband der Einzelstudentenschaften gegründet worden. Von staatlicher Seite wurde sie aufgrund ihrer hauptsächlich sozialen Selbstverwaltungsaufgaben unterstützt, indem die DSt als gesetzliche Körperschaft anerkannt wurde und verbindliche Mitgliedsbeiträge unter den Studierenden erheben durfte. Seit dem ersten deutschen Studententag 1919 in Würzburg versuchten die dominierenden Kräfte der Studentenverbindungen beständig einen so genannten Arierparagrafen im Statut der DSt durchzusetzen. Er sollte den Ausschluss jüdischer Studenten aus den jeweiligen Studentenschaften ermöglichen. Als die österreichischen Studentenschaften diesen rassistischen Paragrafen als verbindlich erklärten, forderte der preußische Kultusminister Becker den Vorstand der DSt auf, die österreichischen Studentenschaften aus der DSt auszuschließen. Dazu wurde 1927 eine Urabstimmung unter den preußischen Studenten veranstaltet mit dem Ergebnis, dass siebenundsiebzig Prozent gegen Beckers Forderung stimmten.[26] Daraufhin verlor die DSt ihre staatliche Anerkennung zunächst in Preußen und später auch in weiteren Ländern des Deutschen Reiches. In der nun als freier Dachverband weiterbestehenden DSt gab das Resultat der Urabstimmung von 1927 die Richtung vor: Der Antisemitismus hatte sich unter den preußischen Studenten mit siebenundsiebzig Prozent durchgesetzt. Auf dieser Basis konnte der NS-Studentenbund bald seine Erfolge gründen.

Mit der politischen Übernahme der Studentenschaften durch den NS-DStB während der Jahre 1930/31 nahm die Bandbreite des politischen Terrors innerhalb der Hochschulen zu. Jüdische und kritische Hochschullehrer wurden zunehmend zu Opfern systematisch entfesselter Hetzkampagnen durch den NS-Studentenbund und das verbindungsstudentische Milieu.Der Einfluss des NS-Studentenbundes machte sich mehr und mehr bei Hochschulrektoren und in Hochschulgremien in einer ernst zu nehmenden Größe bemerkbar. Das zeigte sich beispielsweise im Fall des jüdischen Mathematikers und außerordentlichen Professors Emil Gumbel an der Ruprecht-Karls-Universität Heidelberg. Im August 1932 wurde ihm durch einen universitä-

26 Vgl. Grüttner, S. 27.

27 Vgl. Wolfgang Benz, *Emil J. Gumbel, Die Karriere eines deutschen Pazifisten.* In: Ulrich Walberer (Hg.), *10. Mai 1933. Bücherverbrennung in Deutschland und die Folgen*, Frankfurt am Main 1983, S. 184 f. (im Folgenden: Walberer).

28 Vgl. ebd., S. 183.

29 Zitiert nach: ebd., S. 185 f.

ren Untersuchungsausschuss die Lehrbefugnis entzogen, nachdem er auf einer Veranstaltung sozialistischer Studenten gegen ein Kriegerdenkmal polemisiert hatte. 1930 schon war es bei der Ernennung Gumbels zum außerordentlichen Professor zu derart massiven Ausschreitungen durch NS-Studenten gekommen, dass im Januar 1931 der Heidelberger AStA zwangsweise aufgelöst wurde.[27] Auch innerhalb des mehrheitlich rechtskonservativen Hochschulkollegiums stieß Emil Gumbels Ernennung zum außerordentlichen Professor auf große Vorbehalte. Doch genoss er aufgrund seiner wissenschaftlichen Verdienste auf dem Gebiet der mathematischen Statistik auch im Ausland so hohes Ansehen, dass man ihm nach seiner langjährigen Tätigkeit als Privatdozent den Titel eines außerordentlichen Professors nicht länger vorenthalten konnte.[28]

Gumbel war bereits 1921 mit der Publikation der Studie *Zwei Jahre Mord* bekannt geworden. Darin belegte er mit einer nüchternen Statistik, dass 318 politische Morde mit rechtsradikalem Hintergrund insgesamt mit einunddreißig Jahren Zuchthaus bestraft wurden, während sechzehn vergleichbare politische Morde mit links motiviertem Hintergrund zu acht Todesurteilen und insgesamt 239 Jahren Zuchthausstrafe geführt hatten. Weil Gumbel dabei auch die Verstrickungen studentischer Verbindungen in einige Mordfälle mit rechtsradikalen Motiven aufdeckte, zog er den Hass der entsprechenden studentischen Kreise auf sich. Als Weltkriegsveteran zum Pazifisten geworden, engagierte sich Gumbel während der Weimarer Republik leidenschaftlich gegen die immer martialischeren Verherrlichungen des »Frontsoldatentums«. Im Sommer 1924 sprach Gumbel auf einer Veranstaltung unter dem Motto »Nie wieder Krieg« und äußerte, die Soldaten des Weltkrieges wären »auf dem Felde der Unehre gefallen«. Daraufhin wurde bereits zwischen 1924 und 1926 ein Verfahren auf Aberkennung der Lehrbefugnis gegen ihn eingeleitet, das jedoch eingestellt wurde.

Nachdem Gumbel 1932 schließlich doch die Heidelberger Universität verlassen musste, feierte der Vorsitzende der Heidelberger Studentenschaft, Gustav Adolf Scheel (NSDStB), dessen Vertreibung als Erfolg der Studentenschaft: »*Die deutschgesinnte Heidelberger Studentenschaft hat nach jahrelangem Kampfe einen großen Erfolg errungen. Gumbel wurde die venia legendi entzogen. Er ist nicht mehr Professor der ältesten reichsdeutschen Universität. Keine deutsche Hochschule wird je bereit sein, ihn wieder aufzunehmen. Er ist mit Recht vor aller Öffentlichkeit geächtet. Gumbel hat wahrlich lange genug als Dozent einer deutschen Universität alles Deutsche in den Schmutz ziehen dürfen.*«[29] Professor Gumbel wurde 1933 ausgebürgert. Nach einer Lehrtätigkeit an der Universität in Lyon emigrierte Gumbel 1940 nach New York, wo er schließlich an der Columbia University lehrte. 1958 erschien sein Werk *Statistics of Extremes*, das in Fachkreisen als bahnbrechend gefeiert wurde. Emil Gumbel starb 1966 in New York.

Nach der Machtübernahme der Nationalsozialisten sollte der politische Terror des NS-Studentenbundes gegen jüdische und missliebige Studenten und Hochschullehrer ganz andere Ausmaße annehmen. Die systematische Vertreibungspraxis der NS-Studentenschaften fand zunehmend auch Unterstützung durch eine diskriminierende und rassistische staatliche Gesetzgebung und Verwaltungspraxis.

Vom NS-Studentenbund zum Reichssicherheitshauptamt

Für die weitere NS-Karriere des Gustav Adolf Scheel sollte sich der von ihm organisierte politische Terror gegen Emil Gumbel und weitere missliebige Hochschullehrer als äußerst förderlich erweisen. In seiner Rede bei der von ihm organisierten Heidelberger Bücherverbrennung am 17. Mai 1933 feindete er den Direktor des Heidelberger Zeitungswissenschaftlichen Instituts, Prof. Hans von Eckardt, öffentlich an.

Nach seiner Promotion 1934 brachte es Scheel 1936 zum Reichsstudentenführer. In diesem Amt verblieb er bis 1945. Parallel dazu vereinte Scheel, wie auch andere NS-Größen, sehr schnell eine Reihe weiterer Ämter in Staat und Partei auf sich: 1934 trat er der SS bei und leitete ab 1935 im Range eines SS-Obersturmbannführers den Abschnitt Süd-West des SS-Sicherheitsdienstes (SD). 1940/41 war er Sicherheitspolizei- und SD-Chef im besetzten Elsass und kurzzeitig auch im SS-Oberabschnitt Alpenland. 1941 wurde er Reichsstatthalter und Gauleiter in Salzburg, 1942 Reichsverteidigungskommissar, 1944 SS-Obergruppenführer. 1945 wurde er schließlich in Hitlers Testament als Nachfolger von Bernhard Rust zum Reichserziehungsminister ernannt – ein Amt, dessen Ausübung in der Regierung Dönitz jedoch keinerlei Bedeutung mehr zukam.[30]

30 Vgl. Grüttner, S. 511 f. Nach Kriegsende wurde Scheel von einem deutschen Spruchgericht als »Hauptschuldiger« zu fünf Jahren Arbeitslager verurteilt. Bereits 1948 kam er frei. 1953 wurde er als Beteiligter der »Naumann-Affäre« erneut verhaftet. Von 1949 bis kurz vor seinem Tod 1979 betrieb Scheel eine Arztpraxis in Hamburg.

31 Michael Wildt, *Generation des Unbedingten. Das Führungskorps des Reichssicherheitshauptamtes*, Hamburg 2002 (im Folgenden: Wildt).

32 Ebd., S. 88 f.

Gustav Adolf Scheel war vor und während der »Aktion wider den undeutschen Geist« nicht der einzige NSDStB-Aktivist, dessen Teilnahme am studentischen Terror sich später in einer steilen NS-Verbrecherkarriere auszahlen sollte. Während der Bücherverbrennung in Heidelberg zählte zu den politischen Mitkämpfern unter Scheel auch ein Student der Staatswissenschaft, Geschichte und Publizistik, Franz Alfred Six: später unter Reinhard Heydrich Chef des Amtes IV (Gegnerforschung) im Reichssicherheitshauptamt (RSHA) und 1941 zwischenzeitlich Chef des SS-Sonderkommandos 7c (Vorkommando Moskau).

In seiner kürzlich erschienenen Monografie über das Führungskorps des Reichssicherheitshauptamtes ist es dem Hamburger Historiker Michael Wildt gelungen, die personellen Hintergründe dieser Massenmörder-Zentrale in ein schärferes Licht zu rücken.[31] Im Kapitel *Studentische Lehrjahre* untersucht Wildt die Lebensläufe einer Reihe von führenden Mitgliedern des Reichssicherheitshauptamtes, die sich um 1933 am studentischen Terror gegen jüdische und politisch missliebige Hochschullehrer beteiligten. Dabei erhellt Wildt den mörderischen Zusammenhang, der zwischen diesen »studentischen Lehrjahren« und den späteren Funktionen im Reichssicherheitshauptamt bestand.

So schreibt Wildt: »*Was diese jungen Männer aus ihrer Studentenzeit als politische Erfahrung mitnahmen, waren Aktivismus und antisemitische Militanz. Als aktive Mitglieder des NSDStB vor 1933 hatten sie eine politische Haltung bekundet, die nicht wie die massenhaften Beitritte zur NSDAP im Frühjahr 1933 vornehmlich Ausdruck des Wunsches waren, den Zug der Zeit nicht zu verpassen. Sie verstanden sich vielmehr als Vorkämpfer einer Politik, die erst noch durchgesetzt werden musste. Sämtliche RSHA-Angehörige, die in ihren späteren Lebensläufen eine NSDStB-Mitgliedschaft vor 1933 erwähnten, führten zugleich die Funktionen auf, die sie im NSDStB eingenommen hatten. Bloße Mitgliedschaft zählte nicht, gefordert war das darüber hinausgehende Engagement.* [...] *Die antisemitische Militanz, die persönliche Entwürdigungen und körperliche Angriffe einschloss, ist daher nicht nur in einem funktionalen Sinn als ›Propaganda der Tat‹ (Goebbels) zu verstehen, sondern auch als Erfahrung und Praxis von Gewalt.*«[32]

Durch Wildts personenbezogene Forschungsergebnisse lässt sich belegen, dass auch andere spätere Funktionsträger des Reichssicherheitshauptamtes im April und Mai 1933 an der studentischen »Aktion wider den undeutschen Geist« beteiligt waren. Im Staatsarchiv Würzburg, das die Dokumente über die Aktion besitzt, finden sich Informationen zu zwei Personen, die einen solchen Zusammenhang offenbaren. Dabei handelt es sich um Martin Sandberger, im Mai 1933 »Führer« der Studentenschaft in Tübingen, 1941 Chef des Mord-Einsatzkommandos 1a im SS-Sicherheitsdienst, das vor allem im besetzten Estland aktiv war, und um Karl Gengenbach, im Mai 1933 »Führer« des Kreises Bayern der Deutschen Studentenschaft und »Führer« der Studentenschaft an der Universität München, 1942 Leiter der Gruppe Rechtsordnung im Amt III des Reichssicherheitshauptamtes.

Schriftsteller zwischen Widerstand und Vertreibung

Der Literaturkampf vor 1933

Die ideologischen Feindbilder, die am 10. Mai 1933 in Brandreden und Feuersprüchen zum Ausdruck kamen, hatten ihren Ursprung hauptsächlich in den heftigen literaturpolitischen Auseinandersetzungen während der Weimarer Republik. Die Bücherverbrennung war in vielerlei Hinsicht eine Generalabrechnung, mit der die Nationalsozialisten ihr auf Gewalt und Terror gründendes Obsiegen über eine literarische Vielfalt manifestierten, deren Blüte sie über Jahre so leidenschaftlich gehasst hatten. Die meisten Bücher, die auf den Scheiterhaufen des 10. Mai verbrannt wurden, stammten von Verfassern, die noch kurz zuvor in Deutschland gewirkt hatten und von einem breiten Publikum geschätzt wurden. Die kritischen und progressiven Autoren wurden während der Weimarer Republik jedoch nicht nur von den Nationalsozialisten, sondern auch von den überkommenen nationalkonservativen Eliten immer wieder öffentlich attackiert.

Eine der zentralen Figuren des so genannten Literatur-Antisemitismus war der selbsternannte Literaturkritiker Adolf Bartels. Seit dem Ende des 19. Jahrhunderts hatte Bartels eine Vielzahl antisemitischer Pamphlete und Bücher zur deutschen Literatur verfasst, deren rassistische Vulgarität für den heutigen Leser ebenso frappant ist wie die fehlende wissenschaftliche Bildung ihres Verfassers. Nebenher betätigte sich Bartels als talentloser Dichter in der von ihm mitbegründeten Heimatkunstbewegung.

In seiner 1901 und 1902 erstmals publizierten zweibändigen *Geschichte der deutschen Literatur* entwickelte Bartels aus den Motiven des rassistischen Antisemitismus, der sich seit der frühen Kaiserzeit verbreitet hatte, ein leicht handhabbares Instrumentarium völkischer Literaturkritik. Es war geprägt von einem dumpfen Hass gegen jeden progressiven Lebensentwurf der großstädtischen Intelligenz und gegen alle damit verbundenen kulturellen Erscheinungsformen der modernen Literatur. Der eigentliche Kern bestand jedoch in einem radikal antisemitischen Grundmotiv, das der gesamten Konfiguration seiner literarischen Feindbilder zugrunde lag. Wurde ein Schriftsteller von Bartels als Vertreter der »modernen Großstadtliteratur« charakterisiert, so galt ihm dieser Autor zugleich als ein Vertreter der »jüdischen Literatur«. Da Bartels mehr Hetzschriften verfasste als er imstande war, die Bücher der von ihm angefeindeten Autoren zu lesen, gerieten seine »Literaturkritiken« mehr und mehr zur bloßen Aufzählung von Autoren und ihrer

»rassischen« Zuordnung, wobei Letztere selbst in völkischen Kreisen mitunter für einige Verwirrung sorgen konnte, wie das Bartels-Zitat aus *Die deutsche Dichtung der Gegenwart. Die Jüngsten* von 1921 zeigt: Es »[...] *braucht kaum nachgewiesen zu werden, daß und warum der Jude als deutscher Dichter in dieser Zeit auch eine große Rolle spielt. In der Tat, er spielt sie, nach Hauptmann und Dehmel (Liliencron war ja 1909 gestorben) sind Hugo von Hofmannsthal, Georg Hermann, Jakob Wassermann, Bernhard Kellermann, beinahe auch die Unterhalter Georg Engel und Georg Hirschfeld und mit ihnen die dem Judentum sympathischen Heinrich und Thomas Mann, Ernst Hardt, später Gustav Meyrink, ja sogar schon Carl Sternheim und manche Expressionisten große Namen geworden. Daß ein Jude kein deutscher Dichter werden kann und daß ein Deutscher, der mit den Juden geht, sein Bestes verliert, steht für so beschränkte Leute, wie wir Deutsch-völkischen sind, ja nun freilich fest, aber das deutsche Volk des Durchschnitts hat sich ja zu solcher bornierter Auffassung nie bekennen wollen und die jüdischen Erfolgreichen verschlungen und erhoben wie die anderen auch* [...]«.[33]

Das geradezu provokante Kokettieren mit seinem Antiintellektualismus, die Ablehnung jeglicher Methoden der Literaturwissenschaft und die damit einhergehende Vereinfachung seiner zutiefst boshaften »Literaturbetrachtungen« machten Bartels' Schriften einer breiten Öffentlichkeit, vor allem den Milieus der völkischen Bewegungen zugänglich. Nach dem Aufkommen der NS-Bewegung in der frühen Weimarer Republik wurde Bartels schnell zu einem ihrer leidenschaftlichen Verfechter. Mit seiner 1924 veröffentlichten Schrift *Der Nationalsozialismus und Deutschlands Rettung* trug Bartels ganz entscheidend dazu bei, seinen in der Kaiserzeit entwickelten völkisch-antisemitischen Literaturbegriff auf das kulturpolitische Programm der NS-Bewegung zu übertragen. Bartels war jedoch nicht nur einer der wichtigsten Ideengeber der nationalsozialistischen Literaturpolitik. Spätestens mit seinem 1925 erschienenen Buch *Jüdische Herkunft und Literatur, eine gründliche Erörterung*, in dem er sämtliche verhassten Schriftsteller nebst ihrer angeblichen »Rassenzugehörigkeit« auflistete, schuf er die praktischen Grundlagen für die Literaturindizierungen, die sich bei der Erstellung der schwarzen Listen zur Vorbereitung der Bücherverbrennung als dienlich erweisen sollten.

33 Adolf Bartels, *Die deutsche Dichtung der Gegenwart. Die Jüngsten*, Leipzig 1921. S. 89.

Neben seinen Büchern und der von ihm herausgegebenen Zeitschrift *Deutsches Schrifttum. Unabhängige kritische Monatsschrift* erschienen zur Zeit der Weimarer Republik immer öfter Hetzartikel von Bartels in der nationalsozialistischen und völkischen Presse. Einer findet sich, ausgeschnitten und aufgeklebt, in den Akten des Hauptamtes für Presse und Propaganda der Deutschen Studentenschaft, das die »Aktion wider den undeutschen Geist« im April und Mai 1933 steuerte. Unter der Überschrift *Die deutsche Literaturgeschichte und die Juden. Ein Beitrag zur Verjudung der Geisteswissenschaften in den letzten Jahrzehnten*, erschienen am 3. Mai 1933 im *Völkischen Beobachter*, lieferte Bartels eine umfassende Liste von Germanisten, Theaterwissenschaftlern und Historikern, die aufgrund ihrer jüdischen Herkunft nach seiner Auffassung »zu entbehren« seien. Dem zustimmenden Interesse, das die studentischen Bücherverbrenner dazu bewog, diesen Artikel zu archivieren, dürfte auch bei der Bücherverbrennung Rechnung getragen worden sein.

Selbstverständlich war Bartels nur einer von vielen Propagandisten, die während der Weimarer Republik schon lange vor 1933 die geistigen Grundlagen der Bücherverbrennung schufen. Allein in den Kulturredaktionen der rechtsgerichteten Presse war unablässig ein Heer von Journalisten damit beschäftigt, den ideologischen Hass gegen jüdische und progressive Autoren in die Öffentlichkeit zu tragen.

Angefeindet wurden Autoren wie Schalom Asch, Lion Feuchtwanger, Erich Mühsam und Max Brod, weil sie jüdischer Herkunft waren; Autoren, wie Bertolt Brecht, Ernst Toller, Johannes R. Becher, Kurt Tucholsky, Heinrich Mann und Erich Maria Remarque, die demokratische, pazifistische, antimilitaristische oder marxistische Positionen vertraten; Autoren, wie Franz Werfel, Walter Hasenclever und Fritz von Unruh, die einen modernen, expressionistischen Schreibstil etablierten; Autorinnen, wie Anna Seghers, Irmgard Keun und Else Lasker-Schüler, deren Sexualmoral verhasst war, oder Autoren, wie Alfred Döblin und Carl Zuckmayer, die ihre Leser am modernen Großstadtleben mit seinen vielfältigen kulturellen Milieus und sozialen Widersprüchen teilhaben ließen. Verhasst waren Wissenschaftler und Publizisten, wie Emil Gumbel, Theodor Lessing und Carl von Ossietzky, die in ihren Schriften die Ereignisse des Ersten Weltkrieges kritisch und unpathetisch schilderten; Pazifisten, wie Ludwig Quidde, der für sein friedenspolitisches Engagement 1927 den Friedensnobelpreis erhielt. Historiker, wie Emil Ludwig und Werner Hegemann, die Beispiele historischer Legendenbildung gründlich revidierten, oder Wissenschaftler, wie Sigmund Freud, Max Herkheimer und Magnus Hirschfeld, die zu Themen aus neueren wissenschaftlichen Disziplinen – etwa der Psychoanalyse, der Soziologie oder der Sexualforschung – publizierten.

Die Nationalsozialisten und andere Vertreter der äußersten Rechten führten in den Jahren vor Hitlers Machtübernahme gegen diese Literatur einen hasserfüllten ideologischen Kampf auf verschiedenen Ebenen. Mehr noch als in den von Alfred Hugenberg dominierten deutschnationalen Zeitungen waren in den Kampfblättern der NSDAP verbale Angriffe mit übelsten Beleidigungen und Gewaltandrohungen gegen die Betroffenen an der Tagesordnung.

In den zwanziger Jahren wurde in nationalsozialistischen Zeitungen wie dem *Völkischen Beobachter*, dem *Angriff* und dem *Stürmer* das Vokabular gepflegt und weiterentwickelt, welches 1933 die aggressive Rhetorik im Umfeld der Bücherverbrennung bestimmte. Im Repertoire nationalsozialistischer Kampfbegriffe wurden Wörter und Redewendungen wie »Jude«, »Pazifist«, »Kulturbolschewist«, »volksfremder Geist«, »Literatur des Verfalls«, »Asphaltliteratur«, »Schund- und Schmutzliteratur«, »entartet«, »undeutsch«, »zersetzend« oder »nihilistisch« mit besonderer Vorliebe verwendet. Es wurde stets versucht, die angefeindete Literatur dem vermeintlichen Einfluss des Judentums zuzuordnen, wobei unerwähnt blieb, dass es sowohl jüdische Autoren mit einem deutschnationalen Weltbild gab als auch angefeindete nichtjüdische Autoren, welche die Nationalsozialisten jedoch als »judengenössisch« oder »judenhörig« charakterisierten. So schloss beispielsweise der Nationalsozialist Rudolf Erckmann seinen Artikel *Götzendämmerung der Literaten*, der am 5. September 1932 im *Völkischen Beobachter* erschien, mit den Worten: »*Schon heute führen alle Bücher jüdischer und judengenössischer Künstelei, die sanft säuselnden Pazifistenromane, die paneuropäischen Elaborate, die blutleeren Ästhetenverse und die hassgezeugten Marxistenschmöker nur noch ein mühsam hochgepäppeltes Scheindasein. Und die Zeit ist nicht mehr ferne, da auf den Bücherleichen der letzten 14 Jahre und ihrer Vorgänger das Deutsche Buch im Dritten Reich triumphiert.*«

34 Vgl. Hans-Albert Walter, *Deutsche Exilliteratur 1933–1950*, Band 1: Bedrohung und Verfolgung bis 1933, Darmstadt 1972, S. 54 (im Folgenden: Walter).

35 Vgl. ebd., S. 55.

36 Vgl. ebd., S. 37.

Die Gewissheit der Nationalsozialisten, bald zur Macht zu gelangen, wird in dem zitierten Artikel bereits deutlich, und der Autor ließ keinen Zweifel, was die kritischen Schriftsteller in Deutschland nach einer nationalsozialistischen Machtübernahme erwartete. Wenige Zeilen zuvor stellte Erckmann klar: »*So wird es vielerorts in unserem Schrifttum kaum noch großer Reinigungsaktionen bedürfen, wenn deutscher Geist in Deutschland die Zügel ergreift. Vom gesundeten Willen des deutschen lesenden Publikums verworfen, werden die Zersetzer und Ästheten, die Literatur-Paneuropäer und volksfremden Schreiber ihre ›Werke‹ nur mehr für sich schreiben, falls sie wie der kleine Klaus* [gemeint ist Klaus Mann, W.T.] *nicht vorziehen, das undankbare Deutschland zu verlassen; niemand wird ihnen für diesen Fall eine Träne nachweinen. Nur in einem Fall wird man sich noch für sie interessieren. Sollten sie draußen oder drinnen versuchen, unser völkisches Wollen zu sabotieren, wie es während des Krieges die Schickele, Leonhard Frank und Genossen taten, wird es Wege geben, solchem Beginnen zu begegnen.*«

Schon vor der Machtergreifung wurden offenbar Maßnahmen geplant, die man der Öffentlichkeit nicht vorenthielt. Bereits im August 1932 erschien im *Völkischen Beobachter* eine Liste mit Schriftstellern, die als »Repräsentanten einer dekadenten Niedergangsperiode« bezeichnet wurden und denen man ankündigte, sie nach einer Machtübernahme mit Schreibverbot zu belegen: Darunter waren Lion Feuchtwanger, Hugo von Hofmannsthal, Walter Hasenclever, Klaus Mann, Carl Sternheim, Ernst Toller, Franz Werfel, Frank Wedekind, Friedrich Wolf, Stefan Zweig, Carl Zuckmayer, Bertolt Brecht, Leonhard Frank, Theodor Plievier, Carl Hauptmann und Fritz von Unruh.[34] Joseph Goebbels ging noch weiter und kündigte im *Angriff* an, dieses »*schreibende Gesindel* [...] *an die Wand*« zu stellen.[35] Derart offene Morddrohungen waren nicht neu. Bereits 1927 wurde Oskar Maria Graf nach Erscheinen seines Romans *Wir sind Gefangene* im *Völkischen Beobachter* mit dem Galgen gedroht.[36]

Die aggressive Hetze der nationalsozialistischen Presse wirkte stets inspirierend auf den politischen Terror, der besonders durch die SA im politischen und kulturellen Leben verbreitet wurde: So wurde im Oktober 1930 Thomas Mann während der Verlesung seiner *Deutschen Ansprache* im Berliner Beethovensaal von im Smoking erschienenen SA-Leuten und dem NS-Schriftsteller Arnolt Bronnen angepöbelt.

Die angefeindeten Schriftsteller erhielten zunehmend bedrohliche Anrufe und Briefe. Als Vorgeschmack auf kommende Ereignisse erhielt Thomas

Mann per Post aus Königsberg ein verkohltes Exemplar der *Buddenbrooks*. 1943, anlässlich des zehnten Jahrestages der NS-Bücherverbrennung, berichtete Thomas Mann in einer BBC-Rundfunkansprache über diesen Vorfall: »*Deutsche Hörer! Als ich mich im Sommer 1932 an der Ostsee aufhielt, bekam ich ein Paket zugeschickt, aus dem mir, als ich es öffnete, schwarze Asche, verkohltes Papier entgegenfiel. Der Inhalt bestand aus einem verbrannten, nur gerade noch erkennbaren Exemplar eines Buches von mir, des Romans ›Buddenbrooks‹, – mir übersandt vom Besitzer zur Strafe dafür, daß ich meinem Grauen vor dem heraufkommenden Nazi-Verhängnis öffentlich Ausdruck gegeben hatte.*«[37]

Zuvor, im September 1930, wurde die Uraufführung des Films *Im Westen nichts Neues*, nach dem gleichnamigen Buch von Erich Maria Remarque, von massiven Ausschreitungen begleitet. Doch zogen die Behörden nicht etwa die nationalsozialistischen Störer zur Rechenschaft, sondern verboten kurzerhand den Film wegen Störung der öffentlichen Ordnung. Dass die staatlichen Organe nicht allein in diesem Fall die Nationalsozialisten in ihrem rechtsfeindlichen Vorgehen auch noch bestätigten, ermöglichte auch das Erstarken des Nationalsozialismus auf parlamentarischer Ebene.

Die Hetzartikel der einschlägigen Presse und der SA-Terror auf der Straße waren nur die vordergründigen Instrumente des ideologischen und politischen Kampfes, dem sich jüdische und kritische Autoren schon Jahre vor der NS-Machtübernahme ausgesetzt sahen. Die politische Rechte führte den Kampf gegen die ihr verhasste Literatur auf anderen Ebenen mit viel subtileren Mitteln, die mitunter noch wirkungsvoller sein konnten. So gelang es während der Weimarer Republik immer wieder, auf parlamentarischem und gerichtlichem Wege Bücherverbote und Zuchthausstrafen gegen einzelne Autoren zu erwirken.

Ein wichtiger Gradmesser dafür, inwieweit sich die Literatur in einer Gesellschaft frei entfalten kann, besteht im Umgang des Staates mit den in ihm lebenden Schriftstellern. Die staatliche Liberalität der Weimarer Republik

37 Thomas Mann, Rundfunkansprache über BBC am 25. Mai 1943, in: Thomas Friedrich (Hg.), *Das Vorspiel. Die Bücherverbrennung am 10. Mai 1933*, Berlin 1983, S. 122 f. (im Folgenden: Friedrich).

38 Zitiert nach: Detlev Peukert, *Der Schund und Schmutzkampf als »Sozialpolitik der Seele«*, in: Hermann Haarmann u.a. (Hg.), *»Das war ein Vorspiel nur ...«* (Katalog zur gleichnamigen Ausstellung der Akademie der Künste im Jahr 1983), Berlin und Wien 1983, S. 55 (im Folgenden: Akademie-Katalog).

wurde im Rückblick, trotz der damals blühenden kulturellen Vielfalt, stark überschätzt. Die Freiheit der Kunst und die Abschaffung der Zensur waren zwar seit 1919 in der Reichsverfassung garantiert, aber dennoch versuchte die politische Rechte immer wieder, der Zensur eine neue Hintertür zu öffnen. Zunächst bediente man sich dabei einzelner Paragrafen des Strafgesetzbuches, die den Umgang mit Tatbeständen wie »Unsittlichkeit und Unzucht«, »Beleidigung«, »Verleumdung« oder »Gotteslästerung« gesetzlich regelten. So wurde 1922 das Drama *Die Schlimme Botschaft* von Carl Einstein wegen »Gotteslästerung« gerichtlich verboten, beschlagnahmt und Carl Einstein zu einer Geldstrafe verurteilt. Das gleiche Schicksal widerfuhr 1925 Johannes R. Bechers Gedichtband *Roter Marsch – Der Leichnam auf dem Thron – Die Bombenflieger*. Nach der gerichtlich verfügten Einziehung seines Buches wurde Becher vorübergehend in Haft genommen, wobei die Eröffnung des Gerichtsverfahrens über zwei Jahre verzögert wurde.

Ein weiter gehender Schritt gegen die Freiheit der Literatur war das »Gesetz zur Bewahrung der Jugend vor Schund- und Schmutzschriften«, das von der Zentrumspartei und der Deutschnationalen Volkspartei (DNVP) eingebracht worden war und im Dezember 1926 gegen die Stimmen von SPD und KPD im Reichstag verabschiedet wurde. Der SPD-Reichstagsabgeordnete Carl Schreck wandte in der zweiten Lesung gegen diesen auch »Schund- und Schmutz-Gesetz« genannten Paragrafen ein: »*Dieses Gesetz geht unter falscher Flagge, weil es als dem Schutze der Jugend dienlich bezeichnet wird, während es in Wirklichkeit eine Anwendung gegen alle und die Literatur überhaupt finden wird.*«[38] In der Tat wurde nicht klar definiert, gegen welche Art von Literatur das Gesetz sich richtete, und so sollte sich die Befürchtung von Carl Schreck als allzu berechtigt erweisen. Das »Schund- und Schmutz-Gesetz« verlor in der Folge zunehmend seinen Zweck des Jugendschutzes und entwickelte sich zu einem effektiven Instrument der politischen Rechten gegen die angefeindete Literatur.

Kurt Tucholsky, bald selbst ein Opfer dieses Gesetzes, ahnte ebenfalls dessen verdeckte Absicht. In der *Weltbühne* bezeichnete er 1926 dieses Gesetzesvorhaben als den »*schärfste*[n] *Angriff auf die geistige Freiheit Deutschlands, der seit Jahrzehnten verübt worden ist. Die Große Zeit ausgenommen. Seit den Tagen der Generalkommandos, die die Kriegsverbrechen durch die Niederknüppelung jeder kritischen Äußerung so lange verlängerten, wie ihnen das möglich war, ist Ähnliches nicht dagewesen*«. Mit polemischem Witz beschließt Tucholsky seine Ausführungen mit dem Satz: »*Dieses Gesetz gegen Schund und Schmutz fällt unter sich selbst.*«[39]

Als 1929 Peter Martin Lampels Theaterstück *Giftgas über Berlin* verboten wurde, gründeten Heinrich Mann, Leopold Jessner, Fritz Kortner, Fritz von Unruh und andere einen Ausschuss »gegen die Zensur«. In einer Erklärung hieß es: »*Der Kampf, von dem die Zensur nur ein Teil ist, geht ja nicht um die Geschmacklosigkeiten, welche von Zeit zu Zeit vorkommen, sondern um die geistige Herrschaft in Deutschland.*«[40] Und dieser Kampf verschärfte sich zunehmend.

Am 23. Januar 1930 wurde der Nationalsozialist Wilhelm Frick Staatsminister für Inneres und Volksbildung des Landes Thüringen. Erstmals konnte die Öffentlichkeit einen Eindruck gewinnen, welche Maßnahmen sie erwarten würden, wenn die NSDAP auch auf Reichsebene zu staatlicher Macht gelangen sollte. Mit dem Erlass »Wider die Negerkultur für deutsches Volkstum« vom April 1930 ging Minister Frick mithilfe der ihm unterstellten Polizei massiv gegen Kulturschaffende vor: Aus Theatern, Museen und Schulen wurden politisch missliebige Personen entlassen, Theaterstücke und Kinoaufführungen wurden verboten und aus dem Weimarer Museum wurden die Bilder von Paul Klee, Ernst Barlach und anderen Künstlern entfernt.

In den letzten Tagen der sozialdemokratischen Regierung unter Hermann Müller, am 13. März 1930, brachte die NSDAP den Entwurf für ein »Gesetz zum Schutze der Nation« in den Reichstag. Darin hieß es: »*Wer es unternimmt, deutsches Volkstum und deutsche Kulturgüter, insbesondere deutsche Sitten und Gebräuche zu verfälschen oder zu zersetzen oder fremdrassigen Einflüssen auszuliefern, wird wegen Kulturverrats* [...] *mit Zuchthaus bestraft.*« Im März 1930 wurde diese nationalsozialistische Gesetzesinitiative von der Reichstagsmehrheit noch abgewiesen. Doch nach dem Abtreten der Regierung Müller am 27. März 1930 waren die demokratische Grundordnung und damit die Situation für Schriftsteller und Publizisten immer größerer Bedrohung ausgesetzt.

Bis zur Machtübernahme Hitlers regierten die so genannten Präsidialkabinette unter den Reichskanzlern Heinrich Brüning, Franz von Papen und General Kurt von Schleicher. Dabei handelte es sich um Minderheitsregie-

39 Ignaz Wrobel (Kurt Tucholsky), *Fort mit dem Schundgesetz!*, in: *Die Weltbühne*, 22-44 / 2.11.26, S. 704 ff. Die Quellenverweise der *Weltbühnen*-Artikel folgen dem Register: Elmar E. Holly, *Die Weltbühne 1918–1933*, Berlin 1989.

40 Zitiert nach: Hans J. Schütz, *Verbotene Bücher*, München 1990, S. 167.

41 Heinz Jäger (Walter Kreiser), *Windiges aus der deutschen Luftfahrt*, in: *Die Weltbühne*, 25-11 / 12.3.29, S. 402 ff.

rungen, die Reichspräsident Hindenburg ernannte und die unter Berufung auf den Paragrafen 48 der Reichsverfassung mit »Notverordnungen« nach Absegnung durch den Reichspräsidenten regieren konnten, ohne dazu einer Reichstagsmehrheit zu bedürfen.

Ab dem 28. März 1931 ermöglichte eine »Verordnung des Reichspräsidenten zur Bekämpfung politischer Ausschreitungen« Druckschriften zu beschlagnahmen und für eine Dauer von bis zu acht Monaten das Erscheinen von Zeitungen zu verbieten. Es versteht sich von selbst, dass ein Erscheinungsverbot von solcher Dauer im Regelfall für die betroffene Zeitung das endgültige Verschwinden vom Zeitungsmarkt zur Folge hatte. In einer weiteren Notverordnung vom 17. Juli 1931 hieß es: »*Druckschriften, durch deren Inhalt die öffentliche Sicherheit und Ordnung gefährdet wird, können polizeilich beschlagnahmt und eingezogen werden.*« Darauf folgte die polizeiliche Beschlagnahme der Romane *Sturm auf Essen* und *Barrikaden im Wedding*, deren Urheber die kommunistischen Schriftsteller Hans Marchwitza und Klaus Neukranz waren. Es bedurfte nicht einmal mehr einer gerichtlichen Verfügung, um die Bücher kritischer Autoren einzuziehen. Allein diese Notverordnung vom 17. Juli 1931, die es letztlich polizeilicher Willkür überließ, welches Buch »die öffentliche Sicherheit und Ordnung gefährdet«, zeigt, wie umfassend schon während der Regierung Brüning die rechtlichen Grundlagen geschaffen wurden, die schließlich im Mai 1933 das ganze Ausmaß der Bücherverbrennungen erst ermöglichten. Auf der Grundlage geltenden Rechts konnte im April und Mai 1933 den Stoßtrupps der NS-Studentenschaft polizeilich genehmigt werden Buchhandlungen und Leihbibliotheken auszurauben, um die erbeuteten Bücher am 10. Mai zu verbrennen.

Im November 1931 wurde Carl von Ossietzky als Herausgeber der kritischen Zeitschrift *Weltbühne* zu einer Gefängnisstrafe von eineinhalb Jahren verurteilt. Walter Kreiser, der in der *Weltbühne* unter dem Pseudonym Heinz Jäger schrieb, erhielt das gleiche Strafmaß. Anlass war ein Artikel Kreisers, der bereits am 12. März 1929 unter dem Titel *Windiges aus der deutschen Luftfahrt* in der *Weltbühne* erschienen war.[41] Die darin von Kreiser aufgedeckte, rechtswidrige Aufrüstung der Reichswehr mit Luftwaffen veranlasste die Gerichtsbarkeit nicht etwa dazu, die Verantwortlichen innerhalb der Reichswehr zur Rechenschaft zu ziehen, sondern stattdessen Kreiser als Verfasser des Enthüllungsartikels und Ossietzky als den Herausgeber wegen »Verrats militärischer Geheimnisse« zu verurteilen.

Ein weiterer Prozess gegen Carl von Ossietzky wurde vom damaligen Reichswehrminister Groener angestrengt. Diesmal hieß der Mitangeklagte

Kurt Tucholsky. In der *Weltbühne* hatte Tucholsky am 4. August 1931 einen Beitrag unter dem Titel *Der bewachte Kriegsschauplatz* veröffentlicht, mit dessen Schlusssatz deutsche Gerichte bis heute nicht zimperlich umgehen. Tucholsky schrieb über das sinnlose Sterben auf den Schlachtfeldern des Ersten Weltkrieges: »*Da gab es vier Jahre lang ganze Quadratmeilen Landes, auf denen war der Mord obligatorisch, während er eine halbe Stunde davon entfernt ebenso streng verboten war. Sagte ich Mord?*« Und nun folgten die berühmten Worte: »*Natürlich Mord. Soldaten sind Mörder.*«[42]

Bevor Carl von Ossietzky im Mai 1932 seinen ersten Gefängnisaufenthalt antreten musste, schrieb er noch einen Artikel, der unter dem Titel *Ende der Pressefreiheit* in der *Weltbühne* vom 29. März 1932 erschien. Sein Fazit offenbart, wie sehr sich bereits knapp ein Jahr vor der nationalsozialistischen Machtübernahme innerhalb der kritischen Öffentlichkeit das Bewusstsein ihrer Niederlage abzeichnete: »*Die deutsche Linkspresse befindet sich in einer ungeheuren Krise. Die wirtschaftliche Schrumpfung bedroht ihren Lebensboden. Die allgemeine Unfreiheit, die Furcht vor Beschlagnahmungen und Prozessen nötigt sie, ihren geistigen Spielraum einzuengen und auf den besten Teil ihres Instrumentars zu verzichten.*«[43] Noch drastischer hatte kurz zuvor Axel Eggebrecht in der *Weltbühne* vom 12. Januar 1932 das Ausmaß der Resignation im Beitrag *Wer weiter liest, wird erschossen* zum Ausdruck gebracht: »*Noch kurze Zeit Geduld: Wer dann in Deutschland noch von geistiger Freiheit spricht, der hält Leichenreden. Denn schon liegt er kläglich im Sterben, der vielgeliebte Held, der freie Geist. Eigentlich gibt es ihn schon gar nicht mehr – machen wir uns doch nichts vor.* [...] *Wir sind dabei, uns selber aufzugeben. Es gibt fast keinen gemeinsamen Lebenswillen des Geistigen mehr. Wir sind gelangweilt durch das – wie man nun überall hört und liest – veraltete, liberalistische Ideal der geistigen Freiheit. Unsere Verbände quälen sich selbst bei bösartigen Vorkommnissen kaum noch mal eine lendenlahme Erklärung ab, wie das Beispiel des Schriftsteller-*

42 Ignaz Wrobel (Kurt Tucholsky), *Der bewachte Kriegsschauplatz*, in: *Die Weltbühne*, 27-31 / 4.8.31, S. 191 ff.

43 Carl von Ossietzky, *Das Ende der Pressefreiheit*, in: *Die Weltbühne*, 28-13 / 29.3.32, S. 463 ff.

44 Axel Eggebrecht, *Wer weiter liest, wird erschossen!*, in: *Die Weltbühne*, 28-2 / 12.1.32, S. 51 ff.

45 Vgl. Inge Jens, *Dichter zwischen Links und Rechts. Die Geschichte der Sektion für Dichtkunst an der Preußischen Akademie der Künste dargestellt nach den Dokumenten*, Leipzig 1994, S. 112 ff. (im Folgenden: Jens).

Schutzverbandes zeigt. Es ist vorbei. Man legt die Hände in den Schoß und wartet auf Hitler.«[44]

Noch vor Hitlers Machtübernahme, im weiteren Verlauf des Jahres 1932, sollte sich die Situation zuspitzen. Als Franz von Papen Anfang Juni 1932 seine Reichskanzlerschaft antrat, kündigte er in seiner Regierungserklärung an, den Kampf gegen den »Kulturbolschewismus« als eine vordringliche Aufgabe zu betreiben. In einer Notverordnung vom 14. Juni 1932 wurde die Pressefreiheit weiter eingeschränkt. Am 1. Juli 1932 erfolgte das Verbot der sozialdemokratischen Zeitung *Vorwärts*. Im November 1932 wurde der Schriftsteller Ludwig Renn verhaftet. Als schließlich am 30. Januar 1933 die Nationalsozialisten zur Macht gelangten, übernahmen sie ein Land, in dem das freie Geistesleben und die vormals kritische Öffentlichkeit schon weitestgehend zum Schweigen gebracht worden waren. Zu den letzten noch arbeitsfähigen Institutionen des schreibenden Widerstandes gegen Hitler gehörten die Schriftstellerverbände.

Auch innerhalb der Schriftstellerverbände wurden während der Weimarer Republik Richtungskämpfe um die Literatur ausgetragen. In der Preußischen Akademie der Künste, deren Sektion für Dichtkunst sehr prominente Schriftsteller angehörten, kam es dabei zu besonders heftigen Auseinandersetzungen.

Obwohl es seit dem 19. Jahrhundert immer wieder Initiativen gab, in der Preußischen Akademie der Künste eine eigene Literaturabteilung einzurichten, kam es erst 1926 auf Betreiben des damaligen Akademiepräsidenten Max Liebermann und des preußischen Kultusministers Carl Heinrich Becker zur Gründung der Sektion für Dichtkunst. Bei der Berufung ihrer Mitglieder wurde darauf geachtet, dass ein möglichst breites Spektrum literarischer Richtungen vertreten war.

Jedoch gerieten die kontroversen Auffassungen schon bei der Frage, ob die neue Akademieabteilung unter dem Namen »Sektion für Dichtkunst« oder aber »Sektion für Literatur« geführt werden solle, in einen unversöhnlichen Streit. Es bildeten sich zwei gegnerische Gruppen, deren Differenzen durchaus politischer Natur waren.[45] Zunächst konnte sich die progressive Fraktion aus prorepublikanischen, sozialistischen und liberalen Schriftstellern gut behaupten. Zu ihr zählten Thomas Mann, Heinrich Mann, Ludwig Fulda, Georg Kaiser, Bernhard Kellermann, Oskar Loerke, Hermann Hesse, René Schickele, Wilhelm Schmidtbonn, Arthur Schnitzler, Jakob Wassermann und nach den Neuernennungen im Jahr 1928 zudem Leonhard Frank, Alfred Mombert, Theodor Däubler, Alfred Döblin und Fritz von Unruh.

Gegen diese Fraktion opponierte eine Reihe von völkisch-nationalistischen Autoren, darunter Erwin Guido Kolbenheyer, Hermann Stehr, Josef Ponten, Wilhelm Schäfer, Wilhelm von Scholz und Emil Strauß. Sie verstanden ihr literarisches Schaffen in romantisch verklärter Weise als Dichtung der »volkstümlichen Landschaft«, die geprägt sei durch »Blut und Boden«. Die völkisch-nationalistischen Sektionsmitglieder artikulierten beständig ihr ideologisches Unbehagen gegenüber den vorwiegend in Berlin wirkenden republikanisch orientierten Schriftstellern, deren Werke sie voller Abneigung als »volksfremd« und als »Großstadt- und Asphaltliteratur« bezeichneten. Zugleich versuchten sie den Einfluss der progressiven Berliner Autoren innerhalb der Sektion zurückzudrängen, indem sie forderten, dass die Rechte der auswärtigen Sektionsmitglieder denen der Berliner Mitglieder gleichgestellt würden. Tatsächlich waren die Berliner Mitglieder laut Geschäftsordnung mit mehr Rechten ausgestattet als die auswärtigen Mitglieder, zu denen auch progressive Schriftsteller gehörten. Letztere erkannten jedoch die Gefahr einer Majorisierung durch die völkisch-nationalistischen Mitglieder, die nur unter den Auswärtigen zu finden waren. Ende 1929 scheiterte der Versuch, mit dem völkisch-nationalistischen Schriftsteller Wilhelm Schäfer ein auswärtiges Mitglied zum Sektionsvorsitzenden zu wählen. Im Oktober 1930 führte eine zunächst erfolgreiche Initiative der auswärtigen Mitglieder, auf der Vollversammlung der Sektion ihre Gleichstellung zu erwirken, zu einem heftigen Eklat. Erwin Guido Kolbenheyer hielt ein Plädoyer zur Unterstützung des Vorstoßes der auswärtigen Schriftsteller: »*Die spezielle Ursache unserer falschen Grundeinstellung heißt Berlin.* [...] *Es scheint mir ausgeschlossen, daß sensible Naturen, die wir eben sein müssen, um unsere Werke zu schaffen, sich dem aufjagenden Hetztempo dieser Stadt entziehen können – dieser Stadt, in der wohl ein Großteil aller Leistung Betrieb um des Betriebes und nicht um der Sache willen ist.*«[46]

Die so angegriffenen Berliner Schriftsteller, allen voran Alfred Döblin, wehrten sich energisch gegen die Polemik Kolbenheyers und den Beschluss zur Gleichstellung der auswärtigen Sektionsmitglieder in der Geschäftsordnung, der die Vorherrschaft der völkisch-nationalistischen Schriftstellergrup-

46 Zitiert nach: ebd., S. 118.

47 Zitiert nach: FRIEDEMANN BERGER u.a. (Hg.), *In jenen Tagen ... Schriftsteller zwischen Reichstagsbrand und Bücherverbrennung*, Leipzig und Weimar 1983, S. 80 f. (im Folgenden: Berger).

48 Vgl. ebd., S. 81.

pe zur Folge gehabt hätte. Nach wochenlangem erbittertem Streit über die Rechtmäßigkeit der geänderten Geschäftsordnung wurde schließlich ein neutrales Rechtsgutachten durch einen Ministerialrat angefordert. Das Auseinanderbrechen der Sektion für Dichtkunst stand unmittelbar bevor. In beiden Lagern machte man sich über die Möglichkeiten einer weiteren Zusammenarbeit keine Illusionen mehr, sondern harrte der Entscheidung, welche Seite sich durch das Rechtsgutachten würde behaupten können. Aus dieser Zeit, vom 26. November 1930, datiert ein Brief von Thomas Mann an Oskar Loerke: »*Lassen Sie mich wiederholen: mir ist immer klarer geworden, daß die Herrschaft, die, wenn man Frieden halten will, notwendig durch unsere Konzilianz zustande kommt, vollkommen lähmend und verspießernd auf unsere Körperschaft wirkt, und daß ein irgendwie fruchtbares und ehrenvolles Zusammenarbeiten nicht möglich ist. Schon die Rede Kolbenheyers zu Anfang der Hauptversammlung war durch und durch charakteristisch. Was für ein überflüssiges und verdächtiges Geschwätz von Volk und Volksverpflichtung! Ich habe mich nie dem Volk verantwortlich gefühlt, sondern mir selbst und der europäischen Bildung, und wenn Döblin in seiner Antwort erklärte, daß eine klare Definition dieser Volksverpflichtung notwendig sei, so rührte er mit der Rücksicht, die notwendig gemacht wird durch die Zusammensetzung der Sektion, an den wunden Punkt und machte jeden, der zu hören verstand, aufmerksam auf den Riß, der immer wieder scheinbar und künstlich verhüllt werden muß, wenn die junge Sektion nicht auseinanderfallen soll. Um ganz offen zu sein, ich wollte, man ließe es auf ein solches Auseinanderfallen ankommen und ließe die Krise sich vollenden. Was dann kommen könnte, weiß ich freilich nicht zu sagen, aber ein echtes und rechtes Auffliegen der Sektion für Dichtkunst, das keine endgültige Auflösung sein brauchte, könnte, so wage ich zu denken, das vielleicht einzige Mittel sein, die Akademie in neuer und bis zum Effekt der Arbeitsfähigkeit einheitlicher Gestalt wieder erstehen zu lassen.*«[47]

Das Szenario, das Thomas Mann hier entwarf, sollte wenig später auf ähnliche Weise tatsächlich eintreten. Das Rechtsgutachten des Ministerialrates bestätigte, dass die auf der Sektionsvollversammlung am 13. und 14. Oktober 1930 beschlossene Änderung der Geschäftsordnung satzungswidrig und somit ungültig sei, weil die Sektionsrepräsentanz innerhalb der Preußischen Akademie der Künste nicht von den Berliner auf die auswärtigen Mitglieder verlagert werden könne.[48] Aus Protest erklärten Erwin Guido Kolbenheyer, Wilhelm Schäfer und Emil Strauß im Januar 1931 ihren Austritt. Die progressiven Autoren hatten sich in der Sektion für Dichtkunst durchgesetzt in einer Zeit, in der die politischen Bedingungen immer bedrohlicher wurden.

Am 27. Januar 1931 fand eine außerordentliche Sektionsvollversammlung statt, deren Ergebnisse die Hoffnungen von Thomas Mann erneut bestätigten. Die »Sektion für Dichtkunst« wurde in »Abteilung für Dichtkunst« umbenannt. Mit Heinrich Mann wurde ein engagierter Vertreter der literarischen Linken zum neuen Abteilungsvorsitzenden gewählt und Ricarda Huch zu seiner Stellvertreterin. Auf Initiative von Alfred Döblin wurden Grundsatzerklärungen ausgearbeitet, die die künftigen Aufgaben der Abteilung für Dichtkunst näher bestimmen sollten. Deutliches Gewicht erhielt das Vorhaben, verstärkt gegen die zunehmenden staatlichen Eingriffe in die geistige Freiheit der Schriftsteller vorzugehen.[49] Dazu wurde eine »Kommission für den Schutz der Geistesfreiheit« einberufen, die sich verpflichtete in Fällen von Verboten und Verfolgungen literarischer Werke und ihrer Darstellung eine inhaltliche Überprüfung vorzunehmen und sich für die betroffenen Autoren öffentlich und rechtlich einzusetzen. Es gelang, Einfluss auf den Deutschunterricht in den preußischen Schulen zu gewinnen, indem Vertreter der Abteilung für Dichtkunst in den entsprechenden Ausschüssen des Kultusministeriums Mitspracherecht erhielten. Als eine weitere Aufgabe erklärte sie ihr Engagement gegen volksverhetzende Darstellungen in Lese- und Geschichtsbüchern.[50] Doch als im Dezember 1932 der nationalistische Publizist und Schriftsteller Paul Fechter sein Buch *Dichtung der Deutschen* veröffentlichte, in dem viele jüdische und kritische Schriftsteller herabgewürdigt wurden, gelang es den Abteilungsmitgliedern nicht, sich auf eine einheitliche Protesterklärung gegen dieses Buch zu einigen.

Widerstand und Gleichschaltung der Schriftsteller im Frühjahr 1933

Nach der nationalsozialistischen Machtergreifung wurde das weitere Schicksal der Abteilung für Dichtkunst in der Preußischen Akademie der Künste beispielgebend für die Gleichschaltung der deutschen Schriftstellerverbände.

Bereits am 4. Februar 1933 wurde mit Bernhard Rust ein Nationalsozialist zum kommissarischen preußischen Kultusminister ernannt. Kraft seines Am-

49 Vgl. Jens, S. 158 f.

50 Vgl. ebd., S. 159.

51 Zitiert nach: ebd., S. 117 f.

52 Vgl. Hildegard Brenner, *Die Republikaner beugen sich dem Wort der Obrigkeit*, in; Akademie-Katalog, S. 67.

tes war Rust zugleich Kurator der Preußischen Akademie der Künste, die damit seiner direkten Kontrolle unterstand. Zwei Tage später fand eine Sitzung der Abteilung für Dichtkunst statt. Es sollte die letzte werden unter der Leitung von Heinrich Mann. Die Diskussion der jüngsten politischen Ereignisse während der Sitzung zeigte, dass offenbar nur wenige Abteilungsmitglieder ahnten, welche einschneidenden Veränderungen allein die nächsten Wochen mit sich bringen würden. Die meisten Anwesenden unterschätzten den Ernst der Lage, glaubten, Hitler würde sich als Reichskanzler nicht lange halten können, und plädierten dafür, sich abwartend zu verhalten. Der Abteilungsvorsitzende Heinrich Mann sah dagegen dringenden Handlungsbedarf, verfügte jedoch innerhalb der Akademie nicht über den erforderlichen Rückhalt. Dennoch entschloss er sich, in eigener Verantwortung gegen den Nationalsozialismus Stellung zu beziehen, und unterzeichnete gemeinsam mit anderen Kulturschaffenden einen Aufruf des Internationalen sozialistischen Kampfbundes mit der Überschrift *Dringender Appell*. In diesem Aufruf, der in den folgenden Tagen an den Berliner Litfaßsäulen plakatiert wurde, war zu lesen: »*Die Vernichtung aller persönlichen und politischen Freiheit in Deutschland steht unmittelbar bevor, wenn es nicht in letzter Minute gelingt, unbeschadet von Prinzipiengegensätzen alle Kräfte zusammenzufassen, die in der Ablehnung des Faschismus einig sind.*«[51] In diesem Sinne rief der *Dringende Appell* SPD und KPD dazu auf, sich bei den Reichstagswahlen am 5. März 1933 zu einer »einheitlichen Arbeiterfront« zu verbünden.

Die Unterstützung dieses Aufrufs durch Heinrich Mann und Käthe Kollwitz, die ebenfalls Akademiemitglied war, nahm Bernhard Rust zum Anlass, erste Schritte zu Gleichschaltung und »Säuberung« der Preußischen Akademie der Künste einzuleiten. Durchaus handlungsinspirierend sprach Rust am 14. Februar 1933 vor der Berliner Studentenschaft, die drei Monate später auf dem Opernplatz die Bücherverbrennung organisieren sollte.

Die *Deutsche Zeitung* berichtete über Rusts Rede in der Morgenausgabe des 15. Februar: »*Dr. Rust ging dann auf den von dem Präsidenten der Dichter-Akademie, Heinrich Mann, unterzeichneten Aufruf ein, der die liberalistische Selbstdemagogie feierte und die falsche Freiheit des Wortes pries, und erklärte, er werde diesem Skandal ein Ende bereiten, doch bitte er um Geduld.*«

Am 15. Februar wurde der Dirigent und Komponist Max von Schillings, der anstelle des kurz zuvor abgesetzten Max Liebermann als neuer Präsident der Preußischen Akademie der Künste amtierte, von Rust ins Ministerium bestellt.[52] Rust drohte ihm mit der Auflösung der Akademie, sollte die

Unterstützung des Aufrufs durch Heinrich Mann und Käthe Kollwitz keine sofortigen Konsequenzen nach sich ziehen. Jenes »Gespräch« hatte offenbar starke Wirkung auf den Akademiepräsidenten. Für den Abend desselben Tages berief von Schillings alle erreichbaren Akademiemitglieder zu einer außerordentlichen Versammlung ein. Noch vor Beginn erklärte Käthe Kollwitz ihren Austritt aus der Akademie.[53] Laut Protokoll gab es zu Beginn der Sitzung Irritationen darüber, dass Heinrich Mann, um dessen Absetzung und Rauswurf es schließlich ging, nicht erschienen war.[54] Erst auf wiederholtes Nachfragen erklärte von Schillings, der die Versammlung leitete, dass Heinrich Mann nicht eingeladen worden sei. Daraufhin wurde die Sitzung unterbrochen und Heinrich Mann telefonisch herbeigebeten. In einer Stellungnahme, die einen Tag später in der Berliner Zeitung *Tempo* erschien, erklärte Heinrich Mann, abweichend vom Sitzungsprotokoll, er sei zur Versammlung eingeladen worden, jedoch habe ihn aufgrund einer falschen Adressenangabe die Einladung erst um 21.30 Uhr – eineinhalb Stunden nach Beginn der Sitzung – per Rohrpost erreicht.[55] Ob die Einladung tatsächlich erst losgesandt wurde, nachdem die Abwesenheit Heinrich Manns beanstandet worden war, oder ob von Schillings später Heinrich Mann darum bat, diese Version zu vertreten, ist nicht mehr zu ermitteln. Zumindest bliebe fragwürdig, warum von Schillings sich das Geständnis, Heinrich Mann nicht eingeladen zu haben, hätte abringen lassen müssen, wenn dem nicht so gewesen wäre.

Dem Sitzungsprotokoll zufolge traf Heinrich Mann um 21.45 Uhr in der Akademie ein. Jedoch wurde daraufhin die Versammlung nicht wieder aufgenommen, sondern Heinrich Mann stattdessen in von Schillings' Dienstzimmer gebeten. Im Beisein von Oskar Loerke erklärte Heinrich Mann während dieses Gespräches die Niederlegung seines Amtes als Vorsitzender der Abteilung für Dichtkunst und seinen Austritt aus der Akademie.[56]

Die Nachricht von der Demission und dem Austritt Heinrich Manns überbrachte von Schillings der Versammlung. Heinrich Mann war nicht anwesend. Laut Protokoll soll lediglich Alfred Döblin gefordert haben, Heinrich

53 Vgl. ebd.

54 Vgl. Protokoll der Sitzung der Gesamtakademie am 15. Februar 1933. Abgedruckt u.a. in: Jens, S. 351 ff.

55 Vgl. Stellungnahme von Heinrich Mann in der Berliner Zeitung *Tempo* vom 16. Februar 1933. Abgedruckt in: Berger, S. 126 f.

56 Vgl. Brenner, in: Akademie-Katalog, S. 67.

Mann möge selbst seine Meinung vor dem Plenum äußern. Von Schillings habe die Forderung Döblins mit der Begründung abgewiesen, Heinrich Mann, der sich noch im Arbeitszimmer des Präsidenten aufhalte, »eine unangenehme Situation« ersparen zu wollen. Als Döblin dessen persönliches Erscheinen erneut forderte, sei dies von der Mehrheit der Anwesenden abgelehnt worden. Daraufhin erklärte der Berliner Baustadtrat Martin Wagner, dass von Schillings nicht bevollmächtigt sei, Rust den Rauswurf zweier Akademiemitglieder zuzusichern. Mit dem Hinweis auf die Meinungsfreiheit und dass allein das Plenum zu Entscheidungen berechtigt sei, bestand Wagner auf einer Abstimmung, ob die Versammlung die Austritte von Käthe Kollwitz und Heinrich Mann billige. Diese letzte Möglichkeit für die Akademiemitglieder, noch ein Zeichen des Protestes und der Solidarität mit den beiden Betroffenen zu setzen, scheiterte dem Protokoll nach an der Intervention von Gottfried Benn, der das Vorgehen von Schillings ausdrücklich billigte. Daraufhin erklärte Wagner ebenfalls seinen Austritt aus der Akademie und verließ die Versammlung.

Die Umstände ihrer Einberufung und der gesamte Verlauf dieser Sitzung zeigen, wie effektiv es den Nationalsozialisten bereits zwei Wochen nach ihrer Machtübernahme mit gezielten Einschüchterungen gelang, sogar aus den Köpfen vieler ehemals kritischer Kulturschaffender jegliches Bewusstsein von Demokratie und Recht zu verdrängen und durch eine Mentalität des Schweigens und Wegsehens zu ersetzen. Von zweiundfünfzig anwesenden Akademiemitgliedern hatten offenbar nur noch Alfred Döblin und Martin Wagner die Courage, gegen den Rauswurf zweier verdienter Mitglieder Widerspruch zu erheben.

Am 21. Februar 1933, wenige Tage nach seiner Vertreibung aus der Akademie, als die Situation für ihn immer bedrohlicher wurde und er erfuhr, dass seine Verhaftung kurz bevorstand, verließ Heinrich Mann Deutschland. Vor ihm lag der entbehrungsreiche und ungewisse Weg des Exils, aus dem er nicht mehr zurückkehren sollte. Heinrich Mann starb im März 1950 in den USA. In der Tragik seines Schicksals spendet es kaum Trost, zu wissen, dass Heinrich Mann die letzten Tage vor seinem Tod in der freudigen Absicht verlebte, bald nach Deutschland zurückzukehren, um mit seiner Arbeit dort fortfahren zu können, wo sie an jenem 15. Februar 1933 »unterbrochen« worden war: Die Deutsche Akademie der Künste der DDR hatte ihn zu ihrem neuen Präsidenten gewählt.

Gottfried Benn, der seinen politischen Opportunismus während jener Akademieversammlung unter Beweis gestellt hatte, erwies sich in den folgenden Wochen als engagiertester Gleichschalter der Abteilung für Dichtkunst.

Am 13. März 1933 wurde Benn auf einer Sitzung der Abteilung, deren Zusammensetzung zuvor gesteuert worden war, zum kommissarischen neuen Vorsitzenden der Abteilung für Dichtkunst gewählt.[57] Außer Benn selbst waren nur die Abteilungsmitglieder Rudolf G. Binding, Oskar Loerke, Walter von Molo und Eduard Stucken anwesend. Ihnen legte Benn den Entwurf einer Loyalitätserklärung gegenüber der neuen Regierung vor, die allen Abteilungsmitgliedern zur Unterschrift zugesandt werden sollte. Sie hatte folgenden Wortlaut: »*Vertraulich! Sind sie bereit, unter Anerkennung der veränderten geschichtlichen Lage weiter ihre Person der Preußischen Akademie der Künste zur Verfügung zu stellen? Eine Bejahung dieser Frage schließt die öffentliche politische Betätigung gegen die Regierung aus und verpflichtet Sie zu einer loyalen Mitarbeit an den satzungsgemäß der Akademie zufallenden nationalen kulturellen Aufgaben im Sinne der veränderten geschichtlichen Lage.*«[58]

Nachdem die Anwesenden am 13. März dem Entwurf zugestimmt hatten, wurde die Erklärung versandt. Die Adressaten durften nur mit Ja oder Nein ihre Zustimmung oder Ablehnung ausdrücken. Von den angeschriebenen Mitgliedern erklärten daraufhin Thomas Mann, Alfred Döblin, Alfons Paquet und Ricarda Huch ihren Austritt aus der Abteilung. Rudolf Pannwitz, René Schickele und Jakob Wassermann lehnten die Loyalitätserklärung ab, ohne ihren Austritt zu erklären. Eine Mehrheit von achtzehn Mitgliedern erklärte jedoch ihre Loyalität, darunter Ludwig Fulda, Oskar Loerke, Gerhart Hauptmann, Wilhelm Schmidtbonn, Theodor Däubler, Bernhard Kellermann, Fritz von Unruh, Georg Kaiser, Alfred Mombert und Franz Werfel.[59]

Mithilfe des »Gesetzes zur Wiederherstellung des Berufsbeamtentums« vom 7. April 1933 verfügte Bernhard Rust Anfang Mai 1933 die endgültige Gleichschaltung der Abteilung für Dichtkunst. Per Einschreiben wurde den noch verbliebenen politisch und rassisch unerwünschten Schriftstellern Lud-

57 Vgl. ebd., S. 68 f.

58 Rundschreiben: Max von Schillings an die Mitglieder der Abteilung für Dichtkunst vom 14. März 1933, »Erste Anlage: Vertraulich!«, Abbildung des Originals mit der Unterschrift von Gottfried Benn in: Jens, S. 207.

59 Vgl. Brenner, in: Akademie-Katalog, S. 69.

60 Vgl. Volker Dahm, *Die nationalsozialistische Schrifttumspolitik nach dem 10. Mai 1933*, in: Walberer, S. 39 f.

wig Fulda, Franz Werfel, Bernhard Kellermann, Georg Kaiser, Alfred Mombert, Fritz von Unruh, Leonhard Frank, René Schickele und Rudolf Pannwitz kurzerhand ihr Rauswurf mitgeteilt, wobei es offenbar keine Rolle mehr spielte, ob die Betroffenen ihre Loyalität erklärt hatten oder nicht.

Auch Gottfried Benn konnte aus seinem Opportunismus keine persönlichen Vorteile ziehen. In Rusts Ministerium hatte man ein gutes Gedächtnis und so bekam Benn jetzt im Zuge der Neuordnung der Abteilung für Dichtkunst das Missfallen über seine liberaleren Veröffentlichungen aus der Zeit vor 1933 zu spüren. Er verlor seinen Vorsitz während der ersten Versammlung der personell neu besetzten Abteilung für Dichtkunst am 7. und 8. Mai 1933 zugunsten des Nazi-Schriftstellers Hanns Johst, der gerade erst in die Akademie aufgenommen worden war. Die »hinausgesäuberten« Abteilungsmitglieder wurden durch völkisch-nationalistische Schriftsteller ersetzt: Werner Beumelburg, Hans Friedrich Blunck, Hans Grimm, Will Vesper, Peter Dörfler, Paul Ernst, Friedrich Griese, Agnes Miegel, Börries von Münchhausen sowie durch die 1931 ausgetretenen Autoren Erwin Guido Kolbenheyer, Wilhelm Schäfer und Emil Strauß.

Am 8. Mai 1933 war, hauptsächlich auf Betreiben von Bernhard Rust, die Gleichschaltung der Abteilung für Dichtkunst abgeschlossen. Nur zwei Tage später brannten auch die Bücher der Schriftsteller, die kurz zuvor noch Akademiemitglieder gewesen waren.

Auf noch gröbere Weise war inzwischen die Gleichschaltung der weiteren bedeutenden deutschen Schriftstellerverbände erfolgt. Ähnlich den Konfrontationen in der Sektion für Dichtkunst gab es seit 1931 innerhalb des Schutzverbandes deutscher Schriftsteller (SDS) die »Arbeitsgemeinschaft nationaler Schriftsteller«, welche gegen die den Hauptvorstand des SDS dominierenden progressiven Schriftsteller opponierte. Am 11. März 1933 stürmten zwölf Angehörige dieser Arbeitsgemeinschaft eine Vorstandssitzung des SDS, zwangen fast den gesamten Vorstand zum Rücktritt und bildeten aus den eigenen Reihen sogleich einen neuen. Die erste Amtshandlung des selbsternannten neuen Vorstands bestand darin, alle politisch missliebigen Mitglieder aus dem SDS auszuschließen. Erst nach vollendeter »Säuberung« fand am 4. Mai 1933 eine Hauptversammlung des SDS statt, auf der die noch verbliebenen Mitglieder diese ungeheuerlichen Vorgänge nachträglich billigten und mit Goetz Otto von Stoffregen einen Redakteur des *Völkischen Beobachters* zum neuen Vorsitzenden bestimmten.[60]

Ebenfalls unmittelbar vor der Bücherverbrennung wurde im April 1933 die Gleichschaltung des deutschen PEN-Zentrums vollzogen. Dieser Vorgang offenbarte einmal mehr die Anmaßung nationalsozialistischer Literaturpolitik; war doch der PEN-Club 1921 als internationaler Schriftstellerverband im Geiste der Völkerverständigung gegründet worden. Noch im Jahr 1927 hatte er sich auf seinem 5. Internationalen Kongress verpflichtet, gegen »rassische Vorurteile« und »politische Böswilligkeit« einzutreten. Nun, im April 1933, waren Rassismus und politische Böswilligkeit die entscheidenden Motive, viele Mitglieder des deutschen PEN-Clubs auf nationaler Ebene auszuschließen. Am 23. April 1933 wurden mit Hans Hinkel, Hanns Johst und Rainer Schloesser ausgerechnet Funktionäre des nationalsozialistischen Kampfbundes für Deutsche Kultur in den neuen Vorstand des deutschen PEN-Zentrums gewählt.

Wenigstens in diesem Fall sollten die vertriebenen Schriftsteller die Gelegenheit erhalten, wirkungsvollen Widerstand zu leisten. Ende Mai kam im jugoslawischen Ragusa (Dubrovnik) der 11. Internationale PEN-Kongress zusammen. Die mit nationalistischen Schriftstellern besetzte deutsche Delegation traf dort auf die inzwischen im Exil lebenden ehemaligen deutschen PEN-Mitglieder Emil Ludwig und Ernst Toller, deren beider Werke kurz zuvor in Deutschland verbrannt worden waren. Die Rede Ernst Tollers wurde zu einer Anklage der jüngsten Nazi-Barbarei vor der Weltöffentlichkeit. Dabei gedachte er auch der Schriftsteller, die sich nicht mehr ins Exil hatten retten können und nun in deutschen Konzentrationslagern inhaftiert waren, darunter Carl von Ossietzky, Egon Erwin Kisch, Erich Mühsam, Willi Bredel und Ludwig Renn. Darüber hinaus verlas er die Namen der Autoren, deren Bücher am 10. Mai in Deutschland verbrannt worden waren. Tollers Rede war am Ende das zentrale Ereignis dieses 11. PEN-Kongresses und fand ein internationales Echo.[61]

Aus Feigheit hatte die deutsche Delegation noch vor dieser Rede den Kongress verlassen. Im November 1933 wurde eine deutsche Exilsektion in den PEN-Club aufgenommen, woraufhin das gleichgeschaltete deutsche PEN-Zentrum austrat.

61 Ernst Tollers Rede auf dem PEN-Club-Kongress ist u.a. vollständig abgedruckt in: Berger, S. 431 ff.

Die Bücherverbrennungen während des NS-Terrors im März 1933

Die Gleichschaltung der Schriftstellerverbände und die Verhaftungen prominenter Schriftsteller waren Teil eines umfassenden politischen Feldzuges zur Beseitigung jeglicher Rechtsstaatlichkeit und demokratischer Opposition. Während des Wahlkampfes zu den für den 5. März 1933 angesetzten Reichstagswahlen bediente sich die NS-Bewegung ihres bewährtesten politischen Kampfmittels: des Terrors. Schon der Verlauf des Februars 1933 war von äußerster Brutalität gekennzeichnet. Die Veranstaltungen der links stehenden Parteien wurden von Schlägertrupps der SA und SS heimgesucht, so dass fast täglich Tote und Schwerverletzte zu beklagen waren. Zeitungen dieser Parteien, die sich über dieses mörderische Vorgehen mahnend und verzweifelt an die Öffentlichkeit wandten, wurden unter Anwendung der am 4. Februar vom Reichspräsidenten erlassenen »Verordnung zum Schutze des deutschen Volkes« kurzerhand verboten. Am 22. Februar wurden SA, SS und der Stahlhelm in den Status einer »freiwilligen Hilfspolizei« erhoben und damit zu staatlichen Hoheitsträgern ernannt. Nach dem Reichstagsbrand am 27. Februar wurden durch die »Verordnung zum Schutze von Volk und

Verbrennung einer Fahne der sozialdemokratischen Eisernen Front während des NS-Terrors im März 1933. Ort und genaues Datum sind unbekannt.

Staat« vom 28. Februar die demokratischen Grundrechte der Weimarer Verfassung aufgehoben. Noch in der Nacht des Reichstagsbrandes setzte eine beispiellose Verhaftungswelle ein, durch die in den folgenden Wochen Zehntausende Angehörige der Opposition gegen Hitler in Konzentrationslager verschleppt wurden oder sich ins Exil retten mussten. Die bevorstehenden Reichstagswahlen dienten nur noch dem Zweck, für die neuen Machthaber den Anschein einer demokratischen Legitimation herzustellen. Von einem freien Meinungskampf der Parteien konnte keine Rede sein.

Am 3. März, zwei Tage vor den Wahlen, wurde in der sozialdemokratischen Zeitung *Hamburger Echo* ein Aufruf des Vorstandes der SPD *An die Partei* veröffentlicht. Darin hieß es: »*In einem großen Teil des Reiches ist unsere Werbearbeit für die Wahlen des 5. März völlig unterbunden. In anderen ist sie empfindlich eingeschränkt. Damit ist ein tatsächlicher Zustand geschaffen, wie er selbst zur Zeit des Sozialistengesetzes nicht bestanden hat. Genossinnen und Genossen! Aus Verfolgungen hat unsere Partei stets neue Kraft geschöpft. Schon der 5. März muß die Wahrheit dieser alten Erfahrung bestätigen. Restlose Hingabe an unsere große heilige Sache, unermüdliche Arbeit für sie ist mehr denn je Pflicht jedes einzelnen.*«

Inwieweit die Hoffnungen, die der SPD-Vorstand um Otto Wels hier mit der »alten Erfahrung« aus der Zeit des Sozialistengesetzes unter Bismarck verband, nicht von beschwichtigender Selbsttäuschung geprägt waren, sei dahingestellt. Eines gab diesen Hoffnungen zumindest eine gewisse Berechtigung: Die Veröffentlichung im *Hamburger Echo* vom 3. März war wenigstens ein Beispiel dafür, dass die Sozialdemokratie, wenn auch sehr eingeschränkt, immer noch über funktionierende logistische Strukturen verfügte, um Teile der Bevölkerung zu erreichen. In den Rathäusern einiger Städte amtierten noch sozialdemokratische Bürgermeister. Darunter waren Hamburg, Bremen und Lübeck, die den Status eines Reichslandes hatten. In Hessen gab es Anfang März 1933 mit Bernhard Adelung noch einen sozialdemokratischen Ministerpräsidenten. Auf regionaler Ebene konnte sich die SPD auf ein über Jahrzehnte aufgebautes Zeitungswesen mit weit über hundert eigenen Druckereien stützen.

62 Die Konzentration AG war eine 1925 gegründete Vereinigung der sozialdemokratischen Wirtschaftsbetriebe.

63 Adolf Rupprecht, *Wie die Nazis das Eigentum der SPD raubten und zerstörten*, Berlin 1960, S. 30 (im Folgenden: Rupprecht).

64 Vgl. ebd., S. 31 ff.

Seit Ende Februar war zu beobachten, dass die verbotenen kommunistischen Zeitungen ihr Erscheinen in der Illegalität fortsetzten. Dem Weg in den Untergrund wurde von Seiten der Sozialdemokratie zu Recht keinerlei Aussicht auf Erfolg eingeräumt. Umgekehrt bestand kein Zweifel daran, dass die nationalsozialistischen Machthaber in den verbliebenen Strukturen der demokratischen Arbeiterbewegung ein beträchtliches Widerstandspotential sehen mussten. Nach den scheindemokratischen Reichstagswahlen des 5. März, die der Regierung Hitlers eine parlamentarische Mehrheit einbrachten, war es also nur noch eine Frage der Zeit, wann die Terrorverbände der SA und SS diesem Widerstandspotential die materielle Basis zerstören würden.

Dresden
»Bald loderte vor dem Gebäude ... ein mächtiges Feuer«

In den Nachmittagsstunden des 8. März 1933 rückten die SA-Standarten 100 und 108 unter dem Befehl des Sturmbannführers Seifert, gerüstet mit Karabinern, Handgranaten und Stahlhelmen, aus vier Straßenzügen gegen das Verlagshaus der sozialdemokratischen *Dresdner Volkszeitung* am Wettiner Platz vor.

Die Bedeutung, die dieses Haus noch kurz zuvor für die demokratische Öffentlichkeit hatte, erklärte der ehemalige Geschäftsführer der Konzentration AG[62], Adolf Rupprecht: »*Der Dresdner Parteibetrieb war einer der besten in Deutschland und galt unter der Leitung des Geschäftsführers Emil Hein als einer der erfolgreichsten, was sowohl die Leserzahl als auch die geschäftliche Fundierung anbetraf. Die Auflage wurde mit 27000 Exemplaren gemeldet und erfaßte einen wesentlich höheren Prozentsatz der Einwohnerschaft als es zum Beispiel in Berlin der Fall war. Der Akzidenzdruck, der Buchverlag und die Volksbuchhandlung mit mehreren Filialen zeigten Ergebnisse, die überall als musterhaft anerkannt wurden.*«[63]

Mit äußerster Brutalität drang die SA in das Gebäude der *Dresdner Volkszeitung* ein. Zwei Mitarbeiter des Verlagshauses, die sich weigerten, die Schlüssel zu einzelnen Räumen herauszugeben, wurden über vier Treppen zur Pförtnerloge hinuntergeschleift und dort von fünfzehn SA-Leuten zusammengeschlagen.

Die Türen zu den Räumen wurden mit Spitzhacken und Spaten eingeschlagen und man verschaffte sich auch Zugang zu den Bücherbeständen der Volksbuchhandlung.[64]

Mit zynischer Schadenfreude berichtete die örtliche NS-Zeitung *Der Freiheitskampf* am 9. März unter der Überschrift *Volkszeitung und Volkshaus*

Die Bücherverbrennung auf dem Wettiner Platz vor dem Verlagsgebäude der sozialdemokratischen »Dresdner Volkszeitung« am 8. März 1933 in Dresden.

besetzt: »*Die SA.-Kameraden sichteten gründlich sämtliche Räume, ohne sich natürlich irgendwie an fremden Eigentum zu vergreifen. Lediglich die Bestände der Volksbuchhandlung fielen dem Zorn der erbitterten SA.-Leute zum Opfer. Noch ehe sich die roten Bonzen versehen hatten, bemächtigten sich die SA.-Kameraden der marxistischen Schwarten und Bücher, die dazu bestimmt waren, die Gegensätze im deutschen Volk noch weiter zu vertiefen und den Klassenhaß noch mehr zu schüren. Bald loderte vor dem Gebäude, während SA. und Schutzpolizei den Platz abgesichert hatten, ein mächtiges Feuer, das immer weitere Nahrung erhielt, bis dieser Giftladen bis auf das letzte Heft ausgeräumt war.*«

Um den Wettiner Platz sammelten sich zahlreiche Schaulustige, die Zeugen der Plünderung des Verlagshauses wurden. Der vor ihren Augen brennende Scheiterhaufen nahm dabei mehr und mehr den Charakter einer öf-

65 Wilhelm Bracke (1842–1880), Sohn einer reichen Kaufmannsfamilie, war einer der bedeutendsten Mitbegründer der deutschen Sozialdemokratie, für die er 1877 in den Reichstag gewählt wurde. Als er 1880 starb, begleiteten ihn trotz des Sozialistengesetzes über 40000 Menschen an sein Grab.

fentlichen Bücherverbrennung an. Die *Dresdner Nachrichten* meldeten am 9. März unter der Überschrift *SA.-Mann in Dresden erschossen*: »*Dann holte die SA. aus dem sozialdemokratischen Verlagsgebäude die dort aufgestapelte Parteiliteratur, namentlich Broschüren, Flugblätter, Plakate sowie einige Rote Fahnen heraus, schichteten daraus einen hohen Scheiterhaufen auf dem Wettinerplatz auf und entzündeten diesen. Schließlich wurde die Hakenkreuzfahne auf dem Gebäude unter dem Absingen des Horst-Wessel-Liedes gehißt. Eine vieltausendköpfige Menge, die sich im wesentlichen ruhig verhielt, war Zeuge des Vorfalls. Zum Schluß wurde noch die Firmenbezeichnung des sozialdemokratischen Organs entfernt und verbrannt.*«

Die Zeitungsüberschrift *SA.-Mann in Dresden erschossen* bezog sich auf einen anderen Schauplatz. Das sozialdemokratische Verlagshaus war an jenem 8. März keineswegs das einzige Dresdner Gebäude, das die »Standarten« der SA heimsuchten. Ebenso wurde das Gebäude der Kreis- und Amtshauptmannschaft besetzt, um die Absetzung der noch amtierenden sozialdemokratischen Bürgermeister in den Gemeinden des Landkreises zu erzwingen. Bei der Erstürmung des sozialdemokratischen Parteigebäudes, des Volkshauses am Schützenplatz, stieß die SA schließlich auf bewaffneten Widerstand. Während das aus Leuchtbuchstaben bestehende SPD-Parteiemblem abmontiert wurde, kam es zu einem kurzen Feuergefecht, bei dem ein SA-Mann tödlich getroffen wurde.

Nach seiner gewaltsamen Enteignung wurde das Verlagsgebäude der *Dresdner Volkszeitung* von der nationalsozialistischen Zeitung *Der Freiheitskampf* in Besitz genommen.

Braunschweig

»Drei Tage und drei Nächte brannte dieser Scheiterhaufen!«

Am Nachmittag des 9. März 1933 erstürmten bewaffnete Verbände der SS das sozialdemokratische Volksfreundhaus in Braunschweig.

Über die Entstehung der Zeitung und des Parteihauses schreibt Adolf Rupprecht: »*Der Braunschweiger ›Volksfreund‹ spielte in der Geschichte der sozialistischen Presse eine hervorragende Rolle. Seine erste Nummer erschien am 15. Mai 1871 und wurde in der Druckerei des Genossen Wilhelm Bracke*[65] *hergestellt. Das Blatt erschien auch während des Sozialistengesetzes mit getarntem Inhalt als Unterhaltungsblatt. Nach dem Fall des Sozialistengesetzes im Jahre 1890 erschien der ›Volksfreund‹ ab 1. Dezember neu und noch immer im privaten Besitz des Genossen Bracke. Im Jahre 1913 wurde der Neubau einer der Partei gehörenden Druckerei in Angriff genom-*

Die Bücherverbrennung auf dem Ackerhof vor dem sozialdemokratischen Volksfreundhaus in Braunschweig am 9. März 1933.

men. In der Nähe des herzoglichen Schlosses wurde ein prächtiger Bau errichtet, zu dem freiwillige Anteilszeichnungen der Parteigenossen sowie der Parteivorstand in Berlin und die Gewerkschaften die Mittel aufbrachten. [...] *Die Druckerei des ›Volksfreundes‹, die Redaktion, die Geschäftsleitung, die Buchhandlung, etliche Büros der Gewerkschaften und ein Laden des Konsumvereins waren neben mehreren Wohnungen im ›Roten Schloß‹* [andere Bezeichnung des Volksfreundhauses, W.T.] *untergebracht.*«[66]

Die Erstürmung des Volksfreundhauses ging auf noch brutalere Weise vor sich als der Überfall auf die *Dresdner Volkszeitung*. Ohne auf Widerstand gestoßen zu sein, machte die SS rücksichtslos von ihren Waffen Gebrauch

66 Rupprecht, S. 46.

67 Ebd. S. 48. Vgl. auch: Hans Reinowski, *Aus dem ersten Quartal der Hitlerherrschaft. Terror in Braunschweig*, Zürich 1933, S. 8.

68 An Literatur über die Zeit des NS-Terrors in Braunschweig ist zu empfehlen: Reinhard Bein, *Zeitzeichen. Stadt und Land Braunschweig 1930–1945*, Braunschweig 2000. Sehr detailreiche Informationen und weitere Literaturhinweise finden sich auf der Webseite: www.vernetztes-gedaechtnis.de.

und erschoss den sozialdemokratischen Werbeleiter Hans Saile. Zahlreiche Personen wurden brutal zusammengeschlagen und anschließend festgenommen.

Angesichts dieses mörderischen Gewalteinsatzes war die auf die Plünderung des Volksfreundhauses folgende Bücherverbrennung nur noch eine Begleiterscheinung. Das Bücherlager der Volksbuchhandlung wurde mit reichhaltigem Werbematerial, Fahnen, Filmen, Grammophonplatten und Geschäftsbüchern auf dem Ackerhof vor dem Volksfreundhaus verbrannt. »*Drei Tage und drei Nächte brannte dieser Scheiterhaufen!*«[67], berichtet Rupprecht.

In der Folgezeit wurde das Volksfreundhaus von der SS in eine Verhör- und Folterstätte umfunktioniert. Der berüchtigte neue Ministerpräsident des Landes Braunschweig, Dietrich Klagges, verfolgte das Ziel, für Braunschweig den ersten »rein nationalsozialistischen Landtag« zu vermelden, was ihm bis Ende April 1933 unter Anwendung brutaler Terrormaßnahmen auch gelang. So wurde der ehemalige sozialdemokratische Ministerpräsident Dr. Heinrich Jasper im Volksfreundhaus gefoltert, um ihn zur Niederlegung seines Landtagsmandates zu zwingen. Ebenso erging es dem SPD-Landtagsabgeordneten und Chefredakteur des *Volksfreundes*, Otto Thielemann. Jasper und Thielemann wurden später in Konzentrationslagern ermordet. Am 6. Juni 1933 wurde Benno Ehlers, Mitglied einer jüdischen Jugendgruppe, von der SS im Volksfreundhaus zu Tode gefoltert.[68]

Das unmittelbare Vorbild der studentischen Bücherverbrennungen?

Die Ereignisse in Dresden und Braunschweig geben einen kleinen Eindruck dieser Welle der Gewalt, die in den Tagen und Wochen nach den Reichstagswahlen des 5. März 1933 über ganz Deutschland hinwegrollte. Mit dem Sturm auf die noch von der demokratischen Opposition gehaltenen Regierungsgebäude und der zerstörerischen Plünderung der Partei-, Gewerkschafts- und Verlagshäuser war der Terror der NS-Bewegung in seine vorerst entscheidende Phase getreten. Über die Zahl der dabei begangenen Morde gibt es bis heute keine genauen Angaben.

Der zitierte Artikel aus der NS-Zeitung *Freiheitskampf*, in dem über die Plünderung der *Dresdner Volkszeitung* berichtet wurde, kam zu dem Schluss, dass die Tätigkeit der Sozialdemokraten nunmehr »an der Wurzel getroffen« worden sei. Genau das wurde mit dem NS-Terror des März 1933 auch beabsichtigt. Vom kritischen Reichstagsabgeordneten in der Hauptstadt Berlin bis zum Drucker an der Rotationsmaschine der sozialdemokratischen *Volks-*

zeitung im sächsischen Pirna war die demokratische Opposition gegen Hitler jeglicher Handlungsmöglichkeit beraubt. Man hatte ihr das Rückgrat gebrochen.

Vor diesem Hintergrund sind auch die Bücherverbrennungen des März 1933 zu bewerten. Sie waren nicht das eigentliche Ziel, sondern Teil der umfassenden Zerstörungen in den Partei-, Gewerkschafts- und Verlagshäusern. Weitere Bücherverbrennungen dieser Art sind belegt aus Zwickau, am 8. März im Hof des sozialdemokratischen Parteihauses; aus Pirna, am 8. März vor dem Verlagshaus der sozialdemokratischen *Volkszeitung*; aus Leipzig, am 1. April vor dem Gewerkschaftshaus; aus Münster, am 31. März vor dem Gewerkschaftshaus; aus Würzburg, am 10. März auf dem Residenzplatz, und aus Heidelberg, am 12. März vor dem Gewerkschaftshaus. Trotz ihres eher spontanen Charakters wurde den Bücherverbrennungen in der Berichterstattung der örtlichen Presse viel Aufmerksamkeit gewidmet. In der historischen Aufarbeitung der NS-Bücherverbrennung wurden diese der »Aktion wider den undeutschen Geist« unmittelbar vorangehenden Bücherverbrennungen bisher vernachlässigt. Dies gilt auch für die am 25. März 1933 von der örtlichen NSDAP auf dem Schillerplatz in Kaiserslautern veranstaltete Verbrennung der Schriften von Erich Maria Remarque sowie die beiden im Rahmen des »Judenboykotts« von Wuppertaler Schulen organisierten Bücherverbrennungen am Brausenwerth in Elberfeld und auf dem Rathausplatz in Barmen.[69] Dass vor allem die Bücherverbrennungen des März 1933 der Planung der studentischen »Aktion wider den undeutschen Geist« entscheidende Impulse gegeben haben, ist sehr nahe liegend.

69 Vgl. SVEN THUN, *Bücherverbrennung 1933 am Beispiel Wuppertal*, Wuppertal 2002, S. 14 ff. (veröffentlicht nur unter www. exil-club.de).

Hintergründe zur Motivation der Bücherverbrennung

Warum waren es ausgerechnet die Studentenschaften, die im Frühjahr 1933 die Initiative zu reichsweiten Bücherverbrennungen ergriffen? Die Feststellung, dass ein historisch so bedeutsames Ereignis von der Deutschen Studentenschaft (DSt) offenbar völlig in eigener Regie durchgeführt worden ist, hat immer wieder Fragen aufgeworfen. Es scheint bemerkenswert, dass die Deutsche Studentenschaft mit der »Aktion wider den undeutschen Geist« ihr Wirkungsfeld nicht mehr auf die Hochschulen beschränkte, sondern ihren politischen Kampf auf das kulturelle Leben ausweitete.

Lässt nicht gerade die Gleichschaltung der Schriftstellerverbände, die der Bücherverbrennung unmittelbar voranging, darauf schließen, dass es zumindest Absprachen gegeben haben muss? Scheuten sich nationalsozialistische Kulturpolitiker möglicherweise die Bücherverbrennung als ihr eigenes Werk zu präsentieren und hielten es für opportun, einen derart kulturlosen Akt doch besser dem jugendlichen Eifer der Studenten zu überlassen? Waren die Studentenschaften nur Erfüllungsgehilfen eines im Hintergrund von der NS-Führung entworfenen kulturpolitischen Generalplans?

So könnte der Auftritt von Joseph Goebbels während der zentralen Bücherverbrennung auf dem Berliner Opernplatz als Indiz dafür gewertet werden, dass Goebbels auch der eigentliche Initiator der Bücherverbrennung war. Die Hypothese von der Urheberschaft Goebbels' ist in Dokumentationen über die Bücherverbrennung, so beispielsweise von Hildegard Brenner[70] und Hans-Wolfgang Strätz[71], immer wieder als wahrscheinlich aufgestellt worden und hat sich im historischen Gedächtnis erhalten. Gerhard Sauder[72] und Anselm Faust[73] hingegen widerlegten sie. Tatsächlich liegen bisher keine Quellen vor, die eine Lenkung der Deutschen Studentenschaft durch übergeordnete NS-Hierarchien auch nur ansatzweise belegen könnten. Zudem widersprechen sich beide Annahmen. Sollte es übergeordnete Verantwortliche gegeben haben, die sich lieber im Hintergrund hielten, hätten die Auftritte von Joseph Goebbels und weiterer Parteiprominenz an den Schauplätzen nicht stattfinden dürfen. Und sollte umgekehrt der öffentliche Auftritt von Goebbels in Berlin ein Indiz für dessen Urheberschaft gewesen sein, wäre es kaum erklärbar, warum nicht die gesamte Organisation der »Aktion wider den undeutschen Geist« beim Ministerium für Volksaufklärung und Propaganda lag anstatt bei der Deutschen Studentenschaft.

Tatsächlich geht aus den Akten der damaligen Reichsstudentenführung hervor, dass sich die Verantwortlichen der Deutschen Studentenschaft erst nach der endgültigen Festlegung des Termins der Bücherverbrennung auf den 10. Mai 1933[74] und während der bereits laufenden Vorbereitungen beim Reichsministerium für Volksaufklärung und Propaganda darum bemühten, Goebbels als Redner für die Bücherverbrennung in Berlin zu gewinnen,[75] die Rundfunkübertragung genehmigt zu bekommen,[76] und einen finanziellen Zuschuss beantragten.[77]

70 Vgl. Hildegard Brenner, *Die Kunstpolitik des Nationalsozialismus*, Reinbek b. Hamburg 1963, S. 45. Brenner hält die Bücherverbrennung für ein »Kalkül des Demagogen« Goebbels.

71 Vgl. Hans-Wolfgang Strätz, *Die geistige SA rückt ein. Die studentische Aktion wider den undeutschen Geist im Frühjahr 1933*, in: Walberer, S. 85 f. (Erstmals erschienen in: *Vierteljahreshefte für Zeitgeschichte*, 16. Jahrgang 1968, S. 347 ff.) Strätz schreibt: »Der Anstoß zur ›Aktion wider den undeutschen Geist‹ kam wohl aus dem Reichsministerium für Volksaufklärung und Propaganda.« Jedoch schränkt Strätz seine Spekulation dahingehend ein, dass auch der Rivalität zwischen der DSt und dem NSDStB historisch Rechnung getragen werden müsse.

72 Vgl. Gerhard Sauder, *Akademischer »Frühlingssturm«. Germanisten als Redner bei der Bücherverbrennung*, in: Walberer, S. 140 f. (im Folgenden: Sauder I). Vgl. ders. (Hg.), *Die Bücherverbrennung. 10. Mai 1933*, München/Wien 1983, S. 80 (im Folgenden: Sauder II). Gerhard Sauder gelangt in beiden Veröffentlichungen durch eine profunde Auswertung des Schriftwechsels zwischen der DSt und dem »Ministerium für Volksaufklärung und Propaganda« zu dem Ergebnis, dass die »Planung und Terminierung« der Bücherverbrennung bei der DSt selbst gelegen haben muss.

73 Anselm Faust, *Die Hochschulen und der »undeutsche Geist«. Die Bücherverbrennungen am 10. Mai 1933 und ihre Vorgeschichte*, in: Akademie-Katalog, S. 38. In seiner erläuternden Fußnote Nr. 43, S. 48, kommt Faust zu einem ähnlichen Ergebnis wie Sauder. Da der Aufsatz von Faust noch keinen Verweis auf Sauder II enthält, jedoch in einem anderen Zusammenhang auf Sauder I, ist die letztere Veröffentlichung als vorrangig anzusehen.

74 Rundschreiben No 1 des Hauptamtes für Presse und Propaganda der DSt an die Einzelstudentenschaften vom 6. April 1933, Staatsarchiv Würzburg, Akten der DSt., I * 21 C 14/2, Blatt 9 (im Folgenden: Akten der DSt. Signaturangabe).

75 Leiter des Hauptamtes für Aufklärung und Werbung der DSt an Reichsminister Goebbels, vom 3. Mai 1933, ebd. Blatt 54.

76 Ders. an das Reichsministerium für Volksaufklärung und Propaganda, Abteilung III, vom 8. Mai 1933, ebd. Blatt 53.

77 Ders. an Professor Dr. Rothacker, Reichsministerium für Volksaufklärung und Propaganda, vom 10. April 1933, ebd. Blatt 56.

Erst am 9. Mai erfolgte seitens des Ministeriums durch den Persönlichen Adjutanten von Goebbels die Zusage, dass »*der Herr Minister bereit*« sei, »*am 10. Mai um 24 Uhr auf dem Opernplatz Unter den Linden, die Feuerrede zu halten*«.[78] Diese späte Zusage und der nachweislich improvisierte Charakter der Goebbels-Rede machen deutlich, dass die studentische Aktion für die NS-Führung keine besondere Bedeutung hatte. Spekulationen über Institutionen und Personen, die als wahrscheinlichere Initiatoren einer »Aktion wider den undeutschen Geist« erscheinen, lassen sich nicht erhärten. Die Motivation zur Entfesselung der Aktion ist bei der Deutschen Studentenschaft selbst zu suchen und hierzu gibt es interessante Anhaltspunkte.

Der politische Umbruch im Frühjahr 1933 bereitete der nationalsozialistischen Führung der Deutschen Studentenschaft eine zwiespältige Situation. Einerseits profitierte sie von Hitlers Machtübernahme. Als unbestrittene Vorkämpferin des Nationalsozialismus an den Hochschulen verfügte sie dort über eine konstitutive Macht, wie sie Studenten zuvor wohl nur an der mittelalterlichen Scholaren-Universität in Bologna hatten. Andererseits strebte nun auch der Nationalsozialistische Deutsche Studentenbund (NSDStB) als Organisation der NSDAP den Alleinvertretungsanspruch der Studentenschaften an, was die Deutsche Studentenschaft als eigenständige Körperschaft überflüssig gemacht hätte. Die unmittelbare Übertragung staatlicher Hoheitsrechte an NS-Parteigliederungen oder ihr nahe stehende Körperschaften entsprach dem Modell der zu erwartenden Gleichschaltungspraxis. Diese Ausgangslage musste einen Machtkampf zwischen den Funktionsträgern der Deutschen Studentenschaft unter Führung von Gerhard Krüger und des NSDStB unter Oskar Stäbel auslösen. »Kompetenzrangeleien« zwischen konkurrierenden nationalsozialistischen Verbänden in Staat und Partei sollten in der Folgezeit noch öfter entbrennen. Jedoch hatte die DSt damit zu kämpfen, dass ihr seit dem Verfassungsstreit mit dem preußischen Kultusminister Becker 1927 die staatliche Anerkennung fehlte. Daraus resultierte ein strategischer Nachteil gegenüber dem NSDStB. Aus Sicht der DSt-Führung stand zu befürchten, dass im Falle einer neuen Studentenrechtsverordnung die Leitung der Studentenschaften unmittelbar auf die NSDStB-Führung übertragen würde.

Der »Führer« der Deutschen Studentenschaft, Gerhard Krüger, selber führendes Mitglied des NSDStB, erkannte offenbar sehr früh die drohende Gefahr seines Machtverlustes. Bereits am 2. Februar schrieb Krüger einen eindringlichen Brief an den NSDAP-Reichstagsabgeordneten Bernhard

Rust, der zwei Tage später zum Reichskommissar und preußischen Kultusminister ernannt wurde:[79] Krüger bat den designierten Minister um eine Neuregelung des Studentenschaftsrechts zur Einordnung der Studenten in den Staat im Sinne des Nationalsozialismus. Zugleich wies er Rust jedoch auch auf mögliche Schwierigkeiten hin, die diese »Einordnung« der Studenten mit sich bringen könnte.

Krüger wusste sehr gut, wovon er sprach. Er selbst hatte 1932 in der DSt die Einführung des »Führerprinzips« durchgesetzt, wonach parlamentarische Entscheidungsprozesse aufgehoben und der Führer der DSt seinen Nachfolger selbst bestimmen konnte. Dagegen hatte Krüger auf dem 15. Deutschen Studententag, der im Juli 1932 in Königsberg stattfand, heftigen Widerstand aus den Reihen der Burschenschaften erfahren. Es folgten deutliche Einbußen des NSDStB bei den Studentenschaftswahlen im Wintersemester 1932/33. Krüger musste erkennen, dass eine nationalsozialistische Führung der Studentenschaften noch weit davon entfernt war, sich aus den Strukturen des burschenschaftlichen Milieus herauslösen zu können.

In den Burschenschaften fürchtete man, dass eine zunehmende Vereinnahmung durch den NS-Studentenbund den Verlust eigener Traditionen zufolge haben würde. Pläne innerhalb des NSDStB, die Verbindungshäuser der Burschenschaften flächendeckend in »Kameradschaftshäuser« umzuwandeln und alle Studenten zu Arbeitsdienst und Wehrsport zu verpflichten, stießen auf starke Vorbehalte. In den Burschenschaften legte man Wert darauf, dass die Verbindungshäuser nicht zweckentfremdet wurden und in den eigenen Reihen das studentische Leben, vor allem der Wehrsport, nach burschenschaftlichen Traditionen weitergeführt werden konnte. Letzteres beinhaltete vor allem die Forderung nach Straffreiheit für die Mensur.

Vor dem Hintergrund ihrer Konkurrenz mit dem NSDStB lag es im Interesse der DSt-Führung, Bernhard Rust davon zu überzeugen, dass eine zu schnelle Gleichschaltung der Burschenschaften heftige Auseinandersetzungen zur Folge haben würde. Gegenüber dem NSDStB-Führer Oskar Stäbel, der auch Mitglied in einer studentischen Landsmannschaft war, hatte Ger-

78 Ebd. Blatt 52.

79 Vgl. Anselm Faust, in: Akademie-Katalog, S. 40.

80 Zitiert nach: Bleuel/Klinnert, S. 245.

81 Entwurf der »Aktion wider den undeutschen Geist«, Akten der DSt., I * 21 C 14/1, ohne Blattnummer.

82 Rundschreiben No 1, Akten der DSt., I * 21 C 14/2, Blatt 9.

hard Krüger den Vorteil, durch seinen burschenschaftlichen Hintergrund integrierend wirken zu können. Neben seinem Amt als »Führer« der DSt und seinem Engagement im NSDStB und der SA war Krüger seit 1927 auch Mitglied der Burschenschaft Arminia und des Allgemeinen Deutschen Burschenbundes.

Wie musste Krüger also vorgehen, um ein Studentenschaftsrecht zu erreichen, in dem die Führungsposition der DSt bestätigt werden würde? Er musste zunächst gegenüber dem Kultusministerium unter Beweis stellen, dass nur die DSt strukturell in der Lage sein würde, die nationalsozialistische Führung der Studentenschaften zu sichern und dabei zugleich die loyale Einbindung der Burschenschaften und sonstigen Korporationen zu gewährleisten. Gegenüber den Burschenschaften erklärte die DSt-Führung am 20. März 1933 in einem Rundbrief: »*Der Vorstand der Deutschen Studentenschaft bekennt sich in dieser für die Geschichte der Deutschen Studentenschaft entscheidenden Stunde vor aller Öffentlichkeit rückhaltlos zu den Werten des deutschen Korporationsstudententums.*«[80]

Indes gestalteten sich die Verhandlungen mit dem preußischen Kultusministerium offenbar sehr erfolgreich. Über ihren Verlauf ist aufgrund der dürftigen Aktenlage nichts bekannt. Fest steht, dass die DSt-Führung spätestens Anfang April 1933 erfahren haben muss, dass Rust eine neue Studentenrechtsverordnung für Preußen plante, deren Bestimmungen die Stellung der DSt stärken würde. Genau in diese Phase fiel die Konzeption der »Aktion wider den undeutschen Geist« einschließlich der Bücherverbrennung. Am 12. April 1933 trat die Preußische Studentenrechtsverordnung in Kraft. Am selben Tag, so sah es die Planung der DSt vor, sollte die »Aktion wider den undeutschen Geist« beginnen.

Die ersten Rundschreiben der DSt an die Einzelstudentenschaften

Am 2. April 1933 wurde in der DSt-Führung ein Rundschreiben an alle Einzelstudentenschaften entworfen,[81] das in überarbeiteter Fassung am 8. April als »Rundschreiben P No. 2«[82] an alle Einzelstudentenschaften verschickt wurde. Sehr aufschlussreich für die Motive und Hintergründe der Bücherverbrennung sind im Entwurf vom 2. April speziell jene Inhalte, die im schließlich versandten zweiten Rundschreiben nicht mehr enthalten waren: »*III. Zeitpunkt der Aktion. Der Staatsakt, der am 20. April 1933 in der Aula der Berliner Universität stattfindet, wird die Reichsanerkennung der Deutschen Studentenschaft, den Erlaß eines Preußischen Studentenrechtes, die Anerkennung der Straffreiheit der Mensur, sowie durch die Regelung vom Um-*

fang des SA-Dienstes der Korporationsstudenten eine derartige Stabilisierung der Deutschen Studentenschaft bringen, daß sie sich für die Erneuerung des Reiches wirksam einsetzen kann. Dies geschieht zunächst im Rahmen des Programmes vom 1. Mai, besonders in der Göttinger Sonderveranstaltung. In Steigerung dieser Linie ist daran gedacht, den Verbrennungsakt als Abschluß einer etwa vierwöchigen Gesamtaktion am 10. Mai 1933 an den Hochschulorten (nur an diesen – Parallele zum historischen Wartburgfest) stattfinden zu lassen.«

Es passte alles zusammen: Die »Stabilisierung der Deutschen Studentenschaft« durch ihre »Reichsanerkennung« mit dem Verweis auf die wichtigsten Faktoren zur Integration der Burschenschaften. Die Schlussfolgerung, sich jetzt »für die Erneuerung des Reiches wirksam einsetzen« zu können. Die Idee, wodurch dies geschehen sollte, nämlich durch »den Verbrennungsakt als Abschluß einer vierwöchigen Gesamtaktion am 10. Mai 1933«, dessen Bezug zum Burschenschaftsfest 1817 auf der Wartburg hervorgehoben wurde. Bewusst knüpfte die Bücherverbrennung von 1933 an die Tradition der Urburschenschaft an, die bereits auf dem Wartburgfest eine Bücherverbrennung durchgeführt hatte. Indem die DSt-Führung in ihrem dem Nationalsozialismus verpflichteten Handeln zugleich dem urburschenschaftlichen Geist huldigte, erreichte sie in den Burschenschaften ein hohes Maß an Identifizierung mit dem NS-Staat und somit entsprechende Loyalität. Mit der Bücherverbrennung wurde die Einordnung der Burschenschaften in den NS-Staat zelebriert.

Mit der Bezeichnung »Aktion wider den undeutschen Geist« stellte die DSt einen weiteren wichtigen symbolischen Bezug her. Anfang April 1933, im unmittelbaren Vorfeld der Aktion, wurde in Deutschland unter der Beteiligung von NS-Studenten der so genannte Judenboykott durchgeführt. Diese erste reichsweit entfesselte antisemitische Terrorkampagne, die sich hauptsächlich gegen jüdische Geschäftsleute richtete, trug den Namen »Aktion gegen die internationale jüdische Hetzpropaganda«.

Mit großem Eifer brachte sich die DSt in »die Erneuerung des Reiches« ein, indem sie ihre eigene Kampagne zugleich als unmittelbare Fortsetzung der »Judenboykotte« inszenierte. Der Beleg findet sich im zweiten Rundschreiben, worin es gleich unter Punkt *A. Gegenstand* hieß: »*Öffentliche Verbrennung jüdischen zersetzenden Schrifttums durch die Studentenschaften aus Anlaß der schamlosen Hetze des Weltjudentums gegen Deutsch-*

83 Rundschreiben P No 2, ebd., Blatt 6.

land.«[83] Zudem zeigte die DSt-Führung hier durch ihre Wortwahl »aus Anlaß«, dass sich die Nationalsozialisten sehr wohl auf zynische und verlogene Weise darüber bewusst waren, wer tatsächlich gerade eine »schamlose Hetze« betrieb: sie selbst.

Dem zweiten Rundschreiben ging das »Rundschreiben No 1« voraus, das mit Datum vom 6. April 1933 an alle Einzelstudentenschaften gesandt wurde. Darin wurde die Gründung eines »Hauptamtes für Presse und Propaganda« verkündet, das, »*mit besonderen Vollmachten ausgestattet*«, die Aufgabe haben sollte, »*den Einsatz der Studentenschaft im Rahmen der Erneuerungsbewegung wirksamer zu gestalten* [...]« .

Die Bezeichnung »Hauptamt für Presse und Propaganda« ähnelt der des am 13. März 1933 für Joseph Goebbels errichteten Reichsministeriums für Volksaufklärung und Propaganda. Jedoch ist auch daraus kein Befehlsverhältnis zwischen der DSt-Führung und Goebbels herzuleiten. Die Namensgebung zeigt vielmehr, wie der eben erwähnte semantische Bezug zum so genannten Judenboykott, dass sich die DSt-Führung von den Maßnahmen der NS-Führung inspirieren ließ.

Die Leitung des Hauptamtes für Presse und Propaganda wurde dem nationalsozialistischen Studenten Hanskarl Leistritz übertragen. Leistritz wurde in den folgenden Wochen unter Gerhard Krüger zum direkten Koordinator der »Aktion wider den undeutschen Geist«.

Obwohl der Gesamtplan bereits mit dem Entwurf von 2. April weitgehend feststand, wurden den Einzelstudentenschaften inhaltliche Informationen im ersten Rundschreiben noch vorenthalten. Punkt 2. des ersten Rundschreibens lautet: »*Die erste Maßnahme des Propagandaamtes, die die gesamte Studentenschaft und die gesamte deutsche Öffentlichkeit erfassen soll, findet als vierwöchige Gesamtaktion, beginnend am 12. April, endend am 10. Mai 1933, statt. Näheres über den Inhalt wird noch bekanntgegeben. Im Augenblick ist das aus technisch-organisatorischen Gründen nicht möglich.*« Erst für den 9. April wurden genauere Informationen angekündigt. Bis dahin wurden die Einzelstudentenschaften aufgefordert, »*am 9. 4. mittags eine Besprechung mit etwa 5–10 Kommilitonen, die für Propagandatätigkeit geeignet erscheinen, anzuberaumen* [...]« .

Wozu sollte diese Konspiration, die relevanten Informationen erst mit drei Tagen Verzögerung preiszugeben, dienen? Dafür gibt es nur einen plausiblen Grund: Die Führung des NSDStB sollte erst unmittelbar vor Anlaufen der Aktion vom großen Coup der DSt erfahren, wenn es ihr nicht mehr möglich sein würde, der DSt-Führung noch das Heft aus der Hand zu nehmen. Dafür, dass der Führung des NSDStB die Planung der Aktion offenbar komplett verheimlicht wurde, hat der NSDStB-Führer Oskar Stäbel den Beweis geliefert. Erst mit Datum vom 11. April, einen Tag vor Anlaufen der Aktion, versandte Stäbel eine »Eil-Anordnung (verteilt an sämtliche Dienststellen des NSDStB)«, in der das ganze Ausmaß der Konkurrenzsituation zwischen DSt und NSDStB zum Ausdruck kam: »*Liebe Kameraden! Nachstehende hocherfreuliche Maßnahmen sind von seiten der D.St. beabsichtigt. Sämtliche Gruppen des NSDStB (die Kreispresse- und Propagandawarte haben besonders darauf zu achten) haben diese Aktion nicht nur zu unterstützen, sondern selbstverständlich die Führung hierbei zu übernehmen* [...]«[84] Dazu war es am 11. April allerdings schon zu spät. Gerhard Krüger hatte seinen Parteigenossen Stäbel ein weiteres Mal ausgehebelt.

Später sollte dieses Taktieren Krüger übrigens wenig nützen. Nach der Bücherverbrennung eskalierte der Machtkampf zwischen Krüger und Stäbel. Im September 1933 kam es zur Entscheidung: Stäbel holte sich Unterstützung beim Reichsinnenminister Frick, der Krüger kurzerhand verhaften ließ. Daraufhin wandte sich Krüger an den SA-Chef Ernst Röhm, der im Gegenzug Stäbel verhaften ließ und drohte, das Reichsinnenministerium zu besetzen. Wäre es so weit gekommen, hätte sich Röhm noch vor dem Komplott, das 1934 gegen ihn angezettelt wurde, den Titel des Putschisten tatsächlich verdient. Für die große Politik waren die Querelen zweier Studentenführer schließlich doch nicht wichtig genug. Die Gefangenen Krüger und Stäbel wurden ausgetauscht. Krüger trat vom Amt des DSt-Führers zurück, welches Stäbel übernahm. Stäbel vereinte nun die Führung von NSDStB und DSt.

Gerhard Krüger wurde noch 1933 Schriftleiter der *Nationalsozialistischen Parteikorrespondenz*. 1934 promovierte er mit einer Arbeit zum Thema »Student und Revolution«. Zwischen 1936 und 1942 war Krüger Amtsleiter in der Parteiamtlichen Prüfungskommission zum Schutze des NS-Schrifttums und zwischen 1937 und 1942 zudem Vortragender Legationsrat im Auswärtigen Amt. Im Jahr 1942 wurde er als Kulturattaché an die deutsche Botschaft nach Paris entsandt, wo er 1943 wegen versuchter Vergewaltigung einer Sekretärin entlassen wurde. Danach arbeitete Krüger bis Kriegsende als NSDAP-Kreisleiter in Bendsburg (Oberschlesien) und Olpe (Westfalen-Süd) sowie als Gauschulungsleiter der NSDAP in Westfalen-Süd. Nach Kriegsende hatten ihn die Briten zunächst im Lager Staumühle inhaftiert. Danach schlug

84 Eilanordnung des NSDStB, Akten der DSt., I* 21 C 14 / 1, Blatt XVI ff.

er sich für kurze Zeit als Textilvertreter durch. Krüger blieb zeitlebens ein überzeugter Nazi. 1949 wurde er Mitbegründer und erster Geschäftsführer der rechtsradikalen Sozialistischen Reichspartei (SRP). Nach deren Verbot 1952 war er Mitglied der Deutschen Reichspartei und später der Deutschen Freiheitspartei. 1952 gründete er den Nationalen Bücherdienst und eine Buchgemeinschaft in Bisperode bei Hameln. Schließlich wurde der Bücherverbrenner Krüger Buchhändler in Hannover. Er starb 1994.

Am 9. April erhielten die Einzelstudentenschaften vom Hauptamt für Presse und Propaganda der Deutschen Studentenschaft das »Rundschreiben P No. 2«. Darin wurde der zuvor angekündigte Gesamtplan der »Aktion wider den undeutschen Geist« auf drei Seiten vorgestellt. Bis ins kleinste Detail reichten die Instruktionen für die jeweiligen Phasen der Aktion. Von der Plakatierung der »12 Thesen wider den undeutschen Geist«, der Verbreitung von Presseartikeln, der Büchersammelaktion bis hin zur genauen Durchführung der Bücherverbrennungen wurde von der DSt-Führung ein strenger Zeitplan festgelegt, der sicherstellen sollte, dass die Aktion reichsweit synchron verlief.

Sogar in der Frage, mit welcher »Grundhaltung« die Studentenschaften antreten sollten, wurden im zweiten Rundschreiben Vorschriften gemacht. Im Bewusstsein ihrer zerstörerischen Gesinnung rechnete die DSt-Führung offenbar damit, dass ihr Vorgehen in der Öffentlichkeit auch Missfallen auslösen könnte. Daher war sie bestrebt, den an der Basis agierenden Studenten in SA-Uniform neben dem Feindbild noch ein Argument zur völkischen Erbauung mit auf den Weg zu geben: »*1. Negativ: gegen Schund und Schmutz jüdischen Zersetzungsgeistes, wie er sich in Schrifttum und Welthetze gleichermaßen äußert. 2. Positiv: für volksbewußtes Denken und Fühlen, wie es sich in der Bejahung der deutschen Erneuerung äußert und sich in dieser Weise im Schrifttum offenbaren muß. Also: Nicht allein leerer Protest aus Anlaß der jüdischen Welthetze, sondern bewußte Besinnung auf volkseigene Werte.*«

Weiterhin enthielt das zweite Rundschreiben unter Punkt *B. II. Organisation* eine Festlegung der Hierarchie während der Aktion. Der strikte Zentralismus ist dabei kaum verwunderlich. Indem das Hauptamt für Presse und Propaganda als die Zentrale und die jeweiligen Kreisleitungen der DSt als übergeordnete studentische Organe benannt wurden, sicherte man sich dagegen ab, dass nicht auf irgendeiner Ebene der NSDStB-Führung doch noch gelingen konnte, die DSt aus der Leitung der Aktion zu vertreiben. In den einzelnen Hochschulorten wurde der »Studentenschaftsvorsitzende oder dessen Beauftragter« zum verantwortlichen »Führer« der Aktion bestimmt. Diese »Führer« sollten dann einen jeweils zu gründenden örtlichen »Kampfausschuss« anleiten. Bemerkenswert ist die Instruktion über die Zusammensetzung der örtlichen Kampfausschüsse: »*Führer und drei Studenten (einer davon Geschäftsführer), ein Professor, ein Mitglied des Kampfbundes für deutsche Kultur und ein Schriftsteller.*«

Diese Anordnung ist ein Indiz für die damalige Machtfülle der Studentenschaften in den Hochschulen: Offenbar zweifelte die DSt-Führung nicht daran, dass sich in einem solchen immerhin hochschulinternen Kampfausschuss der einsame Professor einem »Führer« in Gestalt eines Studenten unterstellen würde. Weiterhin sollten in den siebenköpfigen Kampfausschüssen durch vier studentische Mitglieder stets entsprechende Mehrheitsverhältnisse gesichert werden.

Das zweite Rundschreiben endete mit Anordnungen, die wissen ließen, dass unbedingter Gehorsam gefordert wurde, so unter Punkt III. 4.: »*Jede beabsichtigte Maßnahme bedarf der vorherigen Kenntnis des Hauptamtes für Presse und Propaganda.*«, und unter Punkt IV.: »*Sofort nach Erhalt dieses Rundschreibens Mitteilung an das Hauptamt über die ersten ergriffenen Schritte.*«

Nicht zuletzt der Inhalt dieses zweiten Rundschreibens hat dazu beigetragen, dass später in den historischen Betrachtungen vorwiegend der Eindruck erweckt wurde, es habe an den einzelnen Hochschulorten während der Bücherverbrennungen keinerlei spontane Aktivitäten gegeben.[85] Zuletzt wurde für diese Auffassung von Theodor Verweyen der Begriff des »reichseinheitlichen Rituals« verwendet.[86] Im Ganzen gesehen mag dies zutreffend sein. Betrachtet man jedoch den genaueren Verlauf in den einzelnen Hochschulorten, ergibt sich ein sehr vielschichtiges Bild. Allein die schwungvolle Korrespondenz, die sich nach der Versendung des zweiten Rundschreibens

85 Vgl. Hans-Wolfgang Strätz, *Die geistige SA rückt ein*, in: Walberer, S. 107. (im Folgenden: Strätz) Strätz schreibt: »Die Verbrennungsfeiern wurden anschließend überall nach demselben reichseinheitlichen Schema [...] abgehalten.« Vgl. Sauder II, S. 169. Sauder schreibt: »Das Ritual, Bücher durch Feuer zu zerstören, ist so elementar, daß es Variationen kaum erlaubt.«

86 Vgl. Verweyen, S. 165 ff.

87 Vgl. Sauder II, S. 89.

88 12 Thesen wider den undeutschen Geist, Akten der DSt., I* 21 C 14/4, Blatt 283.

89 Plakat: Wider den undeutschen Geist!, Akten der DSt., I* 21 C 14/1, ohne Blattnummer.

zwischen dem Hauptamt und den Einzelstudentenschaften entwickelte, zeigt, dass die inhaltliche Gestaltung des streng festgelegten Rahmenprogramms der Aktion in den einzelnen Hochschulorten durchaus Unterschiede aufwies.

Das Plakat »Wider den undeutschen Geist«

Zum Inhalt der zwölf Thesen »Wider den undeutschen Geist«

Ein erster inhaltlicher Entwurf der »12 Thesen wider den undeutschen Geist« war den Einzelstudentenschaften bereits mit dem zweiten Rundschreiben zugegangen. Diese Fassung wurde jedoch noch vor dem Plakatdruck auf Anraten von Prof. Alfred Baeumler abgeändert.[87] Baeumler, zu diesem Zeitpunkt noch Professor der Philosophie in Dresden, Nationalsozialist und Fachgruppenleiter für Wissenschaft im Kampfbund für Deutsche Kultur, genoss unter den NS-Studenten aufgrund seiner Konzepte zur studentischen Wehr-, Arbeits- und Leibeserziehung ein hohes Ansehen.

Im Zuge der Mobilisierung zum »Artikeldienst« erhielt auch Baeumler den Entwurf der zwölf Thesen[88], zu dem er stilistische und inhaltliche Änderungsvorschläge machte, die seitens der DSt-Führung in der Endfassung des Plakates berücksichtigt wurden. Es wurden stilistische Änderungen in den Thesen 2 und 5 vorgenommen und der antisemitische Ton in These 4 wurde durch das Wort »gefährlichster« deutlich radikalisiert. Unter These 4 sollte ursprünglich stehen: »Unser Widersacher ist der Jude und der, der ihm hörig ist«. Auf dem Plakat stand schließlich: *»Unser gefährlichster Widersacher ist der Jude, und der, der ihm hörig ist.«*[89] Wobei grundsätzlich alles als »jüdisch« bezeichnet werden konnte, was den Nationalsozialisten verhasst war. Dies wurde bereits in den Betrachtungen über die Auseinandersetzungen während der Weimarer Republik, insbesondere bei Adolf Bartels, als ein übliches Mittel antisemitischer Propaganda aufgezeigt.

Die tiefer gehenden Änderungen und Zusätze in These 7 spitzten die Zensurforderungen der DSt auf ihre antisemitische Zielrichtung zu. Insgesamt waren die zwölf Thesen »Wider den undeutschen Geist« an provokativer Boshaftigkeit und Unsachlichkeit kaum zu überbieten. Die Vulgarität des Antisemitismus, zu der Alfred Baeumler beitrug, tat ihr Übriges. Allein die in These 5 und in zwei Sätzen der These 7 *(»Jüdische Werke erscheinen in hebräischer Sprache. Erscheinen sie in Deutsch, sind sie als Übersetzung zu kennzeichnen.«)* enthaltene Behauptung, jüdische Schriftsteller schrieben in hebräischer Muttersprache, zeugt von der böswilligen Unsachlichkeit gegenüber einer jahrhundertealten jüdischen Kultur in Deutschland.

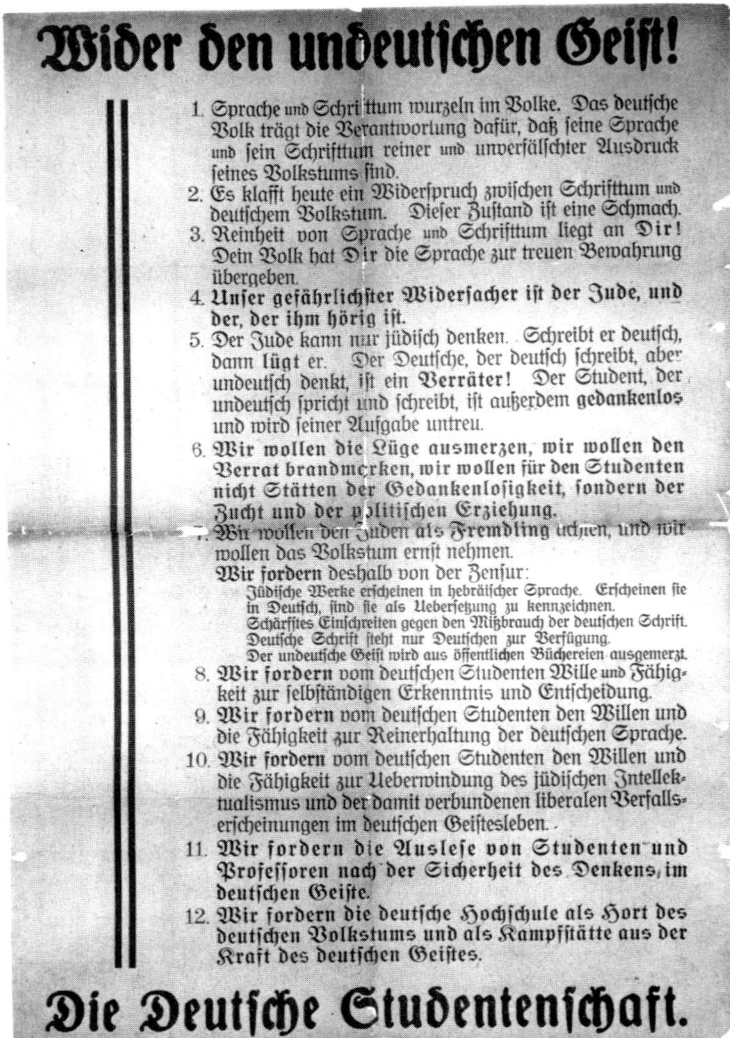

Wider den undeutschen Geist!

1. Sprache und Schrifttum wurzeln im Volke. Das deutsche Volk trägt die Verantwortung dafür, daß seine Sprache und sein Schrifttum reiner und unverfälschter Ausdruck seines Volkstums sind.
2. Es klafft heute ein Widerspruch zwischen Schrifttum und deutschem Volkstum. Dieser Zustand ist eine Schmach.
3. Reinheit von Sprache und Schrifttum liegt an Dir! Dein Volk hat Dir die Sprache zur treuen Bewahrung übergeben.
4. **Unser gefährlichster Widersacher ist der Jude, und der, der ihm hörig ist.**
5. Der Jude kann nur jüdisch denken. Schreibt er deutsch, dann lügt er. Der Deutsche, der deutsch schreibt, aber undeutsch denkt, ist ein **Verräter!** Der Student, der undeutsch spricht und schreibt, ist außerdem **gedankenlos** und wird seiner Aufgabe untreu.
6. **Wir wollen die Lüge ausmerzen, wir wollen den Verrat brandmarken, wir wollen für den Studenten nicht Stätten der Gedankenlosigkeit, sondern der Zucht und der politischen Erziehung.**
7. **Wir wollen den Juden als Fremdling achten, und wir wollen das Volkstum ernst nehmen.**
   Wir fordern deshalb von der Zensur:
   Jüdische Werke erscheinen in hebräischer Sprache. Erscheinen sie in Deutsch, sind sie als Uebersetzung zu kennzeichnen.
   Schärfstes Einschreiten gegen den Mißbrauch der deutschen Schrift.
   Deutsche Schrift steht nur Deutschen zur Verfügung.
   Der undeutsche Geist wird aus öffentlichen Büchereien ausgemerzt.
8. **Wir fordern** vom deutschen Studenten Wille und Fähigkeit zur selbständigen Erkenntnis und Entscheidung.
9. **Wir fordern** vom deutschen Studenten den Willen und die Fähigkeit zur Reinerhaltung der deutschen Sprache.
10. **Wir fordern** vom deutschen Studenten den Willen und die Fähigkeit zur Ueberwindung des jüdischen Intellektualismus und der damit verbundenen liberalen Verfallserscheinungen im deutschen Geistesleben.
11. **Wir fordern die Auslese von Studenten und Professoren nach der Sicherheit des Denkens, im deutschen Geiste.**
12. **Wir fordern die deutsche Hochschule als Hort des deutschen Volkstums und als Kampfstätte aus der Kraft des deutschen Geistes.**

Die Deutsche Studentenschaft.

Das Plakat »Wider den undeutschen Geist«.
Im Original: 47,5 cm x 70 cm, rote Frakturschrift.

In einem der Protestschreiben, die nach dem Aushang der zwölf Thesen beim Hauptamt eingingen, wurde die DSt-Führung vom Berliner Examenskandidaten der Theologie Richard Rinke darüber aufgeklärt, dass Hebräisch eine von Schriftgelehrten beherrschte, jedoch keine im Alltag gesprochene Sprache sei: »*Tatsache ist, daß noch nicht 6% aller gebildeten deutschen Juden überhaupt jemals hebräisch gelernt haben. Woher soll also für jüdische Schriftsteller und Gelehrte die Fähigkeit hergeleitet werden, ihr geistiges Eigentum in hebräischer Sprache zu Papier zu bringen? Man weiß nicht, was man mehr bewundern soll, Ihre Dummheit oder Ihre angeborene Bosheit!*«[90]

Wie sich auch im weiteren Verlauf der »Aktion wider den undeutschen Geist« zeigen sollte, wurde in den zwölf Thesen zwischen literaturpolitischen und hochschulpolitischen Zielstellungen nicht klar unterschieden. Beides ging nahtlos ineinander über: War noch in den ersten zehn Thesen von »Sprache« und »Schrifttum« die Rede, so ging es in den Thesen 11 und 12 um die »Auslese von Studenten und Professoren« und die »deutsche Hochschule als Hort des deutschen Volkstums«.

Worin bestand der rote Faden der zwölf Thesen und der gesamten Aktion? Von der zentralen Parole – »Wider den undeutschen Geist« – bis in die einzelnen Etappen der vierwöchigen Kampagne ist eine durchgängige Verwendung des Begriffes »Geist« auffällig. In negativer Abgrenzung wurde ein zunächst abstrakter Geistesbegriff als »undeutsch« klassifiziert und dieses »Undeutsche« sogleich mit dem Judentum identifiziert. Der Gebrauch des Begriffes »Geist« ermöglichte es, alle Bereiche kultureller und wissenschaftlicher Betätigung in einem Wort zusammenzufassen.

Inwiefern die propagandistische Verwendung des Geistesbegriffs darüber hinaus das inhaltliche Spektrum des »Judenboykotts« erweitern sollte, offenbart ein Brief, den ein Mitarbeiter des Hauptamtes für Presse und Propaganda an den Erlanger Germanisten Benno von Wiese sandte: »[...] *Im Rahmen der Boykottbewegung in Deutschland soll von der Deutschen Studentenschaft ein Kampf wider den undeutschen Geist durchgeführt werden. Um zu vermeiden, daß fast die ganze Antijudenbewegung im Wirtschaftlichen sich erstreckt, wird von der Studentenschaft ein Kampf gegen alles Undeutsche im Geistigen durchgeführt werden. Das soll sich erstrecken auf Literatur, Musik, Film, Theater, Kunst aller Art usw.*«[91] Dieser »Kampf gegen alles Undeutsche im Geistigen« wurde in diesem Schreiben sogar noch umfassender dargestellt, als er schließlich von der DSt in die Tat umgesetzt werden sollte.

In der These 7 des Plakates »Wider den undeutschen Geist« wurde angekündigt: »*Der undeutsche Geist wird aus den öffentlichen Bibliotheken ausgemerzt.*« In These 12 wurde »*die Auslese von Studenten und Professoren nach der Sicherheit des Denkens im Deutschen Geiste*« gefordert. Betrachtet man diese Sprache, zu deren Vokabular »Ausmerzen« und »Auslese« zählten, vor dem Hintergrund der schon im zweiten Rundschreiben vorherrschenden Absicht, eine »öffentliche Verbrennung« von Büchern jüdischer Autoren durchzuführen, so ist es keine Übertreibung, der DSt eine Vernichtungsabsicht zu unterstellen, die über das bloße Zerstören von Büchern hinausging. Es ging in der »Aktion wider den undeutschen Geist« um die Vernichtung des Judentums – insbesondere des assimilierten Judentums – in all seinen geistig-kulturellen Erscheinungsformen.

Aus der Rede vom »undeutschen Geist« oder »jüdischen Geist« darf jedoch nicht geschlossen werden, der Antisemitismus der Aktion habe sich auf einer rein geistigen Ebene abgespielt und somit einer leiblich-rassistischen Dimension entbehrt. In den zwölf Thesen »Wider den undeutschen Geist« versuchte die DSt, ihren Geistesbegriff aus dem Begriff des Volkes oder des Volkstums abzuleiten. So wurde in These 1 apodiktisch behauptet: »*Sprache und Schrifttum wurzeln im Volke.*« Als würde durch »wurzeln im Volke« sich der Begriff gleichsam selbst begründen, wurde im folgenden Satz ganz unvermittelt an die »Verantwortung« des »deutschen Volkes« seiner Sprache und seinem Schrifttum gegenüber appelliert. These 2 prangerte einen Widerspruch zwischen »Schrifttum« und »deutschem Volkstum« an. Aus diesem »Widerspruch« wurde in These 4 der »Widersacher«, wobei als »Widersacher« »der Jude und der, der ihm hörig ist« definiert wurde. Mit dieser plumpen semantischen Schieberei vom konstruierten »Widerspruch« zum »Widersacher« wurde »der Jude« zum Feind des »deutschen Volkstums« erklärt.

Schon diese ersten vier Thesen waren eine reine ideologische Nebelwand. Fragt man sich, was sich in diesem »Widerspruch« hinter den Worten »Schrift-

90 Richard Rinke an den Vorsitzenden der Deutschen Studentenschaft, vom 15. April 1933, Akten der DSt., I* 21 C 14/1, Blatt 434.

91 Gerhard Schröder (Mitarbeiter des Hauptamtes) an Benno von Wiese, vom 23. April 1933, Akten der DSt., I* 21 C 14/1, ohne Blattnummer.

92 Hauptamt für Presse und Propaganda der Deutschen Studentenschaft an das Polizeipräsidium Berlin-Alexanderplatz, vom 11. April 1933, ebd., Blatt 409.

93 Bund für deutsche Schrift an das Hauptamt, vom 21. April 1933, ebd., Blatt 243.

tum« und »deutschem Volkstum« verbarg, so kommt man zu dem Ergebnis, dass es sich tatsächlich um einen Widerspruch zwischen der bisher bestehenden deutschen Literatur, deren integraler Bestandteil auch jüdische Schriftsteller waren, und der nationalsozialistischen Ideologie handelte.

Die Verbreitung des Plakates

In roter Frakturschrift und mit dem Format 47,5 Zentimeter mal 70 Zentimeter wurde das Plakat »Wider den undeutschen Geist« von der Druckerei W. Henckel in Berlin-Schöneberg gedruckt. Laut zweitem Rundschreiben war vorgesehen, am 12. April 1933 mit der Plakataktion die gesamte »Aktion wider den undeutschen Geist« zu starten. Dieser Termin konnte jedoch nicht eingehalten werden, weil die Versendung der Plakate an die einzelnen Studentenschaften zu spät anlief.

In Berlin, wo der Leiter des Hauptamtes für Presse und Propaganda, Leistritz, zunächst in der Dessauer Straße seinen Sitz hatte, lässt sich der Beginn der Plakataktion auf den 13. April datieren. Vor allem der Propagandatätigkeit in Berlin sollte der Kostenzuschuss in Höhe von sechshundert RM zugute kommen, den Leistritz beim Reichsministerium für Volksaufklärung und Propaganda beantragt hatte. So war es in Berlin möglich, außerhalb der Hochschulen auch die städtischen Litfaßsäulen mit dem Plakat zu bestücken. Leistritz ließ sich eigens eine Genehmigung des Berliner Polizeipräsidenten geben.[92] In den folgenden Tagen erfasste die Plakataktion fast alle deutschen Hochschulstädte, wobei im Gegensatz zu Berlin der Aushang im Wesentlichen auf die Hochschulgebäude beschränkt blieb.

Die Plakataktion fand in der Öffentlichkeit ein geteiltes Echo. Die DSt erhielt im Laufe des April 1933 zahlreiche Zuschriften, deren Absender die zwölf Thesen begrüßten. Bezeichnend war das Schreiben vom Bund für deutsche Schrift e.V., dessen Verfasser auf einen Satz der These 7 Bezug nahm: »*Schärfstes Einschreiten gegen den Missbrauch der deutschen Schrift*«, und an die DSt appellierte, »*daß jeder Deutsche, der der deutschen Studentenschaft angehört, oder ihr nahesteht, die Verpflichtung auf sich nimmt, von sich aus nur deutsche Schrift zu verwenden, sei es im Druck oder sei es in der Handschrift*«.[93] Diese heute nur wenigen verständliche Forderung sollte zum Gebrauch der Druckschrift Fraktur und der Schreibschrift Sütterlin verpflichten.

Es gingen jedoch auch zahlreiche Protestschreiben bei der DSt ein, in denen teils mit sachlichen Argumenten und teils mit leidenschaftlicher Polemik der Empörung über das Plakat Ausdruck verliehen wurde. Im Prager

Exil veröffentlichte die *Deutsche Hochschulwarte* zwölf Gegenthesen unter der Überschrift *Wider den deutschen Ungeist*.[94]

An der Berliner Friedrich-Wilhelms-Universität kam es nach der Plakatierung zu einer offenen Auseinandersetzung zwischen dem Universitätsrektor Eduard Kohlrausch und der Deutschen Studentenschaft, die auch die Presse auf die Plakataktion aufmerksam werden ließ. Einem Artikel der *Deutschen Allgemeinen Zeitung (DAZ)* vom 26. April 1933 zufolge hatte die DSt eine Mitteilung verbreitet, wonach Kohlrausch mit der Niederlegung seines Rektorats gedroht habe, sollte der Anschlag der zwölf Thesen nicht entfernt werden. Daraufhin habe die DSt erklärt, dass die Thesen weiterhin aushingen und somit anzunehmen sei, dass Kohlrausch vom Amt des Rektors zurücktrete. Diese Version sei, so der *DAZ*-Artikel weiter, von Kohlrausch selbst dementiert worden. Er habe zwei Sätze des Plakates beanstandet und daher dessen Aushang nicht genehmigt. Das Plakat sei dennoch ausgehängt worden, woraufhin Kohlrausch angekündigt habe, die Entscheidung, ob das Plakat abgehängt werden solle, vom zu diesem Zeitpunkt auswärts weilenden Minister Rust einzuholen. Weiterhin habe Kohlrausch nicht vor, sein Rektoratsamt niederzulegen. Eine solche Entscheidung würde den »*Anordnungen des Herrn Ministers vorgreifen, nach welcher demnächst an allen Hochschulen der Rektor, die Dekane und die Senate neu zu wählen sind*«.

Kohlrausch, der, entgegen der Version der DSt, ganz im Sinne »des Herrn Ministers« vorgegangen sein will, hatte offenbar doch mehr Zivilcourage, als er im April 1933 öffentlich zugeben mochte. Einem Zeitzeugen zufolge soll Kohlrausch von seinem Hausrecht Gebrauch gemacht haben und zumindest eines der Plakate kurzerhand entfernen lassen. Der Rektor lehnte die Bitte des Senats, der Universität für eine weitere Amtszeit zur Verfügung zu stehen, ab. Anfang Mai 1933 wurde der Rassenforscher und Eugeniker Eugen Fischer zum neuen Rektor der Universität gewählt.

Auch bei manchen Mitgliedern des Lehrkörpers riefen die zwölf Thesen Unbehagen hervor. In einem öffentlichen Brief, der am 28. April 1933 in der *DAZ* erschien, erklärte der Philosoph und Pädagoge Eduard Spranger den Rücktritt von seinem Berliner Lehrstuhl unter anderem mit folgender Begründung: »*Es bekümmert mich, daß die Studentenschaft die soeben verant-*

94 *12 Thesen wider den deutschen Ungeist*, in: *Deutsche Hochschulwarte. Zeitschrift des Verbandes deutschfreiheitlicher Akademiker*, XIII. Jahrgang, Mai/Juni 1933, 5/6. Heft, S. 1.

95 Zitiert nach: Sauder II, S. 101 f.

wortliche Rechte empfangen hat, gegenüber den Professoren eine Haltung anzunehmen beginnt, die merkwürdig an die Stellung erinnert, wie sie ein Metternich gegenüber Studenten und Professoren einnahm. Mich erfüllt ernsteste Sorge um die Kraft des von mir ethisch hoch geschätzten Führerprinzips, wenn es weder dem Herrn Rektor noch dem Herrn Minister gelang, einen Aufruf zu beseitigen, der bei aller guten Gesinnung ein paar Sätze enthält, die auch beim nationalsten Leser schwersten Anstoß erregen müssen. Im Verein mit Nachrichten von anderen Hochschulen Preußens bewirkten diese und ähnliche Umstände in mir das Gefühl, daß ich den Zugang zu der neuen Generation wohl nicht mehr finden würde.«

Wie bei seinem Rektor Kohlrausch war die öffentliche Haltung Sprangers eher janusköpfig. Insofern er den zwölf Thesen sogar eine in allem »gute Gesinnung« bescheinigte, missfiel Spranger offenbar weniger der grundsätzliche Antisemitismus als vielmehr der grobe Ton und das rüpelhafte Verhalten, mit denen die NS-Studenten für diesen eintraten. Im Widerspruch zu dem von ihm »ethisch hoch geschätzten Führerprinzip« stand zudem Sprangers weiterer Rücktrittsgrund, der darin bestand, dass der Minister Rust ohne Sprangers Mitwirkung und vorherige Konsultation an der Berliner Universität einen Lehrstuhl und ein Institut für politische Pädagogik eingerichtet hatte. Später kam es im preußischen Kultusministerium zu einer Aussprache zwischen Rust und Spranger, in deren Verlauf er seinen Rücktritt zurückzog und auf seinem Lehrstuhl verblieb. Den Lehrstuhl für politische Pädagogik besetzte Rust mit Alfred Baeumler.

Einen wirklichen Widerstand, der kein Zurück erlaubte, leistete der jüdische Theaterwissenschaftler Prof. Dr. Max Herrmann. In einem Brief an das preußische Kultusministerium schrieb Herrmann: »*Hierdurch spreche ich die ergebene Bitte aus, mich freundlichst noch auf kurze Zeit zu beurlauben, solange nämlich, wie in der Universität die von der Deutschen Studentenschaft erlassene Erklärung ›Wider den undeutschen Geist‹ öffentlich aushängt. Meinem Ehrgefühl, das in meiner allezeit gehegten und bekundeten nationaldeutschen Gesinnung tief verwurzelt ist, widerstrebt es auf das Entschiedenste, meine akademische Tätigkeit in einem Hause auszuüben, in welchem über die Angehörigen einer Gemeinschaft, zu der ich durch meine Geburt gehöre, öffentlich gesagt wird: ›Der Jude kann nur jüdisch denken; schreibt er deutsch, dann lügt er.‹ – widerstrebt mir umso entschiedener, als ich ja gerade das Wesen deutschen Geistes den Studenten zu verkünden habe. Ich schreibe deutsch, ich denke deutsch, ich fühle deutsch und ich lüge nicht.*«[95]

Professor Max Herrmann wurde auf Grundlage des § 3 des »Gesetzes zur Wiederherstellung des Berufsbeamtentums« per Ministerialerlass vom 16. September 1933 in den »Ruhestand« versetzt. Nach seiner Deportation wurde Herrmann 1942 im Konzentrationslager Theresienstadt ermordet.

Der Artikeldienst

Parallel zur Planung der Plakataktion wurde im Hauptamt für Presse und Propaganda der so genannte Artikeldienst vorbereitet, der ebenfalls als Teil der »Aufklärungsaktion vom 12. April bis 10. Mai« angekündigt worden war. Der Artikeldienst sollte der Öffentlichkeit einen positiven und konstruktiven Eindruck der »Aktion wider den undeutschen Geist« vermitteln und den vorhersehbaren negativen Reaktionen, insbesondere auf die Bücherverbrennung, entgegentreten. Es war vorgesehen, eine Reihe national gesinnter Intellektueller und Kulturschaffender um unterstützende Artikel zu bitten, die in der DSt-Zeitung *Akademische Korrespondenz* erscheinen und an die Presse weitergeleitet werden sollten.

Die Geheimhaltungspraxis im Vorfeld der Aktion gereichte der DSt im Falle des Artikeldienstes zum Nachteil. Mit Datum vom 6. April 1933 versandte Leistritz den Aufruf zum Artikeldienst an sechsundsechzig Personen, deren »Einstellung zum deutschen Schrifttum« der DSt bekannt war.[96] In dem Standardschreiben wurde die Planung nur grob umrissen: »*Die Aktion beginnt am 12. April mit dem öffentlichen Anschlag von 12 Thesen ›Wider den undeutschen Geist‹ (die wir Ihnen als vorläufigen Entwurf in der Anlage beifügen) und endet am 10. Mai mit öffentlichen Kundgebungen in allen deutschen Hochschulorten.*«

Bemerkenswerterweise wurde verschwiegen, dass es sich bei diesen »öffentlichen Kundgebungen« um Bücherverbrennungen handeln würde. Obgleich viele der angeschriebenen »Herren« – Parteiprominenz, Wissenschaftler und Schriftsteller – im Kampfbund für Deutsche Kultur engagiert waren, war es dennoch unseriös, denjenigen die geplante Bücherverbrennung zu verschweigen, die um Unterstützung gebeten wurden.

96 Akten der DSt., I* 21 C 14/4, Blatt 282.

97 Hauptamt für Presse und Propaganda an Alfred Rosenberg, vom 6. April 1933, ebd., Blatt 404.

98 Belege für sämtliche Antwortschreiben und der DSt zugesandten Artikel: Akten der DSt., I* 21 C 14/4.

Unseriös musste auf die Empfänger die Bitte wirken, »*dieses Schreiben zunächst als vertraulich betrachten zu wollen, da vor dem 12. April – also der Veröffentlichung der Thesen – in der Öffentlichkeit über unsere Aktion noch nichts bekannt sein soll*«. Ihre Aufsätze sollten sie der DSt spätestens zum 10. April zukommen lassen. Wohlgemerkt, das Schreiben trug das Datum vom 6. April. Seitens der DSt wurde für die erst noch zu schreibenden Aufsätze eine Abgabefrist von drei Tagen gesetzt. Angesichts dieser Frist zeigt sich, dass diejenigen, die sich anschickten, wenige Wochen später die Werke Hunderter Schriftsteller zu verbrennen, vom Handwerk des Schreibens offenbar nicht allzu viel verstanden.

So sollte es auch nicht verwundern, dass die meisten der sechsundsechzig Adressaten allein die Fristsetzung als unverschämt empfanden und auf das Schreiben noch nicht einmal mit einer Absage reagierten. Selbst Alfred Rosenberg, der als Reichsleiter des Kampfbundes für Deutsche Kultur in einem persönlichen Brief um ein Einleitungswort gebeten worden war, antwortete nicht.[97]

Von den angeschriebenen Wissenschaftlern steuerte einzig Alfred Baeumler einen Aufsatz bei. Von den Schriftstellern sandten Hanns Floerke, Hans Franck, Herbert Böhme und Kurth Hervath Ball der DSt Aufsätze zu. Hermann Stehr und Joseph Magnus Wehner sagten mit Hinweis auf die zu knappe Zeit schriftlich ab. Erwin Guido Kolbenheyer und Will Vesper boten ersatzweise bereits erschienene Aufsätze an. Mit großem Eifer hingegen schickte ein gewisser Dr. med. P. G. Moebius aus Berlin gleich mehrere Texte. Im Artikeldienst publizierten schließlich folgende Autoren: Alfred Baeumler, *Staat und Hochschule*, Kurth Hervath Ball, *Deutsch*, Herbert Böhme, *Deutsche Dichtung*, Will Vesper, *Zeitwende in der Dichtung*, Hans Franck, *Dichtung und Volkstum*, und Moebius, *Kampftage*.[98]

Schandpfähle und Professorenboykott

Die Verschärfung des studentischen Terrors in den Hochschulen

Bernhard Rust und die Vertreibung der wissenschaftlichen Exzellenz I

Am 7. April 1933 wurde das »Gesetz zur Wiederherstellung des Berufsbeamtentums« im Reichsgesetzblatt veröffentlicht und damit wirksam. Dieses Gesetz schuf die Grundlage zur Vertreibung jüdischer und kritischer Mitarbeiter aus den öffentlichen Institutionen. Das rassistische Ziel des Gesetzes wurde in § 3 deutlich: »*(1) Beamte, die nicht arischer Abstammung sind, sind in den Ruhestand (§ 8 ff.) zu versetzen; soweit es sich um Ehrenbeamte handelt, sind sie aus dem Amtsverhältnis zu entlassen.*« § 4 legalisierte die Vertreibung Andersdenkender: »*Beamte, die nach ihrer bisherigen politischen Betätigung nicht die Gewähr dafür bieten, daß sie jederzeit rückhaltlos für den nationalen Staat eintreten, können aus dem Dienst entlassen werden.* [...]« Die diskriminierende Wirkung wurde in § 8 noch verschärft: »*Den nach §§ 3, 4 in den Ruhestand versetzten oder entlassenen Beamten wird ein Ruhegeld nicht gewährt, wenn sie nicht mindestens eine zehnjährige Dienstzeit vollendet haben;* [...]« Diese Regelung zeigt, dass die Betroffenen nicht nur ihrer beruflichen Stellung beraubt wurden, sondern dass man in vielen Fällen auch die Zerstörung ihrer sozialen Existenz beabsichtigte. Nur Beamte, die im Ersten Weltkrieg als Soldaten an der Front waren, wurden von den Vertreibungen zunächst ausgenommen.

Schon der Verlauf der Gleichschaltung der Abteilung für Dichtkunst offenbarte, dass der preußische Kultusminister Bernhard Rust nicht zögerte jedwede Möglichkeit zur systematischen Säuberung wahrzunehmen. So auch an den Hochschulen: Am 13. April 1933 verfügte Rust die »Beurlaubung« von sechzehn Professoren. Am Tag darauf veröffentlichte die *Deutsche Allgemeine Zeitung* die Namen der Betroffenen: Ein weiteres Zeugnis der geistigen Enthauptung Deutschlands, die nun auch die Wissenschaften erfasst hatte. Unter den sechzehn entlassenen Wissenschaftlern fanden sich Max Horkheimer, Leiter des Instituts für Sozialforschung in Frankfurt am Main, Hans Kelsen, Rechtswissenschaftler in Köln und ehemaliger Richter des Verfassungsgerichtshofes, Karl Mannheim, Sozialphilosoph in Frankfurt am Main und Begründer der Wissenssoziologie, und Paul Tillich, Theologe in Frankfurt am Main und Vordenker der Religiösen Sozialisten.

Der Bericht in der *DAZ* enthielt auch einen Hinweis darauf, dass Rust beabsichtigte drohende Ausschreitungen durch die Studentenschaften zu Semesterbeginn abzuwenden, indem er noch in der vorlesungsfreien Zeit die Vertreibung der jüdischen Hochschullehrer veranlasste: »*Kultusminister Dr. Rust beabsichtigt, auf diesem Wege die Judenfrage (§ 3 des Beamtengesetzes) sofort anzupacken. Es soll sichergestellt werden, dass der größte Teil des Rivirements noch vor dem 1. Mai erfolgt ist, so dass Unruhen zu Semesterbeginn vermieden werden. Am 1. Mai werden, wie wir bei der Ankündigung der feierlichen Übergabe des Studentenrechts schon mitteilten, große Feiern an allen Universitäten stattfinden. Hierbei soll die Studentenschaft auf die Bedeutung dieses Tages hingewiesen werden; das bevorstehende Semester soll den Charakter eines besonderen Arbeitssemesters erhalten.*«

99 Zitiert nach: Grüttner, S. 82.

Die »Aktion wider den undeutschen Geist« und das neue Studentenrecht

In Bayern fand die »feierliche Übergabe des Studentenrechts« durch den dortigen Kultusminister Hans Schemm bewusst am 10. Mai statt und war in München und Würzburg beispielsweise ein direkter Bestandteil der Zeremonien zur Bücherverbrennung.

Was Rust sich unter der Floskel vom »Charakter eines besonderen Arbeitssemesters« möglicherweise vorstellte, zeigte sich in der Umsetzung durch die Studentenschaften: Anstatt sich in den Bibliotheken der geistig anstrengenden Lektüre zu befleißigen, zogen es die NS-Studenten vor, die Vernichtung ganzer Bibliotheken zu organisieren. Und anstatt sich in den Lehrveranstaltungen durch die Vorträge ihrer jüdischen Professoren zu bilden, hatten sie mehr Freude daran, diese zu terrorisieren und öffentlich zu demütigen. In der Vertreibung verhasster Hochschullehrer hatten es die NS-Studenten in den vergangenen Jahren zu einem gewissen Können gebracht. Insofern waren die vom NS-Staat beschlossene neue Beamtengesetzgebung und die sofort einsetzenden »Beurlaubungen« für die DSt-Führung ein willkommener Anlass, die bereits angelaufene »Aktion wider den undeutschen Geist« zu erweitern: durch eine drastische Verschärfung des politischen Terrors in den Hochschulen.

Einerseits wollte die DSt-Führung damit Rusts Politik der Vertreibung unterstützend zur Seite stehen. Zugleich hatte die DSt jedoch eine weitere Modifizierung des Studentenrechts im Auge, auf dessen Inhalt Rust entscheidenden Einfluss hatte. Die preußische Studentenrechtsverordnung vom 12. April 1933 hatte der DSt zwar die erhoffte staatliche Anerkennung verschafft, war jedoch in der Frage der studentischen Mitbestimmung in den Hochschulgremien hinter den Erwartungen zurückgeblieben. Der stellvertretende DSt-Vorsitzende Klaus Schickert brachte darüber in der Zeitung des Verbandscartelles der Turnerschaften seine Enttäuschung zum Ausdruck. Er behauptete, das preußische Kultusministerium habe sich zu sehr den Forderungen der Professoren gefügt: »*Nicht gewährt wurde die Beteiligung an der gesamten Hochschulverwaltung, an der Berufung der Professoren, an der Wahl des Rektors.*«[99]

Vor dem Hintergrund der neuen Beamtengesetzgebung waren die Umstände für die DSt nun günstig, ihren Machtanspruch in den Hochschulen wieder auf die politische Agenda zu setzen. Die DSt-Führung beschloss der »Aktion wider den undeutschen Geist«, neben der Bücherverbrennung, mit der Durchführung eines Professorenboykotts einen weiteren Schwerpunkt zu geben.

Die Planungen zum Professorenboykott

Am 19. April 1933 wurde an die Einzelstudentenschaften ein Rundschreiben versandt, das wenig später als so genannter Spionageerlass einige Berühmtheit erlangen sollte. Darin hieß es: »*Zur Beschleunigung der von der Reichsregierung beschlossenen Maßnahmen zur Säuberung des Berufsbeamtentums sind von den Studentenschaften an den Führer der DSt möglichst umgehend folgende Angaben zu machen: a) Aufzählung der Hochschullehrer, die unter das Gesetz vom 7. April 1933 fallen, das heißt Hochschullehrer, die Juden sind oder kommunistischen Organisationen bzw. dem Reichsbanner u.ä. angehört haben;* [...].«[100] Es folgte eine Auflistung, welche Hochschullehrer und Assistenten des Weiteren zu benennen seien, zum Beispiel Pazifisten und Liberale. Jeder Denunziation sollten »eidesstattliche Versicherungen« oder genaue Quellenangaben aus den Schriften und Lehrveranstaltungen der Dozenten beigefügt werden, um die Kriminalisierung dieser wissenschaftlichen und politischen Meinungen auch belegen zu können.

Bezeichnend für die Geisteshaltung der DSt-Führung war der folgende Satz aus Punkt c): »*Auf Mitteilung von Hochschullehrern, die bei einwandfreier Haltung nur eine mittelmäßige wissenschaftliche Begabung ausweisen, legen wir keinen Wert.*«

Unter Punkt e) wurde dann das wichtigste Vorhaben des Rundschreibens angeordnet: »*Die Studentenschaften haben alle Vorbereitungen zu treffen, um auf Anordnung des Führers der DSt einen wirksamen Boykott der Vorlesungen und Uebungen von Hochschullehrern durchzuführen, deren Entfernung aus dem Amt durch den Staat nicht sofort möglich ist.*«

Insbesondere diesem Punkt war zu entnehmen, dass der politische Ehrgeiz der DSt-Führung offenbar so weit ging, den Staat in seiner rassistischen Gesetzgebung und Vertreibungspraxis an Wirksamkeit noch zu übertreffen.

Der Aufruf zur Errichtung von »Schandpfählen«

Nachdem bei der Plakataktion die literatur- und hochschulpolitischen Forderungen unvermittelt geblieben waren, bemühte man sich im Zuge der Erweiterung der »Aktion wider den undeutschen Geist«, eine symbolische Verknüpfung zwischen der Bücherverbrennung und dem Professorenboykott herzustellen. Dazu wurde dem Rundschreiben vom 19. April ein Aufruf von Georg Plötner, dem Leiter des DSt-Amtes für Hochschulreform, beigelegt.

100 Rundschreiben des Führers der DSt, Gerhard Krüger, an alle Einzelstudentenschaften, vom 19. April 1933, in: Staatsarchiv Würzburg RSF/NSDStB I* 01 y 37.

Plötner verstieg sich darin zu der Behauptung, dass die Studenten am Beispiel der Bücherverbrennung lernen würden, »*im allgemeinen Geistesgut, welches deinem Volk zugänglich ist zu werten und zu entscheiden*« und so die Fähigkeit entwickeln würden, über Hochschullehrer zu entscheiden. Sein Argument zur Verknüpfung von Literatur- und Hochschulpolitik lautete somit: Wer Bücher verbrennt, lernt dabei, was einen guten Wissenschaftler ausmacht. Plötner steigerte sich schließlich in die Losung: »*Der Staat ist erobert. Die Hochschule noch nicht! Die geistige SA rückt ein. Die Fahne hoch!*« Im Anschluss verkündete er enthusiastisch, wie »geistig« es bei diesem Einrücken in die Hochschule zugehen sollte: »*Wir schaffen ein Schandmal!* [...] *Weil wir ehrlich sein wollen. Weil wir die deutsche Hochschule wollen. Wir werden an allen Hochschulen einen Schandpfahl errichten. Einen klobigen Baumstamm, etwas über mannshoch, auf Hochschulgebiet. An den Schandpfahl werden wir die Erzeugnisse derer nageln, die nicht unseres Geistes sind.*

Für die ›Weltbühne‹ dürften zweizöllige Nägel geeignet sein.
Für Herrn Stefan Zweig Reißzwecken genügen.
Ebenso für Herrn Ludwig und ähnliche Cohns.
Für Herrn Tucholsky wären Vierzöller zu empfehlen.

Und wir werden diesen Schandpfahl für alle Zeiten stehen lassen. Solange wir ihn brauchen. Heute für die Schriftsteller, morgen für die Professoren. Im ganzen immer bereit für die, die es nicht begreifen wollen oder nie begreifen können. Der Schandpfahl soll etwa am 3. Mai in den Hochschulen zur Aufstellung gelangen.« Eine derartige Konzentration verdorbener und geschmackloser Phantasien ist in der Tat kaum zu begreifen. Nach der Idee, Scheiterhaufen zu errichten, griff die DSt nun mit ihrem Aufruf, Schandpfähle aufzustellen, erneut in das Repertoire längst überwunden geglaubter Instrumente der Menschenverachtung.

Erste Zuspitzung an den Hochschulen

Während das DSt-Rundschreiben vom 19. April mit Plötners Aufruf bei den Einzelstudentenschaften einging, lieferte Bernhard Rust ihnen für die geplanten Aktionen einen weiteren Freibrief. Am 21. April erschien in der *Täglichen Rundschau* der Beitrag *Rust amnestiert Schüler und Studenten*. Darin hieß es: »*Bezüglich der Disziplinarstrafen gegen Studierende wegen Handlungen aus nationalen Beweggründen wird angeordnet, dass alle Diszipli-*

narstrafen aufzuheben und zu löschen sind, die seit dem 24. Februar 1925 gegen Studierende wegen solcher Handlungen verhängt worden sind und die aus nationalen Beweggründen begangen sind. Anhängige Disziplinarstrafen dieser Art sind einzustellen.«

Solche Neuigkeiten wurden in Kreisen der DSt und des NSDStB mit großer Genugtuung und Anerkennung aufgenommen. Ausgeschnitten, mit Datum versehen und auf ein Blatt Papier geklebt findet sich dieser Zeitungsartikel noch heute in den Akten von Leistritz' Hauptamt für Presse und Propaganda im Staatsarchiv Würzburg.[101] Durch diese Amnestie gewannen die nationalsozialistischen Studenten ihre radikalsten Köpfe zurück; beispielsweise Fritz Hippler, der vor der NS-Machtübernahme von der Berliner Universität relegiert worden war, weil er gewalttätige Ausschreitungen angezettelt hatte. Hinzu kam, dass Rust das rechtsfeindliche Vorgehen der NS-Studenten offenbar billigte und die Universitäten nachgerade zu einem rechtsfreien Raum erklärte.

Unter einigen Studentenschaften brauchte die Terrorisierung jüdischer und kritischer Hochschullehrer nicht erst zentral angeordnet zu werden. In Kiel hatten NS-Studenten schon Anfang April 1933 eine Reihe von Dozenten aufgesucht und diesen ohne vorherige behördliche Rücksprache kurzerhand ihre Suspendierung ausgesprochen. Nach Erhalt des DSt-Rundschreibens vom 19. April veröffentlichte die Freie Kieler Studentenschaft eine Liste mit den Namen von achtundzwanzig Professoren und verlangte vom Universitätsrektor deren »Beurlaubung«. Sollte dieser Forderung nicht entsprochen werden, werde keine »*Gewähr für einen störungsfreien Verlauf des Vorlesungsbetriebes gegeben*«. Es wurde gedroht, dass man »*nötigenfalls zu den schärfsten Maßnahmen greifen*« werde.[102]

In der Freien und Hansestadt Hamburg wandte sich der NSDStB-Hochschulgruppenführer mit der Forderung nach Entlassung von sechs Hochschullehrern direkt an den zuständigen Senator; auch hier mit dem Hinweis, dass »*die Studenten sonst nicht für Ruhe in der Universität garantieren könnten*«.[103]

Vielerorts wurde jüdischen Professoren durch die Hochschulleitungen nahe gelegt ihre Lehrveranstaltungen für das Sommersemester 1933 abzusagen, weil sonst mit studentischen Ausschreitungen zu rechnen sei.

101 Akten der DSt., I* 21 C 14/1, Blatt XIV.

102 Vgl. Grüttner, S. 67.

103 Vgl. ebd., S. 68.

Erste öffentliche Kritik wird laut

Während das Plakat »Wider den undeutschen Geist« für öffentliche Auseinandersetzungen sorgte, wurde die noch nicht vollends gleichgeschaltete bürgerlich-konservative Presse auf die Vorgänge in Kiel aufmerksam. Am 26. April veröffentlichte die *Deutsche Allgemeine Zeitung* den Beitrag *Studenten und Professoren*, in dem das Vorgehen der DSt kritisiert wurde: »*Die Ereignisse in Kiel, wo man zwei Dutzend Dozenten unter Androhung schärfster Gewaltmaßregeln zum Rücktritt veranlassen will, sind leider nicht die einzigen Schritte dieser Art. Meldungen aus anderen Orten bestätigen ebenso wie der Konflikt an der Berliner Universität, daß sich die Studentenschaft bemüht, an der großen kulturellen Aufbauarbeit energisch mitzuwirken, daß sie aber dabei zweifellos im Begriffe ist, die Methode der vollendeten Tatsachen zu weit zu treiben. Es kann unmöglich im Interesse der politischen Führer sein, daß die Studenten auf diese Weise die Pläne des nationalsozialistischen Kultusministers, die ja grundsätzlich in der gleichen Richtung laufen, vorwegnehmen und durchkreuzen.*«

Natürlich konnte es nicht im Interesse Rusts liegen, wenn in der Öffentlichkeit der Eindruck entstand, dass die Aktionen der Studentenschaften zunehmend außer Kontrolle gerieten. Es ist nur fraglich, ob Rust diese Einschätzung teilte. In dem *DAZ*-Artikel wurde deutlich, dass offenbar ein gewisser Druck auf Rust erzeugt werden sollte, die Studentenschaften zur Ordnung zu rufen: »*Kultusminister Rust hat zum Mittwoch Vertreter der deutschen Studentenschaft aus allen Universitätsstädten geladen, und es ist anzunehmen, dass er auf die Vorgänge in Kiel und Berlin zu sprechen kommt. Nach der ganzen Einstellung der leitenden Minister darf man annehmen, daß sie die Zügel wieder selbst in die Hand nehmen.*«

Bei dem hier angekündigten Termin handelte es sich um den 3. Mai. Für Anfang Mai war die Übergabe des neuen Studentenrechts durch Rust in der Berliner Universität vorgesehen, so dass die preußischen Studentenvertreter ohnehin in der Hauptstadt anwesend sein würden. Ob Rust tatsächlich vorhatte, mit den Studentenvertretern die »Vorgänge in Kiel und Berlin« zu erörtern, bleibt fraglich. Wahrscheinlicher ist, dass Rust bis zum 28. April wenig Anlass sah, gegen die »Aktion wider den undeutschen Geist« zu intervenieren. Zunächst schien eher das Gegenteil der Fall zu sein.

Bernhard Rust und die Vertreibung der wissenschaftlichen Exzellenz II

Am 25. April verfügte Rust die »Beurlaubung« von achtunddreißig weiteren Hochschullehrern. Allein in Kiel waren neun Professoren betroffen, was für die dortige Studentenschaft eine Bestätigung ihres aggressiven Vorgehens war und Rust durchaus als ein Nachgeben gegenüber dem studentischen Terror ausgelegt werden konnte.

Im Unterschied zu den »Beurlaubungen« vom 13. April traf diese zweite Vertreibungswelle auch die jüdischen Naturwissenschaftler. An der Georgia Augusta in Göttingen ging mit Eintreffen des Telegramms vom preußischen Kultusministerium an den Instituten für Physik und Mathematik ein »goldenes Zeitalter« zuende.[104] Diese Ära war am Physikalischen Institut seit 1920 mit dem Namen des jüdischen Physikers Max Born verbunden gewesen. Durch seine Forschungen auf den Gebieten der Elektrodynamik und der Quantenmechanik hatte er sich weltweites Ansehen erworben. Zu Borns Verdiensten zählte auch die Berufung seines Freundes James Franck auf den Lehrstuhl für Experimentalphysik in Göttingen. Auch Franck war Jude. Gemeinsam mit Gustav Hertz erhielt Franck 1925 für die »Entdeckung der Gesetze über den Zusammenstoß von einem Elektron und einem Atom« den Nobelpreis für Physik. Später – 1954 – wurde diese Auszeichnung auch Max Born zuteil. Während der Weimarer Republik war der naturwissenschaftliche Nachwuchs in Scharen nach Göttingen gekommen, um bei Born und Franck zu studieren. Nun, am 25. April 1933, hielt Max Born die »Entbindung von allen Universitätsverpflichtungen« in seinen Händen.

James Franck waren die immer brutaleren antisemitischen Ausschreitungen schon zuvor unerträglich geworden. Als dekorierter Frontsoldat des Ersten Weltkrieges hatte er nicht sofort mit seiner »Beurlaubung« rechnen müssen. Dennoch setzte er ein Zeichen und sandte am 17. April 1933 folgende Worte an Rust: »*Durch diese Zeilen bitte ich Sie, Herr Minister, mich von meinen Pflichten als ordentlicher Professor an der Universität Göttingen und als Direktor des II. Physikalischen Instituts dieser Universität zu entbinden. Der Entschluß ist mir eine innere Notwendigkeit wegen der Einstellung der Regierung dem deutschen Judentum gegenüber.*«[105]

Am selben Tag verfasste Franck eine ausführliche Begründung seines Rücktritts, die er an den Rektor der Universität sandte und telefonisch der

104 Telegrafisches Schreiben des preußischen Kultusministeriums an den Universitätskurator Göttingen, abgebildet in: HEINRICH BECKER u.a. (Hg.), *Die Universität Göttingen unter dem Nationalsozialismus,* München 1987, S. 28 ff. (im Folgenden: Becker).

105 Zitiert nach: ULF ROSENOW, *Die Göttinger Physik unter dem Nationalsozialismus,* in: Becker, S. 377.

Göttinger Zeitung übermittelte. Die liberale, nicht gleichgeschaltete *Göttinger Zeitung* veröffentlichte am 18. April eine für die damalige Situation emphatische Würdigung von James Franck, in der seine wissenschaftlichen Erfolge und seine Verdienste um das Physikalische Institut ausgiebig dargestellt wurden. Aus seiner Rücktrittsbegründung wurde der Satz zitiert: »*Wir Deutsche jüdischer Abstammung werden als Fremde und Feinde des Vaterlandes behandelt.*« Diesen Satz nahmen einige nationalsozialistische Dozenten zum Anlass, den Weltkriegsveteranen James Franck in der Ausgabe des *Göttinger Tageblatts* vom 24. April der Sabotage zu bezichtigen: »*Wir sind uns einig darin, dass die Form der obigen Rücktrittserklärung einem Sabotageakt gleichkommt, und hoffen, dass die Regierung die notwendigen Reinigungsmaßnahmen daher beschleunigt durchführen wird.*« Die NS-Dozenten forderten also exakt das, wessen sie Franck in ihrer Begründung bezichtigten.

Die politisch ambitionierten Unterzeichner dieser Diffamierung eines vertriebenen Nobelpreisträgers waren zum Großteil Agrarwissenschaftler. So wie die Dichter der »volkstümlichen Landschaft« im Kulturwesen, konnten sich die Agrarwissenschaftler im Hochschulwesen des NS-Staates eines perspektivenreichen Bedeutungszuwachses erfreuen. Zu den Unterzeichnern des Sabotagevorwurfs gegen Franck zählte auch der junge Göttinger Agrarwissenschaftler und Privatdozent Konrad Meyer, später Ordinarius der Berliner Universität, SS-Oberführer und Leiter der Abteilung Planung des Stabshauptamtes sowie des Zentralbodenamtes in Heinrich Himmlers Reichskommissariat für die Festigung des Deutschen Volkstums. In diesen Funktionen verfasste Meyer eine bislang kaum beachtete »wissenschaftliche« Denkschrift mit dem Titel »Kurze Zusammenfassung der Denkschrift Generalplan Ost«, die er 1941 an Himmler übergab. Dieses Dokument ist nur ein Beispiel für die Beteiligung der nach 1933 gleichgeschalteten Wissenschaften an der Genozidplanung des NS-Staates. Während der Physiker James Franck nach seiner Emigration nie wieder an eine deutsche Hochschule zurückkehrte, erhielt Konrad Meyer, der akademische Planer von Massenmord, Zwangsarbeit und der Deportation ganzer Völker, 1956 wieder einen Lehrstuhl für Landbau und Landesplanung an der Universität Hannover.

In der Anordnung aus Rusts Ministerium, die am 25. April 1933 nach Göttingen telegrafiert wurde, waren auch die Namen der jüdischen Mathematiker Richard Courant, Felix Bernstein und Emmy Noether genannt.

Richard Courant, der auf dem Gebiet der mathematischen Physik forschte, war den Nazis verhasst, weil er neben seiner jüdischen Herkunft ein bekennender Sozialdemokrat war. Courants Wirken in Göttingen zeichnete sich nicht nur durch seine fachlichen Leistungen aus; er war auch ein Genie der Wissenschaftsorganisation. Als Institutsdirektor akquirierte er erhebliche private Geldmittel. Zu seinen Verdiensten zählte beispielsweise der Bau des neuen Mathematik-Institutsgebäudes aus Mitteln der Rockefeller-Stiftung.

Es entspricht der herausragenden wissenschaftlichen Bedeutung von Emmy Noether, dass heute eines der begehrtesten wissenschaftlichen Stipendien in Deutschland ihren Namen trägt.

Ein solches Stipendium wäre für Emmy Noether unerreichbar gewesen. Um zu ihrer Zeit als Frau, Jüdin und Sozialistin an einer deutschen Universität die Venia Legendi zu erreichen, musste sie schon ein Genie sein. Und Emmy Noether war ein Genie. Nach jahrelangem vergeblichem Bemühen um Zulassung zum Habilitationsverfahren gelang ihr als einer der ersten Frauen im Jahr 1919 mit der Arbeit *Invariante Variationsprobleme* in Göttingen die Habilitation. Auch als Emmy Noether 1922 zur nichtbeamteten Professorin ernannt wurde, verfügte sie als Privatdozentin über keinerlei Einkünfte aus ihrer wissenschaftlichen Tätigkeit. Nach dem Tode ihres Vaters 1921 und dem Verlust ihres Vermögens in der Inflation lebte sie in Göttingen zeitweise in drückender Armut. Erst 1923 erhielt sie eine geringfügige Vergütung. Mit der Veröffentlichung ihrer Arbeit *Hyperkomplexe Größen und Darstellungstheorie* im Jahr 1928 errang Emmy Noether wissenschaftlichen Weltruhm. Noch heute zählen ihre Beiträge, mit denen sie die moderne axiomatische Algebra begründete, zu den bedeutendsten ihres Faches.

Die Existenz des »mathematischen Weltzentrums«, für das Carl Friedrich Gauß ein Jahrhundert zuvor den Grundstein gelegt hatte, war mit Rusts Telegramm vom 25. April 1933 beendet. In geselliger Runde erhielt Rust wenig später die Gelegenheit, sich selbst davon zu überzeugen. Der jüdische Mathematiker Abraham A. Fraenkel berichtet in seinen Lebenserinnerungen, dass Rust 1934 auf einem Bankett den emeritierten Göttinger Mathematiker David Hilbert gefragt habe: »*Stimmt es denn wirklich, Herr Professor, daß Ihr Institut durch den Weggang der Juden und Judenfreunde so gelitten hat?*« Darauf habe der aus Königsberg stammende Hilbert entgegnet: »*Jelitten? Dat hat nich jelitten, Herr Minister. Dat jibt es doch janich mehr!*«[106]

106 Zitiert nach: Edith Böhne/Wolfgang Motzkau-Valeton (Hg.), *Die Künste und Wissenschaften im Exil 1933–1945*, Gerlingen 1992, S. 552.

107 Gesetz gegen die Überfüllung deutscher Schulen und Hochschulen. Vom 25. April 1933, in: Reichsgesetzblatt, Jahrgang 1933, Nr. 43, S. 225.

108 Ebd. S. 226.

Und was Hilbert hier für das Mathematische Institut in Göttingen feststellen musste, traf wenige Jahre später die gesamte Wissenschaft in Deutschland. Die Vertreibung im April 1933 war erst der Anfang. Bis 1938 emigrierten über dreitausend Wissenschaftler aus Deutschland. Es war das Ende einer Blütezeit der Wissenschaften in Deutschland. Die meisten Wissenschaftler emigrierten in die USA. Für die dortigen Universitäten waren die deutschen Emigranten ein Gewinn, der ihren heutigen Weltruf mitbegründet hat. Für die deutschen Universitäten war die Emigration ein Verlust, der bis heute nicht verwunden ist und – so scheint es – wohl auch unverwindbar bleiben wird.

Das »Gesetz gegen die Überfüllung deutscher Schulen und Hochschulen« und die Vertreibung der jüdischen Studenten

Nach der Durchsetzung des diskriminierenden Beamtengesetzes an den Hochschulen und der Amnestie für gewalttätige NS-Studenten wurde der DSt im April 1933 von staatlicher Seite ein weiteres Instrument zur Legalisierung ihres politischen Terrors gegeben. Am 25. April 1933 wurde von der Reichsregierung das »Gesetz gegen die Überfüllung deutscher Schulen und Hochschulen« erlassen.[107] Der rassistische Numerus clausus gegen jüdische Studenten, den der NSDStB seit seiner Gründung zu seinem Hauptziel erklärt hatte, war zum Reichsgesetz erhoben worden. Laut der ersten Durchführungsverordnung wurde der Anteil der »Nichtarier« unter den Schülern und Studenten insgesamt auf höchstens fünf Prozent und unter den Schul- und Studienanfängern auf höchstens 1,5 Prozent festgelegt.[108] Für jüdische Studierende begann jetzt eine Zeit unsäglicher Demütigungen. Sie wurden gezwungen diskriminierende Fragebögen auszufüllen, erhielten besonders gekennzeichnete Studentenausweise und mussten jederzeit mit ihrer Relegierung rechnen.

Die NS-Studenten nutzten die neue Gesetzeslage, um die Vertreibung der jüdischen Studierenden systematisch betreiben zu können. Vielerorts nahmen NS-Studenten die Umsetzung des neuen »Numerus clausus« nach eigenem Gutdünken in die Hand. So war beispielsweise in der *Jüdischen Rundschau* vom 5. Mai 1933 zu lesen: »*Wie die ›Frankfurter Zeitung‹ berichtet, kam es in der Frankfurter medizinischen Fakultät anläßlich der Eröffnung des Sommersemesters zu Eingriffen der SA. Die jüdischen Studenten, die auf dem Gelände der Universitätskliniken erschienen waren, wurden von uniformierten Kollegen aufgefordert, ihren Ausweis abzuliefern. Ueber die Abgabe wurde ihnen eine Quittung ausgestellt, und außerdem die Weisung gegeben, das Gelände bis auf weiteres nicht zu betreten. Durch Anschlag in der Universität werden die jüdischen Studenten aufgefordert, ihre Ausweise zur Durchführung des Numerus clausus abzugeben.«*

Nach den Kulturschaffenden und Wissenschaftlern waren es nun auch junge Menschen, die das Land, in dem sie ihre Kindheit verbracht hatten, verlassen mussten, um das Recht auf faire Bildungschancen wahrnehmen zu können.

Rusts Haltung zur »Aktion wider den undeutschen Geist«

Ende April drohte die »Aktion wider den undeutschen Geist« an den Hochschulen derart zu eskalieren, dass nicht nur Bernhard Rust, sondern auch die Kultusminister anderer Länder sich gezwungen sahen einzugreifen.

Viele Hochschulleitungen hatten es inzwischen aufgegeben, disziplinierend auf Studentenschaften einzuwirken, die in den Universitätsgebäuden ungehindert ihre Macht austobten. Als jedoch nach und nach die Information durchsickerte, dass die DSt die Errichtung von Schandpfählen auf Hochschulgeländen plante, verloren selbst die deutschnationalen Hochschulrektoren die Geduld. Als der scheidende Berliner Universitätsrektor Kohlrausch von den Schandpfahl-Plänen erfuhr, telegrafierte er am 28. April an Rust und Hitler die Bitte, eine derartige »Schändung der Hochschulen« durch »unreife, irregeleitete Idealisten« zu unterbinden.[109] Kurz darauf ging diesbezüglich im preußischen Kultusministerium eine Nachfrage der Reichskanzlei ein. So dauerte es nicht lange, bis der Führer des DSt-Kreises Berlin-Brandenburg, Herbert Gutjahr, in das preußische Kultusministerium vorgeladen wurde und ihm der Ministerialdirektor Gerullis die Aufstellung von Schandpfählen an den Berliner Hochschulen untersagte.[110] Gutjahr erstattete sofort Bericht an Leistritz, der in seinem Hauptamt bis Anfang Mai noch von zahlreichen anderen Studentenschaften ähnlich lautende Absagen erhielt.

109 Vgl. Helmut Heiber, *Universität unterm Hakenkreuz*, München u.a. 1992, Teil II, Band 1, S. 89.

110 Herbert Guthjahr, Führer des Kreises X (Berlin-Brandenburg) der DSt, an Leistritz, vom 2. Mai 1933, in: Akten der DSt., I* 21 C 14/3, Blatt 68. Guthjahr schreibt: »Im übrigen möchte ich Ihnen Mitteilung machen, davon, daß mir heute von Herrn Ministerialdirektor Gerullis erklärt worden ist, daß Schandpfähle im Rahmen der Aktion ›wider den undeutschen Geist‹ an den Hochschulen Berlins nicht aufgestellt werden dürfen.«

Bernhard Rust geriet wegen der »Aktion wider den undeutschen Geist« am selben Tag, an dem auch Kohlrauschs Telegramm einging, erneut unter Druck. Durch undichte Stellen in der DSt war nämlich das Rundschreiben vom 19. April mit dem »Spionageerlass« und dem Aufruf zum »Professorenboykott« in die Hände der Presse geraten. Am 28. April erschien auf der Titelseite der *Vossischen Zeitung (VZ)* der Beitrag *Geist der Hochschule.* Hierin wurden die »Beurlaubungen« der vergangenen Wochen hinterfragt: »*Aber weshalb mußten Männer abtreten, die auf politisch neutralem Wissensgebiet gelehrt haben* [...]. *Wir denken an die Namen von der mathematisch-naturwissenschaftlichen Fakultät in Göttingen, an Germanisten, Mediziner, Chemiker, die man noch nie in irgendwelchen politischen Beziehungen sah. Diese Hochschullehrer sind einst von ihrer Fakultät berufen worden auf Grund wissenschaftlicher Leistungen, nicht nach dem Wunsch früherer Regierungen. Jetzt wird ihre Arbeit als Forscher und Lehrer für entbehrlich erklärt, als ein fremdes oder gar widerstrebendes Element im nationalen Aufbau.*« Bis hierher schien der Artikel neutral. Doch dann wurde der Frage nachgegangen, nach welchen Kriterien das preußische Kultusministerium die »Beurlaubungen« veranlasst haben könnte: »*Nach welchen Gesichtspunkten wurde so entschieden?*« Und die *Vossische Zeitung* hatte eine Erklärung: »*Ist es etwa das unwägbare Etwas, das Vertrauensverhältnis zwischen Dozent und Studentenschaft, in dem die Abgrenzung für und wider liegt?*«

Dem zitierten *DAZ*-Artikel vom 14. April, in dem die Liste der ersten sechzehn vertriebenen Hochschullehrer veröffentlicht wurde, konnte man entnehmen, dass Rust selbst es gewesen war, der erklärt hatte, mit den »Beurlaubungen« studentische Unruhen zu Semesterbeginn vermeiden zu wollen. Inzwischen war jedoch offensichtlich geworden, dass Rusts Vorgehen das Gegenteil bewirkt hatte. Und so fuhr der *VZ*-Artikel fort, die zitierte spekulative Frage mit Fakten zu belegen, die für Rust äußerst unangenehm waren: »*Die Studentenschaft jedenfalls hat die Aktion so verstanden und sich aus eigenster Initiative ans Werk gemacht. Sie hat vor einigen Tagen in Kiel die Zwangsbeurlaubung zahlreicher Professoren verlangt. Nach der gleichen Methode soll jetzt an allen deutschen Hochschulen verfahren werden. Der Führer der ›Deutschen Studentenschaft‹ hat einen Aufruf an die Einzelstudentenschaften erlassen, in dem folgende Anweisungen gegeben werden.*« An dieser Stelle wurde das DSt-Rundschreiben vom 19. April so ausführlich zitiert, dass der Platz auf der Titelseite nicht mehr ausreichte. Schließlich stellte der Autor fest: »*Dieser Aufruf klärt die Situation. Hier wird die Re-*

form der Hochschule auch von unten her betrieben, und zwar in einem Maßstabe, über den auf akademischem Boden nicht mehr zu urteilen ist.« Wenige Zeilen darauf wurde ein Textausschnitt aus der *Deutschen Zeitung* dokumentiert, in dem das Vorgehen der DSt als ein umfassender »*Feldzug des Angebertums gegen die Lehrer*« kritisiert wurde, »*der in solchen Ausmaßen die Wissenschaft selbst treffen, in erster Linie aber darauf hinauslaufen muß, den Hörsaal zu einem Tribunal zu machen und die Autorität mit Stumpf und Stiel aus den Universitäten zu verbannen*«. Nachdem er die Vertreibungspolitik in die Nähe studentischer SA-Chaoten gerückt hatte, endete der *VZ*-Artikel mit einem Appell an das Kultusministerium, den wissenschaftlichen Betrieb wiederherzustellen.

Am 5. Mai berichtete die *Jüdische Rundschau* sehr ausführlich über die offiziellen Reaktionen, die den Enthüllungen der *VZ* folgten. Unter der Überschrift *Die Aktion an den Hochschulen* wurde auch in der *Jüdischen Rundschau (JR)* das skandalöse DSt-Rundschreiben vom 19. April abgedruckt. Der *JR*-Artikel kam zu folgender Einschätzung: »*Als eine Antwort hierauf kann man es wohl auffassen, wenn Kultusminister Rust in einem Erlaß vom 2. Mai an die Studentenschaft folgendes sagt:* [...]« Und was Rust in diesem Erlass sagte, wurde von der *Jüdischen Rundschau* ebenfalls im Wortlaut wiedergegeben: »*Ich werde den Störungsversuchen eines Arbeitsfriedens an den preußischen Hochschulen auf beiden Seiten entgegenzutreten wissen. Ich werde Studenten, die sich zu störenden Aktionen an den Hochschulen mißbrauchen lassen, ebenso von den Hochschulen ausschließen, wie ich Lehrer, die unser deutsches Hochschulwesen und damit das neue Deutschland vor der Welt durch unzeitgemäße und unberechtigte Erklärungen denunzieren, nach den Bestimmungen des Gesetzes zum Schutze des deutschen Berufsbeamtentums von den Lehrstühlen der preußischen Hochschule zu entfernen wissen werde.*« Während Rust in seinem Erlass nicht erklärte, durch wen sich die Studenten denn zu ihren »störenden Ak-

111 Rundschreiben des Hauptamtes... an alle Einzelstudentenschaften, vom 4. Mai 1933, Akten der DSt., I* 21 C 14/4, Blatt 135.

112 Öffentlicher Aufruf der Studentenschaft der Universität Berlin, zitiert aus: *Die Aktion an den Hochschulen*, Jüdische Rundschau vom 5. Mai 1933.

113 Vgl. Frank Halfmann, *Eine »Pflanzstätte bester nationalsozialistischer Rechtsgelehrter«: Die Juristische Abteilung der Rechts- und Staatswissenschaftlichen Fakultät*, in: Becker, S. 99 f.

114 Vgl. ebd., S. 118.

tionen« »missbrauchen« ließen, verstieg er sich dazu, den Professoren die Hauptschuld zuzuschieben, indem er nicht den Studenten, sondern den Professoren Denunziation unterstellte.

Darüber, was Rust am 3. Mai mit den Studentenvertretern in seinem Ministerium besprochen haben könnte, ist nichts bekannt. Wenn dieser Empfang tatsächlich stattgefunden hat, dürfte er eher kühl ausgefallen sein. Am folgenden Tag, dem 4. Mai, sandte Leistritz wieder eines seiner Rundschreiben »An alle Einzelstudentenschaften«. Darin wurde angeordnet, »*infolge der augenblicklichen politischen Situation*«, die »*Aufstellung des Schandpfahles* [...] *einstweilen zurückzustellen*«,[111] ebenso den Professorenboykott. Dazu kündigte Leistritz noch ein weiteres Rundschreiben an. Beide Vorhaben wurden aus der »Aktion wider den undeutschen Geist« ausgegliedert, die Absicht ihrer Durchführung aber nicht generell zurückgezogen. Ob diese Regelung mit Rust abgesprochen oder eher auf den Starrsinn der DSt-Führung zurückzuführen war, ist rückblickend nicht festzustellen.

An fünf Hochschulorten wurden bis Anfang Mai dennoch Schandpfähle aufgestellt: in Münster, Erlangen, Dresden, Rostock und Königsberg. Auch die Rückstellung des Professorenboykotts wurde von einigen Studentenschaften ignoriert. Die Berliner Studentenschaft erklärte die Universität im bevorstehenden Semester zwar von »Zwischenfällen irgendwelcher Art« verschonen zu wollen, fügte jedoch hinzu: »*Im kommenden Sommersemester ist es Pflicht jedes deutschen Studenten, weder bei jüdischen Dozenten Vorlesungen zu belegen noch zu hören. Wer diese Verpflichtung nicht erkennt, stellt sich bewußt außerhalb der Reihen der Deutschen Studentenschaft.*«[112]

In Göttingen rief die Studentenschaft mit Beginn des Sommersemesters 1933 zum Boykott der Vorlesung des jüdischen Staatsrechtlers Gerhard Leibholz auf. Von Anfang Mai bis Mitte Juni wurden Leibholz und seine Hörer durch Studenten in SA-Uniform am Betreten des Hörsaals gehindert. Weder der Universitätsrektor, der Nationalsozialist Friedrich Neumann, noch der Dekan der Rechts- und Staatswissenschaftlichen Fakultät hielten es für nötig, dagegen einzuschreiten. Erst nach Protesteingaben einiger couragierter Studenten bei Kultusminister Rust konnte Leibholz, der nach dem Beamtengesetz zunächst durch den »Frontkämpfer-Paragrafen« geschützt war, seine Vorlesungen wieder aufnehmen.[113] 1935 wurde auch Leibholz zwangsemeritiert. Nach seiner Rückkehr aus dem Exil in Großbritannien war Leibholz ab 1951 noch zwanzig Jahre lang Richter im Zweiten Senat des Bundesverfassungsgerichtes.[114] Dass die gewaltsame Blockade von Leibholz' Vorlesung zu irgendwelchen Disziplinarmaßnahmen gegen NS-Studenten geführt hätte, wie Rust es in seinem Erlass vom 2. Mai angekündigt hatte, ist nicht bekannt.

Die Frage, ob Rust gegenüber den Studentenschaften nur zauderte oder ob er sie in ihrer aktiv-kämpferischen Haltung unterstützte, wurde schließlich vier Tage vor der Bücherverbrennung durch Rust selbst beantwortet.

Am 6. Mai fand in der Berliner Universität der Staatsakt zur Übergabe des neuen Studentenrechts statt. Rust hielt eine ausführliche Rede vor Professoren und Studenten,[115] in der deutlich zum Ausdruck kam, dass Rust das Verhalten der Studentenschaften billigte. An die Studenten richtete er lediglich den Appell zu beweisen, »*daß es nicht Ihre Schuld war, wenn in den vergangenen Jahren die Hochschulen Schauplätze der Unruhen waren*«. An die Professoren wandte Rust sich hingegen mit einer Reihe von direkten Schuldzuweisungen: »*Meine Herren Professoren, in diesen Jahren, als der undeutsche Staat und seine undeutsche Führung der deutschen Jugend den Weg verlegten, haben Sie in professoraler Einsamkeit und in Hingebung an Ihre große Forschungsarbeit übersehen, daß die Jugend in Ihnen den Führer der Zukunft der deutschen Nation suchte. Die Jugend marschierte, aber, meine Herren, Sie waren nicht vorn. So ist jene Verbindung abgerissen.* [...] *Meine Herren Professoren, hätten Sie doch damals den Anschluß gefunden und sich an seine Seite gestellt, wir hätten heute kein Hochschulproblem.*«

Den Studenten hielt Rust zugute, dass sie sich aus ihrer bisherigen »Unterdrückung« zu »befreien« versuchten: »*Diese Unterdrückung durch den Staat hat die Jugend gehärtet und hat erst die Kampftruppe geschaffen, die wir brauchen, auch auf den deutschen Hochschulen.*« Zu den jüngsten Konflikten zwischen der Studentenschaft und einigen Professoren sagte Rust, dass diese nicht durch staatliches Eingreifen beigelegt werden könnten: »*Das kann nicht der Staat, das muß von innen heraus erfolgen.*«

Rust hatte seine angedrohten Disziplinarmaßnahmen deutlich relativiert. Mehr noch: Er hatte die Existenz einer studentischen »Kampftruppe« in den Hochschulen begrüßt.

Dabei dürfte es einigen Professoren sonderbar vorgekommen sein, dass Rust im Hinblick auf den studentischen Terror ausgerechnet das Humboldt'sche Ideal der Hochschulautonomie und der Nichteinmischung des Staates bemühte. Was jedoch die hochschulinterne Personalpolitik betraf, hatte Rust

115 Rede von Bernhard Rust, gehalten am 6. Mai 1933 in der Aula der Berliner Universität, abgedruckt u.a. in: THOMAS ELLWEIN, *Die deutsche Universität*, Wiesbaden 1997, S. 297 ff.

keine Skrupel, auf rücksichtslose Weise seinen staatlichen Lenkungsanspruch geltend zu machen. Zur kritischen Presse der vorangegangenen Tage äußerte Rust: »*Es hat keinen Zweck, wenn draußen in der Presse und in stillen Zirkeln ein Kampf dagegen geführt wird, daß ich dem Willen und der Notwendigkeit der Nation Rechnung trage, indem ich das aus der deutschen Hochschule ausschalte, was für den deutschen Studenten der Gegenwart und der Zukunft nie und nimmer die Doppelaufgabe erfüllen kann: den Weg der Forschung und zu gleicher Zeit auch die Führung zu einem nationalen Deutschland der Zukunft zu weisen.*« Auch hiermit bestätigte Rust die anwesenden Studentenvertreter in ihrer respektlosen und wissenschaftsfeindlichen Gesinnung. Indem er die Vertreibung von Hochschullehrern mit der Nichterfüllung ihrer Doppelaufgabe »für den deutschen Studenten« begründete, stellte er den Zusammenhang her, der ihm im Artikel der *Vossischen Zeitung* unterstellt worden war. Rust wurde noch deutlicher: »*Die deutsche Jugend, so wie sie diese Dinge jetzt erlebt hat und sieht, läßt sich nun einmal heute von fremdrassigen Professoren nicht führen, so wenig sie sich führen läßt von jenem, der geistig abgekehrt ist von Deutschland und seinem Wesen.* [...] *Wir sind nur gerecht, wenn wir den Anteil nichtarischer Hochschullehrer einigermaßen der Zusammensetzung unseres Volkes angleichen.*«

Nach diesen rassistisch-antisemitischen Ausführungen eines NS-Kultusministers, die den zwölf Thesen »Wider den undeutschen Geist« der DSt an Vulgarität und Boshaftigkeit in Nichts nachstanden, konnten die preußischen Studentenvertreter bestärkt und voller Genugtuung an ihre Hochschulen zurückkehren. Die DSt-Führung und die Studentenschaften konzentrierten sich jetzt darauf, die letzten Vorbereitungen für die Bücherverbrennungen zu treffen.

Die Büchersammelaktion vom 6. Mai 1933
»Lastautos des Kampfausschusses fahren von Leihbücherei zu Leihbücherei ...«

Am 6. Mai, an dem in Berlin das neue Studentenrecht übergeben wurde, begann auch die Schlussphase der »Aktion wider den undeutschen Geist«. An diesem Tag sollte die reichsweite Sammelaktion der Bücher einsetzen. *Der Angriff* meldete in seiner Ausgabe vom 6. Mai die *Sammlung geistigen Unrats*: »*Heute vormittag wird als zentrale Unternehmung die Aktion gegen den undeutschen Geist starten. Lastautos des Kampfausschusses fahren von Leihbücherei zu Leihbücherei und sammeln diejenigen Bücher und Schriften ein, deren Aussonderung durch besondere Schwarze Listen angeordnet wurde.*«

Erstaunlich ist die zeitliche Dichte, die Gleichzeitigkeit, in der sich die Ereignisse an jenem Vormittag – es war ein Samstag – entwickelten: Während Bernhard Rust im Auditorium maximum der Berliner Friedrich-Wilhelms-Universität zu Studenten und Professoren sprach, fuhren – nicht weit entfernt – vor dem Institut für Sexualforschung des jüdischen Sexualwissenschaftlers Magnus Hirschfeld einige Lastautos des studentischen Kampfausschusses vor. Etwa hundert Studenten der Hochschule für Leibesübungen sprangen heraus, nahmen vor dem Institut soldatisch Aufstellung, plünderten die Räumlichkeiten mit barbarischer Brutalität und ließen sie Stunden später, völlig verwüstet und der einzigartigen Bibliothek beraubt, zurück.

Währenddessen und während reichsweit die Plünderungen der Leihbibliotheken und Buchhandlungen einsetzten, hielt Bernhard Rust, direkt im Anschluss an den Festakt in der Berliner Universität, eine Pressekonferenz

Berlin, 6. Mai 1933. Studenten des Institutes für Leibesübungen der Berliner Universität haben soldatisch vor dem Institut des deutsch-jüdischen Sexualwissenschaftlers Magnus Hirschfeld Aufstellung genommen, um es kurz darauf mit äußerster Brutalität zu plündern.

Zwei NS-Studenten, rechts in SS-Uniform, sichten einen Teil der wahllos zusammengeworfenen Buch- und Archivbestände aus dem geplünderten Institut für Sexualforschung von Magnus Hirschfeld.

ab. Ihr zentrales Thema war allerdings nicht die Hochschulpolitik, sondern die personelle Neuordnung der Abteilung für Dichtkunst in der Preußischen Akademie der Künste. Rust verkündete einer gleichgeschalteten deutschen Öffentlichkeit die Namen der vertriebenen, ausgetretenen und ausgeschlossenen Schriftsteller. Unterdessen begann der Abtransport ihrer Werke mit dem Ziel ihrer öffentlichen Vernichtung.

Die Erstellung der schwarzen Listen
»Wer vertritt den undeutschen Geist?«

Die Erhebung der zahlreichen Buchtitel angefeindeter Autoren erforderte, bei aller Unrühmlichkeit ihrer Durchführung, trotz alledem einen gewissen literarischen Sachverstand. Der ideologische Vernichtungseifer der NS-Studenten war dafür nicht hinreichend. Schon in den Bemühungen um den

Artikeldienst wurde deutlich, dass die DSt-Führung in den »geistigen« Fragen der »Aktion wider den undeutschen Geist« auf die sachkundige Hilfe Dritter angewiesen war. So auch bei der Aufstellung der schwarzen Listen, die den Sammelaktionen zugrunde lagen. Der in Berlin tätige nationalsozialistische Volksbibliothekar Dr. Wolfgang Herrmann versorgte Leistritz mit allen erforderlichen Informationen. Seinen eigenen Angaben zufolge wurde der aus Breslau stammende promovierte Historiker bereits im März 1933 damit betraut, »die ersten Schwarzen anzufertigen«.[116] Von welcher Stelle Herrmann diesen Auftrag erhielt, ist bis heute ungeklärt. Fest steht, dass Herrmann spätestens Anfang April 1933 gemeinsam mit den Berliner Volksbibliothekaren Dr. Max Wieser und Dr. Hans Engelhard die Leitung im Ausschuß zur Neuordnung der Berliner Stadt- und Volksbüchereien übernahm. Alle drei waren Mitglieder der NSDAP. Ihre Aufgabe bestand in erster Linie darin, schwarze Listen mit so genannter volksfremder und marxistischer Literatur zu erstellen, die den einzelnen Berliner Stadt- und Volksbüchereien mit der Anordnung zugeleitet wurden, die entsprechende Literatur aus ihren Beständen zu entfernen oder vom einfachen Verleih auszuschließen. Gleichzeitig erhielten die Büchereien Listen mit Werken, deren Anschaffung anstelle der ausgesonderten Literatur empfohlen wurde.

Herrmann, Wieser und Engelhard erstellten ein neun Punkte umfassendes Papier mit dem Titel »Grundsätzliches zur Anfertigung von Schwarzen Listen«[117]. Die »politische Entscheidung« als zentraler Faktor der Literaturindizierung wurde festgelegt: »*Die Maßstäbe für die Anfertigung von Schwarzen Listen sind literaturpolitischer Natur. Für sie gilt die fundamentale, für jede politische Entscheidung notwendige Vorfrage: Wer ist der eigentliche Feind? Gegen wen richtet sich der Kampf?*« Mit diesem Anklang an die Freund-Feind-Theorie Carl Schmitts, eines geistigen Wegbereiters und Unterstützers der Nationalsozialisten, sollte das Vorgehen theoretisch untermauert werden. Herrmann und seine Kollegen stellten damit zumindest klar, dass sie als Schreibtischtäter sich in erster Linie als aktive Kämpfer verstanden. Ihre »Entscheidung«, einen Autor auf die schwarze Liste zu setzen, ihn zum öffentlichen Feind zu erklären und den Bücherverbrennern von der DSt zu melden, ließ sie das Pathos des politischen Kampfes empfinden. Dieser Einstellung entsprach auch der zweite Punkt ihres Grundsatz-

116 Vgl. Hildegard Brenner, *Die Kunstpolitik des Nationalsozialismus*, Reinbek b. Hamburg 1963, S. 44.

117 Bundesarchiv Berlin, Signatur: R 56 V/70a, Blatt 14.

papiers: »*Der Kampf richtet sich gegen die Zersetzungserscheinungen unserer artgebundenen Denk- und Lebensform, d.h. gegen die Asphaltliteratur, die vorwiegend für den großstädtischen Menschen geschrieben ist, um ihn in seiner Beziehungslosigkeit zur Umwelt, zum Volk und zu jeder Gemeinschaft zu bestärken und völlig zu entwurzeln. Es ist die Literatur des intellektuellen Nihilismus.*« Auf die Frage, wer als Autor des »intellektuellen Nihilismus« zu gelten hatte, wurde im dritten Punkt eingegangen: »*Diese Literaturgattung hat vorwiegend, jedoch nicht nur jüdische Vertreter.*« Das »literaturpolitische« Feindbild wurde im Weiteren differenziert. Nicht jeder jüdische Schriftsteller sei zugleich ein »Asphaltliterat« und nicht jeder russische Schriftsteller automatisch ein »Kulturbolschewist«. Nachdem die »fundamentale Vorfrage«, wer der »eigentliche Feind« sei, geklärt war, wandte man sich im siebten Punkt der finalen Frage zu, was mit der indizierten Literatur geschehen sollte. Die Alternativen der »politischen Entscheidung« lauteten:

»*Gruppe 1 fällt der Vernichtung (Autodafé) anheim, z.B. Remarque*
Gruppe 2 kommt in den Giftschrank (z.B. Lenin)
Gruppe 3 enthält die zweifelhaften Fälle, die eingehend zu prüfen sind, ob später zu Gruppe 1 oder 2 gehörig (z.B. Traven).«

Der in Klammern gesetzte Zusatz »Autodafé«, d.h. öffentliche Verbrennung, neben dem Wort »Vernichtung« lässt die Vermutung zu, dass Herrmann schon vor der Erstellung der schwarzen Listen mit der DSt im Kontakt stand. Jedoch wurde dieses Papier nicht datiert, so dass es auch später, im unmittelbaren Vorfeld des 10. Mai 1933, entstanden sein kann. Für eine zuverlässige Klärung der Frage, warum der Ausschuss das Mittel der Bücherverbrennung in Betracht zog, ist die Quellenlage nicht hinreichend.

Hinsichtlich seiner Aufgabe, eine zunächst regionale Zensurbehörde aufzubauen, handelt es sich bei ihm um einen Vorläufer der späteren Reichsschrifttumskammer. Als Sektion der Ende September 1933 geschaffenen Reichskulturkammer unterstand die Reichsschrifttumskammer dem Propagandaministerium von Goebbels. Erst im April 1935 erhielt die Reichsschrifttumskammer die reichsweit alleinige Zuständigkeit für die Herausgabe der »Liste des Schädlichen und unerwünschten Schrifttums«. Bis dahin gab es ein kaum noch überschaubares Durcheinander von schwarzen Listen, die durch verschiedene Stellen herausgegeben wurden und ein Kompetenzgerangel zwischen Goebbels' Propagandaministerium und dem so genannten Amt Rosenberg, dem parteiinternen Kampfbund für Deutsche Kultur, verursachten.

Über die institutionelle Einordnung des Ausschusses zur Neuordnung der Berliner Stadt- und Volksbüchereien liegen bisher keine gesicherten Informationen vor, weil der Komplex der behördlichen Literaturindizierungen im frühen NS-Staat zu wenig erforscht ist. Die Annahme, dieser Ausschuss habe dem Propagandaministerium unterstanden, weil er nur sehr kurz nach dessen Einrichtung gebildet wurde, ist wahrscheinlich unzutreffend.[118] Denn die aus der Weimarer Republik mit dem entsprechenden Gesetz übernommene »Bekämpfung von Schund und Schmutz« unterstand bis Ende Juni 1933 dem Reichsinnenministerium und wurde erst mit der »Verordnung über die Aufgaben des Reichsministeriums für Volksaufklärung und Propaganda« vom 30. Juni 1933 dessen Geschäftsbereich zugeordnet. Jedoch ist generell die Zuordnung des zunächst nur mit kommunalen Befugnissen ausgestatteten Ausschusses in den Geschäftsbereich eines Reichsministeriums fraglich.

Vielmehr stand der Ausschuss wahrscheinlich von Anbeginn in Verbindung mit dem Kampfbund für Deutsche Kultur. Der promovierte Germanist Max Wieser war dessen Mitglied. Zudem teilte die *Deutsche Allgemeine Zeitung* am 5. April mit, dass der preußische Landesführer des Kampfbundes, Hans Hinkel, auf einer Berliner Veranstaltung zum Thema »Buch und Geist« verkündet habe, dass »ein Aktionsausschuss gegen artfremde und deutschfeindliche Bücher« gebildet worden sei. Dass es sich hier um den Ausschuß zur Neuordnung der Berliner Stadt- und Volksbüchereien handelte, liegt nahe. Hans Hinkel war neben seiner Tätigkeit im Kampfbund zugleich unter Bernhard Rust Staatskommissar im preußischen Kultusministerium. Dass der Ausschuss, insbesondere Herrmann, dem Kultusministerium direkt zuarbeitete, ist nachweisbar: In einem Schreiben an Leistritz vom 1. Mai 1933 erwähnte Herrmann, dass die beiliegende schwarze Liste »Schöne Literatur« am folgenden Tag »*durch das Kultusministerium für alle preußischen Volksbüchereien als verbindlich erklärt werden wird*«.[119]

Dass diese Bestätigung tatsächlich erfolgt ist, geht aus Herrmanns Beitrag *Grundsätzliches zur Säuberung der öffentlichen Büchereien* hervor, der in der Ausgabe des *Börsenblatts für den Deutschen Buchhandel* vom 16. Mai

118 Vgl. Sauder II, S. 109 ff.

119 Dr. Wolfgang Herrmann an das Hauptamt, vom 1. Mai 1933, Akten der DSt., I* 21 C 14/2, Blatt 41f.

120 Vgl. Sauder II, S. 111.

121 August Friedrich Velmede an die Deutsche Studentenschaft, vom 8. Mai 1933, Akten der DSt., I* 21 C 14/1, Blatt 413.

1933 erschien. Darin verwies Herrmann auf eine »*grundsätzlich gehaltene Erklärung*«, die vom Kultusministerium »*anerkannt, und für die staatlichen Büchereiberatungsstellen auf dem Lande verbindlich erklärt worden ist*« und bei der es sich um das Papier »Grundsätzliches zur Anfertigung von Schwarzen Listen« handelte. In dem Beitrag wurde auch die Liste »Schöne Literatur« dokumentiert, die Herrmann als »erste amtliche Schwarze Liste für Preußen« ankündigte.

Dass die Gültigkeit der schwarzen Listen von den Berliner Volksbibliotheken auf ganz Preußen ausgeweitet wurde, zeigt einen beträchtlichen Kompetenzzuwachs. Offenbar arbeitete Herrmann mit großem Ehrgeiz daran, die schwarzen Listen so weit reichend wie möglich einzusetzen. Anfang Mai 1933 wurde Herrmann zum Abteilungsleiter in der Zentralstelle für das Deutsche Bibliothekswesen befördert.[120]

Die Publikation im *Börsenblatt* weist darauf hin, dass Herrmann bestrebt war, mit den Früchten seiner Indizierungsarbeit Einfluss auf den reichsweiten Buchhandel zu gewinnen. Gleichwohl lag der Buchhandel außerhalb der Zuständigkeit seines Amtes als Volksbibliothekar. Zwar plädierte Herrmann bei den Indizierungen im Buchhandel für gemäßigtere Vorgaben als in den öffentlichen Bibliotheken, kam jedoch zu dem Schluss, »*diejenigen undeutschen Autoren auf eine Reichsliste zu setzen, die für Verlag und Sortiment gleich verbindlich sein muß*«. Wenn auch nach unterschiedlichen Kriterien im öffentlichen Bibliothekswesen und im Buchhandel: Die Durchsetzung reichsweiter schwarzer Listen »undeutscher Autoren« war Herrmanns erklärtes Ziel, das durchzusetzen er nach Kräften versuchte. Mit Datum vom 8. Mai 1933 erhielt Leistritz ein Schreiben von August Friedrich Velmede, Funktionär im Kampfbund und Berliner Buchhändler. Velmede bot Leistritz an, ihm eine schwarze Liste der Jugendschriften zu schicken. Weiter hieß es: »*Sie werden wahrscheinlich schon erfahren haben, dass ich gemeinsam mit Herrn Dr. Herrmann eine Kommission gebildet habe, die die Schwarzen Listen für das Sortiment, Verlag und Leihbücherei jetzt verbindlich vorbereitet. Die bisher vorhandenen Schwarzen Listen galten ja einseitig nur für Volksbibliotheken.*«[121]

Somit war Herrmann vor der Bücherverbrennung nicht nur im Ausschuss und in der Zentralstelle für das Deutsche Bibliothekswesen, sondern noch in einer weiteren Kommission tätig, die mit der Gleichschaltung des Buchhandels, der Verlage und der Leihbüchereien befasst war.

In der Gleichschaltung des Buchhandels konnten Herrmann und Velmede einen Tag nach den reichsweiten Bücherverbrennungen erste Erfolge vorweisen: Am 11. Mai verabschiedete der Gesamtvorstand des Börsenvereins der Deutschen Buchhändler eine Erklärung, die am 13. Mai im *Börsenblatt* erschien. Darin hieß es: »*Der Vorstand des Börsenvereins der Deutschen Buchhändler ist sich mit der Reichsleitung des Kampfbundes für deutsche Kultur und der Zentralstelle für das deutsche Bibliothekswesen darin einig geworden, daß die zwölf Schriftsteller Lion Feuchtwanger – Ernst Glaeser – Arthur Holitscher – Alfred Kerr – Egon Erwin Kisch – Emil Ludwig – Heinrich Mann – Ernst Ottwalt – Theodor Plievier – Erich Maria Remarque – Kurt Tucholsky alias Theobald Tiger, Peter Panter, Ignaz Wrobel, Kaspar Hauser – Arnold Zweig für das deutsche Ansehen als schädigend zu erachten sind. Der Vorstand erwartet, daß der Buchhandel die Werke dieser Schriftsteller nicht weiter verbreitet.*«

Die Auswahl dieser zwölf Schriftsteller war zweifellos auf die »amtliche« schwarze Liste »Schöne Literatur« zurückzuführen, die unmittelbar danach, am 16. Mai, mit Herrmanns Beitrag im *Börsenblatt* veröffentlicht wurde. Diese zwölf Schriftsteller hatte Herrmann mit einem Kreuz besonders gekennzeichnet und angemerkt: »*Die abgedruckte Schwarze Liste bedarf mithin der Reduktion auf das für den Buchhandel erträgliche Maß. Bei den Autodafés, die in diesen Tagen im Reich veranstaltet wurden, haben die auf der Liste mit einem Kreuz (†) versehenen zwölf Autoren die Hauptrolle gespielt. Sie müssen als die eigentlichen Schädlinge gelten, die auch für den Buchhandel auszumerzen wären.*«

Das Kreuz, das Herrmann vor die Namen der zwölf Schriftsteller setzte, war jenes Zeichen, das gemeinhin in Todesanzeigen zu finden ist.

Die Versendung der schwarzen Listen
»*Jedem Stoßtrupp eine Liste*«

Eine möglichst breite Geltung seiner schwarzen Listen versprach sich Herrmann auch durch seine intensive Unterstützung des DSt bei deren Vorbereitungen der Bücherverbrennungen. Die geplante Büchersammelaktion ließ ihn zumindest für einen kurzen Zeitraum eine reichsweite und öffentlichkeitswirksame Durchsetzung seines Index erhoffen.

Am 26. April 1933 erhielt das DSt-Hauptamt die erste schwarze Liste für »Schöne Literatur«.[122] Auf ihr waren einundsiebzig Schriftsteller indiziert;

122 Akten der DSt., I* 21 C 14/1, Blatt XX.
123 Ebd. Blatt XIX.
124 Akten der DSt., I* 21 C 14/2, Blatt 43 ff.

eine Zahl, die sich bis zum Tag der Bücherverbrennung noch beträchtlich erhöhen sollte. Herrmann fügte dieser Liste die handschriftliche Bemerkung hinzu: »*Vorläufige Liste der Deutschen Studentenschaft. Ergänzung am 5. 5.*«

Am 27. April versandte das DSt-Hauptamt diese schwarze Liste mit dem »Rundschreiben P No 3« an alle Einzelstudentenschaften. Im Schreiben wurde angemerkt: »*Die Liste erhebt keinen Anspruch auf Ausschließlichkeit. In den nächsten Tagen erhalten Sie eine Zusatzliste (insbesondere Geschichte und Philosophie).*«[123]

Als Leistritz die erweiterte Liste »Schöne Literatur«[124] erhielt, hatte sich die Anzahl der indizierten Autoren auf nunmehr 127 erhöht. Darüber hinaus waren vier Anthologien aufgeführt. Auch mit praktischen Ratschlägen sparte Herrmann nicht: »*Sicherlich kann Ihnen die Liste für Ihre Aktion gegen die Leihbüchereien etc. von Nutzen sein. Ich würde Ihnen eine Vervielfältigung vorschlagen, damit jedem Ihrer ›Stoßtrupps‹ eine Liste zur Verfügung steht.*« Indem Herrmann der DSt die Verwendung der Liste bei der »Aktion gegen die Leihbüchereien etc.« anriet, missachtete er die Bestimmung, wonach der Index nur in den Volksbüchereien Anwendung finden sollte.

Schließlich teilte Herrmann mit, dass der Berliner Bürgermeister die Verbrennung der ausgesonderten Bücher genehmigt habe: »*Der Ausschuß zur Neuordnung der Berliner Volks- und Stadtbüchereien (Dr. Wieser und ich) hat dem Bürgermeister Hafemann Mitteilung davon gemacht, daß wir Hand in Hand mit der studentischen Aktion arbeiten wollen. Der Bürgermeister hat die Bezirksämter angewiesen, die Bücher bis Donnerstag, den 4., zur Abholung durch ihre Truppe bereitstellen zu lassen.*«

Die gewerblichen Leihbüchereien waren Herrmann offenbar ein besonderer Dorn im Auge. So riet er Leistritz: »*Vielleicht ist es gut, wenn Sie ihre Leute beim Vorgehen gegen die Leihbüchereien darauf aufmerksam machen, daß man nicht nur auf das achtet, was an Büchern vorn im Laden und in der Auslage vorhanden ist, sondern was in den hinteren Regalen und Räumen steht. Heute haben die Leihbüchereien natürlich durchweg nationale Literatur vorn. Vor wenigen Wochen waren sie fast durchweg noch literarische Bordelle.*«

Herrmanns Forderung nach besonderer Gründlichkeit bei der Durchsuchung der Leihbüchereien hatte den Hintergrund, dass Wieser die Listen »Schöne Literatur« und »Politik und Staatswissenschaften« bereits an den Reichsverband Deutscher Leihbüchereien weitergegeben hatte und zwar gegen den Willen Herrmanns. Er ergänzte sein Schreiben daher noch mit dem handschriftlichen Postskriptum: »*N.S. Infolge eines bedauerlichen Ver-*

sehens von Dr. Wieser sind die Leihbüchereien schon in den Besitz unserer Schwarzen Listen gekommen. Die Lb.en werden jetzt versuchen, dahinter in Deckung zu gehen. Es wird ihnen hoffentlich wenig nützen.« Nicht zuletzt diese Hinweise führten dazu, dass die studentischen »Stoßtrupps« gegen die Leihbüchereien besonders brutal vorgingen.

Im Gegensatz zum Börsenverein der Deutschen Buchhändler versuchte der Reichsverband Deutscher Leihbüchereien seine Mitglieder vor der Verbrennung großer Teile ihrer Buchbestände rechtzeitig zu warnen. Deshalb erschien am 5. Mai 1933 eigens eine Sonderausgabe der *Zeitschrift der Leihbücherei*, in der die von Wieser weitergegebenen schwarzen Listen veröffentlicht wurden. Auf dem Titelblatt hieß es, der Reichsverband habe sich »*mit der deutschen Studentenschaft über die Kontrolle der Leihbüchereien* [...] *verständigt*«. Dann wurde aber erläutert: »*Von offizieller zuständiger Seite werden uns folgende Schwarze Listen übergeben. Wir raten, diese Bücher aus den Leihbüchereien zu entfernen, denn es besteht die Gefahr, daß sie beschlagnahmt werden.* [...] *Wir bitten unsere Leser, diese Listen sorgfältig aufzubewahren, denn sie sind von größter Wichtigkeit für sie und können sie vor großen Schäden behüten.*«

Am 4. Mai schickte Herrmann dem DSt-Hauptamt die Indizes der »Belehrenden Abteilung«, welche die Gebiete »Allgemeines«, »Geschichte« und »Kunst« umfassten.[125] Eine ausführliche Erweiterung folgte ebenfalls wenige Tage später. Am 8. Mai konnte Herrmann dem DSt-Hauptamt melden: »*In den Anlagen schicke ich Ihnen die versprochenen Schwarzen Listen für Geschichte, Kunst, Politik und Staatswissenschaften,* [...]. *Die Listen beanspruchen für unsere Volksbüchereien Vollständigkeit,* [...].«[126]

Die »Schwarze Liste VII. Belehrende Abteilung: Geschichte«, so wie sie im Archiv des DSt-Hauptamtes erhalten ist, enthält die Aufstellung von einundfünfzig Autoren und vier Anthologien. Jedoch ist schon den einführenden Bemerkungen zu entnehmen, dass sie über die Volksbüchereien hinaus keinen Anspruch auf Vollständigkeit stellen konnte, wenn folgende Kriterien angesetzt wurden: »*Generell: 1) Aus der Abteilung Geschichte des Weltkrieges sämtliche pazifistische und defaitistische Literatur entfernen. 2) Aus der Abteilung Geschichte Rußlands (Gr) sämtliche probolschewistische Parteiliteratur entfernen.*«

125 Ebd. Blatt 37 ff.

126 Ebd. Blatt 25. Dem Blatt 25 folgen die entsprechenden schwarzen Listen.

Die Zeitschrift der Leihbücherei

Anschrift: Berlin SW 61 Belle-Alliance-Str. 92

Offizielles und alleiniges Organ des Reichsverbandes deutscher Leihbüchereien E. V.

Mitteilungsblatt und Ratgeber für Leihbüchereien und verwandte Einrichtungen für das gesamte deutsche Sprachgebiet

Sonderausgabe | Berlin, den 5. Mai 1933 | II. Jahrgang

Die Entfernung des undeutschen Schrifttums aus den öffentlichen und privaten Leihbüchereien

Unter der Parole „Wider den undeutschen Geist" werden von der Deutschen Studentenschaft im ganzen Reich Unternehmungen durchgeführt, die auf Säuberung der öffentlichen und privaten Büchereien von undeutschen Büchern hinzielen. Es wird empfohlen, dieses Schrifttum unverzüglich aus den vorhandenen Beständen zu entfernen und die Bücher an die noch bekanntzugebenden Stellen abzuliefern.

Der Reichsverband deutscher Leihbüchereien e. V. hat sich mit der deutschen Studentenschaft über die Kontrolle der Leihbüchereien, die dem Reichsverbande angeschlossen sind, verständigt. Die beiden Vereinigungen sind übereingekommen, daß der Reichsverband die Studentenschaft bei ihrer Kontrolle unterstützt und daß diese im Benehmen mit dem Reichsverbande bleibt. Ebenso hat man sich darüber verständigt, daß etwaige Mißgriffe bei der Kontrolle der Leihbüchereien vorkommen, dem Reichsverbande deutscher Leihbüchereien e. V., Geschäftsstelle Joh. Mau, Berlin N 20, Stettiner Str. 62, unverzüglich gemeldet werden. Die deutsche Studentenschaft wird dann für Abhilfe sorgen. Bei der Meldung ist der Firmenname und die Mitgliedsnummer anzugeben.

Am 10. Mai findet die Beschlagnahme der Bücher statt. Darum übersenden wir die Liste der verbotenen Bücher schon im voraus. Dem Reichsverbande und der Schriftleitung seines Organs ist es gelungen, diese wichtigen Listen rechtzeitig für unsere Leser herauszubringen. Auch hier zeigt sich wieder, wie wichtig die Arbeit des Reichsverbandes ist und welche großen Dienste er erweist. Wir bitten deshalb nochmals die Leihbüchereiinhaber, soweit es noch nicht geschehen ist, unverzüglich dem Reichsverbande deutscher Leihbüchereien e. V. beizutreten.

Von offizieller zuständiger Seite werden uns folgende schwarzen Listen übergeben. Wir raten, diese Bücher aus den Leihbüchereien zu entfernen, denn es besteht die Gefahr, daß sie beschlagnahmt werden.

Gleichzeitig veröffentlichen wir die Liste der Werke, die von offizieller zuständiger Seite zur Anschaffung empfohlen werden.

Wir bemerken ausdrücklich, daß auch bei diesen Listen noch Änderungen eintreten können. Wir werden, da wir mit der zuständigen offiziellen Stelle in engster Verbindung stehen, diese Aenderungen veröffentlichen und ebenso die weiteren Listen. Wir bitten unsere Leser, diese Listen sorgfältig aufzubewahren, denn sie sind von größter Wichtigkeit für sie und können sie vor großen Schäden behüten. — Weitere Listen folgen!

Die Schriftleitung.

»Die Zeitschrift der Leihbücherei« in der Sonderausgabe vom 5. Mai 1933. Darin wurden die Inhaber der gewerblichen Leihbüchereien vor der bevorstehenden Büchersammelaktion gewarnt.

Ähnliches galt auch für die weiteren Listen. Auf der »Schwarzen Liste VIII. Belehrende Abteilung: Politik und Staatswissenschaften« wurden 121 Verfassernamen und fünf Titel ohne Verfassernamen, darunter das *Heidelberger Programm* (SPD-Programm von 1925) und die *Protokolle über die Verhandlungen des Parteitages der S.P.D.*, aufgeführt. Auch hier ließ die »Vorbemerkung« einiges über die politischen Absichten erkennen: »*Die restlose Sperrung der Abteilung Sozialismus geht zu weit, in jedem Fall ist das nicht- und vormarxistische deutsche Schrifttum zum Sozialismus von der Sperrung auszunehmen. Zum Ersatz für die ausrangierten marxistischen Bücher empfiehlt es sicht, das parteifreie Arbeiterschrifttum vor allem aus den Abteilungen: Arbeiterfrage, Sozialpolitik, Genossenschaftswesen, Bevölkerungsfrage, Arbeitsdienst mehr in den Verkehr zu bringen.*«

Herrmann und seine Mitarbeiter planten offenbar, die bibliothekarischen Voraussetzungen für eine grundlegende Umwertung der Geschichte der Arbeiterbewegung zu schaffen. Auf den schwarzen Listen »Geschichte« und »Politik und Staatswissenschaften« fanden sich die Werke von Bebel, Lassalle, Marx, Engels, Bernstein, Kautsky, Mehring, Luxemburg, Liebknecht (junior), Eisner, Toller, Lenin, Trotzki, Sinowjew und vieler weiterer Vertreter von der sozialdemokratischen bis hin zur kommunistisch orientierten Arbeiterbewegung. Ein zensurgestützter kollektiver Gedächtnisverlust wurde angestrebt, um die historische Bedeutung dieser politischen Ideen und ihrer Parteien weitgehend zu marginalisieren. Zugleich sollte das Lesepublikum mit solcher Literatur versorgt werden, die dazu geeignet war, die Geschichte der deutschen Arbeiterbewegung als eine nationale Bewegung umzuinterpretieren und mit den Ursprüngen der NS-Bewegung zu verknüpfen. Zwölf Jahre reichten für ein solches Vorhaben natürlich nicht aus, geben aber zumindest einen Erklärungsansatz dafür, warum die Sozialdemokratie es nach 1945 in Westdeutschland zunächst schwer hatte, ihren traditionellen Rückhalt in der Arbeiterschaft wiederherzustellen.

Unter »Politik und Staatswissenschaften« fanden sich einige Überraschungen. So zum Beispiel die Indizierung des Werkes *Führer aus deutscher*

127 Vgl. Stephan Füssel, »*Wider den undeutschen Geist*«. *Bücherverbrennung und Bibliothekslenkung im Nationalsozialismus*, in: *Göttingen unterm Hakenkreuz. Nationalsozialistischer Alltag in einer deutschen Stadt – Texte und Materialien*, Göttingen 1983, S. 97.

128 Akten der DSt., I* 21 C 14/2, Blatt 18.

129 Ebd. Blatt 21 f.

Not, Hitlers Weg von Theodor Heuss, dem ersten Bundespräsidenten der Bundesrepublik Deutschland. Gegen seine Indizierung wurde am 10. Mai mit einem Artikel in der *Deutschen Allgemeinen Zeitung* protestiert. Dass dieser Protest dazu führte, Heuss' Buch vor dem Scheiterhaufen zu bewahren, ist nicht anzunehmen, weil es auch nach der Bücherverbrennung noch auf dem Index stand.

Da der Name von Thomas Mann auf der schwarzen Liste »Schöne Literatur« nicht zu finden war, ist man später oft davon ausgegangen, seine Werke seien den Bücherverbrennungen nicht zum Opfer gefallen. Auf der Liste »Politik und Staatswissenschaften« ist Thomas Mann jedoch gleich nach seinem Bruder Heinrich mit den Titeln *Von deutscher Republik* und *Deutsche Ansprache* aufgeführt. Nachgewiesenermaßen wurden in Göttingen auch belletristische Werke Thomas Manns verbrannt.[127]

Die »Schwarze Liste X. Belehrende Abteilung: Kunst« hatte im Hinblick auf die Anzahl von Künstlern, die schon während der Weimarer Republik von den Nationalsozialisten angefeindet worden waren, einen relativ geringen Umfang. Neben zwei Titeln zu kunsttheoretischen bzw. kunsthistorischen Themen enthielt dieser Index sehr ungenaue Angaben zu einigen Bildbänden und Monografien einzelner Künstler, darunter George Grosz, Otto Dix, Marc Chagall, Paul Klee und Ludwig Meidner. Von historischer Bedeutung ist die Liste »Kunst« vor allem insofern, als ihre Weitergabe an das DSt-Hauptamt belegt, dass am 10. Mai 1933 auch solche Bücher verbrannt wurden, in denen die Werke bekannter Maler und Zeichner abgebildet waren.

Noch am 10. Mai erhielt das DSt-Hauptamt von Herrmann die »Schwarze Liste XI. Belehrende Abteilung: Literaturgeschichte« mit neun Verfassernamen.[128] Die Studentenschaften außerhalb Berlins konnte sie am 10. Mai nicht mehr erreichen. Gleiches gilt für die »Schwarze Liste IX. Belehrende Abteilung: Religion, Philosophie, Pädagogik«[129], die am 13. Mai im DSt-Hauptamt einging und erst am 16. Mai mit dem »Rundschreiben P Nr. 5« an die Einzelstudentenschaften versandt wurde.

Zur Bedeutung der schwarzen Listen für die Bücherverbrennung

»Die örtlichen Veranstalter haben dabei jegliche Freiheit.«

Wollte man davon ausgehen, dass bei den Bücherverbrennungen am 10. Mai 1933 nur jene Werke verbrannt wurden, die den Studentenschaften bis dahin auf den Indizes vorlagen, so dürfte man streng genommen nur die Autoren und Titel als »verbrannte« aufführen, die in den schwarzen Listen »Schöne Literatur«, »Allgemeines«, »Geschichte«, »Politik und Staatswissenschaften«

und »Kunst« enthalten waren. Wann die von August Friedrich Velmede angebotene Liste »Jugendschriften« bei der DSt einging, ist nicht nachweisbar. Da die Versendung der weiteren schwarzen Listen »Religion, Philosophie, Pädagogik« und »Literaturgeschichte« erst am 16. Mai erfolgte, dürften die darin indizierten Werke nur den Bücherverbrennungen zum Opfer gefallen sein, die nach dem 16. Mai in Heidelberg, Mannheim, Köln und Darmstadt stattfanden.

Dies würde jedoch dem tatsächlichen Ausmaß der Bücherverbrennung bei weitem nicht gerecht. Vielmehr muss der Satz: »*Die Liste erhebt keinen Anspruch auf Ausschließlichkeit*«, mit dem das DSt-Hauptamt die erste schwarze Liste »Schöne Literatur« kommentierte, auch für alle weiteren Aufstellungen gelten. Die Indizierungen des Ausschusses gingen von den Buchbeständen aus, die in den öffentlichen Stadt- und Volksbibliotheken vorhanden waren. In den privaten Leihbüchereien vermutete Herrmann immer wieder die »schlimmsten Autoren«, die auf der schwarzen Liste fehlen würden, weil »*diese Autoren sich in keiner verantwortungsbewußt geleiteten öffentlichen Bücherei je gefunden haben*«.[130] Darunter verstand Herrmann in erster Linie Autoren, in deren Werken sich ein offenes Verhältnis zur Sexualität mitteilte.

Jedoch dürfte auch ein anarchistischer Autor wie Erich Mühsam, dessen Werke unter anderem im Verlag Der Syndikalist erschienen, in den Beständen einer öffentlichen Bibliothek schwer zu finden gewesen sein. Diese politische Literatur war in privaten Leihbüchereien und in Parteibibliotheken zu finden, soweit sie noch nicht geschlossen und beschlagnahmt waren. Dort waren auch Bücher von Michail Bakunin, Pjotr Kropotkin oder das Spätwerk von Johann Most erhältlich, die ebenfalls nicht indiziert waren.

Dass die Werke der Autoren, die auf den schwarzen Listen genannt waren, nur den Kern der tatsächlich verbrannten Bücher bildeten, lässt sich an drei Beispielen sehr gut nachvollziehen. Die Studentenschaft der Vereinten Friedrichs-Universität Halle-Wittenberg bildete bereits Ende April 1933 eine eigenständige Kommission, die bis zum 6. Mai einen »Vorläufigen Hallischen Generalindex jüdischer, marxistischer, pazifistischer und anderer volkszersetzender Schriften« erstellte.[131] Er war auf Grundlage der am 27. April ver-

130 Dr. Wolfgang Herrmann, *Prinzipielles zur Säuberung der öffentlichen Büchereien*, in: *Börsenblatt für den Deutschen Buchhandel*, vom 16. Mai 1933.

131 Akten der DSt., I* 21 C 14/3, Blatt 162 ff.

132 Rundschreiben P No 4 des Hauptamts an alle Einzelstudentenschaften, Akten der DSt., I* 21 C 14/2.

sandten schwarzen Listen erstellt worden, wurde aber von der Hallischen Kommission noch um einige Autoren erweitert. So nannte die Liste der am 12. Mai 1933 in Halle verbrannten Bücher auch die Werke von Heinrich Heine, Klabund, Frank Wedekind, Albert Ehrenstein und Carl Zuckmayer. Ebenfalls war der Name »Hollaender« aufgeführt, womit sowohl der Schriftsteller und Dramaturg Felix Hollaender als auch der Komponist und Kabarettist Friedrich Hollaender gemeint gewesen sein kann.

Der Umfang der am 6. Mai 1933 geplünderten Bibliothek des Berliner Instituts für Sexualforschung betrug allein mehr als zehntausend Bände. Eine schwarze Liste zum Bereich Sexualwissenschaften existierte zu diesem Zeitpunkt jedoch noch gar nicht.

Schließlich erklärte das DSt-Hauptamt im »Rundschreiben P No 4« vom 9. Mai 1933 die Verbrennung von fünfzehn in neun Feuersprüchen auszurufenden Autoren als verbindlich.[132] Das waren Karl Marx, Karl Kautsky, Heinrich Mann, Ernst Glaeser, Erich Kästner, Friedrich Wilhelm Foerster, Sigmund Freud, Emil Ludwig, Werner Hegemann, Theodor Wolff, Georg Bernhard, Erich Maria Remarque, Alfred Kerr, Kurt Tucholsky und Carl von Ossietzky. Weder der Begründer der Psychoanalyse, Sigmund Freud noch die Publizisten Theodor Wolff, Georg Bernhard und Carl von Ossietzky waren auf einer der bis dahin dem DSt-Hauptamt vorliegenden schwarzen Listen zu finden. Weiter wurde im »Rundschreiben P No 4« mitgeteilt, dass sich die Bücherverbrennungen keineswegs auf die fünfzehn genannten Autoren beschränken sollten: »*Es wird dadurch nicht ausgeschlossen, daß trotzdem ein großer Haufen Bücher verbrannt wird. Die örtlichen Veranstalter haben dabei jegliche Freiheit.*«

Insbesondere dieser letzte Satz zeigt: Die Listen hatten für die örtlichen Bücherverbrennungen keinen verbindlichen Charakter, sondern dienten vielmehr der groben Orientierung. Ein Überblick über den gesamten Umfang der verbrannten Titel ist unmöglich.

Bücherbeschlagnahmen mit polizeilicher Genehmigung

Zu den Sammelaktionen im Einzelnen

Die Bestände der wissenschaftsrelevanten Staats- und Universitätsbibliotheken blieben bis auf wenige Ausnahmen von den Bücherverbrennungen verschont. Der Großteil der verbrannten Bücher stammte aus den öffentlichen Stadt- und Volksbibliotheken, den privaten Leihbüchereien und aus den Buchhandlungen. Im zweiten DSt-Rundschreiben wurden die Studenten zwar aufgerufen auch ihre eigenen Bücherregale und die ihrer Bekann-

6.Mai 1933

Weg mit Schundliteratur!

Die Studentenschaft der Technischen Hochschule Dresden, Hauptamt für Aufklärung und Werbung, sendet uns folgenden Aufruf:

Vom 5. bis 10. Mai führt die Dresdner Studentenschaft einen Feldzug gegen jüdische, marxistische und liberalistisch-zersetzende Schriften durch. Die Studentenschaft fordert alle deutschen Volksgenossen, die im Besitz derartiger Bücher sind, auf, diese Schriften nach folgenden Abgabestellen zu bringen:

1) Ausleihe der Landesbibliothek, Wilhelmplatz, 11 bis 14 Uhr und 16 bis 19 Uhr;
2) Stadtbibliothek, Neues Rathaus, Zimmer Nr. 151;
3) Studentenhaus, Mommsenstraße 13, 1., Ämterzimmer;
4) Bücherei des Pädagogischen Institutes, Teplitzer Straße 16.

Eine Beratungsstelle über gutes und schlechtes Schrifttum befindet sich im Studentenhaus, Mommsenstraße 13, 1. (Rufe 41037 und 45882).

Der eingesammelte literarische Schund wird am 10. Mai in einer Kundgebung an der Bismarcksäule verbrannt werden.

Deutscher Volksgenosse! Tue deine Pflicht, säubere dein Haus von undeutschen Büchern und Schriften!

Aufruf der Dresdner Studentenschaft zur Büchersammelaktion

Studenten und Bürger Würzburgs!

Pflegt deutsche Kultur und zerstört minderwertiges und zersetzendes Schrifttum undeutscher Schriftsteller. Die Stundentenschaft veranstaltet in diesen Tagen einen Feldzug gegen jedes undeutsche Schrifttum. Es ist Pflicht jedes Deutschen, diesen Kampf zu unterstützen.

Reinigt Euere Büchereien!

Schreiberlinge: wie Mann Heinrich, Polgar, Sinclair, Toller, Tucholsky, Asch, Barbusse, Doeblin, Edschmid, Feuchtwanger, Glaeser, Hasenclever, Kaestner, London Jack, Ludwig Emil, Mann Klaus, Neumann, Remarque, Schnitzler, Wassermann Jakob, Zweig Arnold, Zweig Stephan, u. ä. dürfen in ihr keinen Platz finden.

Die ausgesonderten Bücher werden von der Studentenschaft gesammelt.

Abgabestelle: Studentenhaus, Zimmer 70.

Die Bücher werden später feierlich verbrannt!

Eine ausführliche Liste liegt im Studentenhaus, Zimmer 70 zur Einsicht auf.

Die Studentenschaft an der Universität Würzburg
gez. Gerhard Linde, Studentenschaftsführer

Verantwortlich für den Inhalt: Gerhard Linde, Würzburg.
Buchdruckerei L. Popp, Würzburg Sanderstraße 27, Telefon 2352. Dissertationen aller Art gut und billig.

Aufruf der Würzburger Studentenschaft zur Büchersammelaktion.

ten zu durchsuchen, jedoch hielt sich die Bereitschaft, die privaten Lektürevorlieben preiszugeben, eher in Grenzen.

Bei den Volks- und Stadtbibliotheken gestalteten sich die Sammelaktionen der Einzelstudentenschaften am einfachsten. Wie bereits in dem Schreiben Herrmanns an das DSt-Hauptamt vom 1. Mai 1933 angedeutet, führten diese Bibliotheken die »Säuberung« ihrer Buchbestände selber durch und stellten die ausgesonderte Literatur den Studentenschaften zur Abholung bereit. Die Leihbüchereien und Buchhandlungen wurden von so genannten Stoßtrupps aufgesucht. Dabei handelte es sich um Studenten in SA-Uniform, die von den örtlichen »Kampfausschüssen« aufgestellt wurden. Mancherorts wurden diese »Stoßtrupps« von Mitgliedern der Nationalsozialistischen Betriebszellen-Organisation (NSBO) unterstützt.

Organisation und Durchführung der Büchersammlung blieben den örtlichen Studentenschaften selbst überlassen. Unter einigen Studentenschaften, zum Beispiel in Dresden, Halle und Breslau, gab es Bedenken über die Rechtmäßigkeit der Beschlagnahme von Büchern.[133] Auf Nachfrage lehnte es die DSt-Führung ab, die Gewähr für etwaige Schadenersatzansprüche zu übernehmen. Daher holten sich viele Studentenschaften für ihre Beschlagnahmeaktionen zuvor polizeiliche Genehmigungen ein. Aus Halle, Würzburg und Bonn ist bekannt, dass die studentischen »Stoßtrupps« von Polizeibeamten begleitet wurden, um ihrem Bücherraub den Anschein der Legalität zu verleihen.[134]

Für die Durchsuchungen der Buchhandlungen und Leihbüchereien waren die Studenten unterschiedlich gut vorbereitet. Eine Zeitzeugin, die im Mai 1933 in einer Breslauer Buchhandlung beschäftigt war, berichtete, die NS-Studenten hätten von ihr lapidar die Herausgabe aller jüdischen Bücher gefordert, ohne dabei genauere Angaben machen zu können. Die Exilzeitung *Prager Tageblatt* berichtete am 10. Mai: »*In Breslau wurden in der vergangenen Nacht an den Anschlagsäulen die Plakate der Breslauer Studentenschaft, die zur Teilnahme an der öffentlichen Verbrennung jüdisch-marxistischer Bücher aufforderten, mit kleinen Zetteln überklebt, auf denen es hieß, daß bei der Ablieferung und Verbrennung der Bücher die Bibel nicht vergessen werden dürfe. Tatsächlich erschien bei der Sammelstelle eine Reihe von Personen, die das Alte Testament abliefern wollten.*«

133 Vgl. Die Schriftwechsel des Hauptamtes mit den Einzelstudentenschaften (im Folgenden: Schriftwechsel), Akten der DSt., I* 21 C 14/3.

134 Vgl. ebd.

Ein Stoßtrupp des Berliner »Kampfausschusses wider den undeutschen Geist« bei der Büchersammelaktion.

In Würzburg dagegen wurde offenbar streng nach den schwarzen Listen vorgegangen. Noch heute lässt sich aus den Archivbeständen der dortigen Studentenschaft nachvollziehen, welche und wie viele Bücher in den örtlichen Buchhandlungen und Leihbüchereien beschlagnahmt wurden. Zu je-

Büchersammelstelle im Haus der Berliner Studentenschaft (Oranienburger Straße). Studenten sichten die zur Verbrennung bestimmten Bücher. Rechts im Bild eine Büste des Sexualwissenschaftlers Magnus Hirschfeld. Daneben das Porträt einer nicht genau identifizierbaren Person, auf dem ein Emblem mit drei »Freiheitspfeilen« (Symbol der von der SPD geführten Eisernen Front gegen Hitler) zu erkennen ist.

der aufgesuchten Buchhandlung und Leihbücherei fertigten die Studenten ein eigenes »Bücherprotokoll« über die beschlagnahmte Literatur an.[135] Nach genauerer Prüfung durch den »Kampfausschuss« wurde den Besitzern schriftlich mitgeteilt, welche ihrer Bücher verbrannt würden. Diesem Bescheid war eine vorgedruckte Erklärung beigefügt, auf der die Inhaber ihr Einverständnis mit der Verbrennung dieser Bücher erklären mussten.

Da am 5. Mai, einen Tag vor Beginn der Sammelaktion, bereits ein Großteil der indizierten Autoren in der *Zeitschrift der Leihbücherei* veröffentlicht

135 Vgl. die Bücherprotokolle der Würzburger Studentenschaft über die beschlagnahmten Bücherbestände der Würzburger Buchhandlungen und Leihbüchereien, Akten der DSt., I* 21 C 14/4.

worden war, fehlte dem Erscheinen der studentischen »Stoßtrupps« vielerorts der ursprünglich vorgesehene Überraschungseffekt. Die Kunde von der Existenz schwarzer Listen verbreitete sich unter den Inhabern der Leihbüchereien und den Buchhändlern wie ein Lauffeuer. Das DSt-Hauptamt erhielt zahlreiche schriftliche Bitten von Verlagen und Buchhandlungen um die Zusendung der schwarzen Listen, von denen man gehört habe.

Die DSt aus dem Kreis X (Berlin und Brandenburg) reagierte auf die Veröffentlichung in der *Zeitschrift der Leihbücherei*, indem sie ihrerseits den Leihbüchereien Listen zusandte. In einem beiliegenden Schreiben wurden die Leihbüchereien aufgefordert, die indizierte Literatur auszusortieren und einem »*in den nächsten Tagen bei Ihnen erscheinenden Studenten die ausgesonderten Bücher und Schriften zu überliefern, damit diese Bücher am 10. Mai auf dem Opernplatz öffentlich verbrannt werden können*«.

Diese Aufforderung wurde zudem am 7. Mai unter der Überschrift *Gegen undeutsche Schriften* in der *Berliner Rundschau* der *Deutschen Allgemeinen Zeitung* veröffentlicht. Damit beabsichtigte die DSt jedoch nicht, sich auf die freiwillige Unterstützung der Leihbüchereien zu verlassen. Vielmehr sollte diese Informationspolitik die Inhaber glauben lassen, es würde lediglich ein Student bei ihnen erscheinen, dem einige freiwillig ausgesonderte Bücher zu übergeben wären. Tatsächlich waren ab dem 6. Mai in Berlin mindestens fünf studentische »Stoßtrupps« mit Lastautos unterwegs, die sich keineswegs darauf beschränkten, nur die freiwillig ausgesonderten Bücher mitzunehmen, sondern die Leihbüchereien systematisch durchsuchten. Als Sammelstellen dienten die Räumlichkeiten der örtlichen Studentenschaftshäuser. Mancherorts wurden auch die Verbindungshäuser der Burschenschaften als Sammelstellen angegeben, was beweist, dass die Burschenschaften den Bücherverbrennungen nicht nur beiwohnten, sondern sich auch aktiv an deren Vorbereitungen beteiligten.

Das Maß der zentralen Lenkung durch das DSt-Hauptamt

Das DSt-Hauptamt legte großen Wert darauf, dass sich alle Studentenschaften an der »Aktion wider den undeutschen Geist« und insbesondere an der Bücherverbrennung beteiligten. Studentenschaften, die zwei Wochen nach der Versendung des zweiten Rundschreibens vom 8. April noch keine Meldung über geplante Maßnahmen gemacht hatten, wurden am 24. April harsch angemahnt.[136]

Zusätzlich versuchte Leistritz den Ehrgeiz der örtlichen Studentenführer anzuspornen, indem er ihnen eine Rundfunkübertragung »ihrer« Bücherverbrennung durch die Deutsche Welle in Aussicht stellte. Dieses Schreiben richtete Leistritz nicht wie sonst »An alle Einzelstudentenschaften«, sondern persönlich an den »Führer«. Als Gegenleistung verlangte Leistritz jedoch ihm ein Programm über den geplanten Ablauf des 10. Mai zukommen zu lassen. Auf diese Weise schuf er nicht nur den Anreiz, die örtlichen Verbrennungsakte möglichst aufwendig zu inszenieren, sondern erreichte zugleich eine reichsweite Vereinheitlichung des zeitlichen Ablaufes. Die Staffelreportage der Deutschen Welle war nämlich nur für die Sendezeit von 23 bis 24 Uhr geplant.

So schrieb Leistritz an die örtlichen Studentenführer:

»*Ich schlage Ihnen vor, den 10. Mai etwa folgendermaßen auszugestalten:*

20.30 Uhr – 22 Uhr: Kundgebung der Studentenschaft im Auditorium Maximum der Universität;
22 – 23 Uhr: Fackelzug durch den Ort, endigend mit dem
23 – 24 Uhr: stattfindenden Verbrennungsakt.«[137]

Auch die neun Feuersprüche, die das DSt-Hauptamt am 9. Mai mit dem »Rundschreiben P No 4« versandte, waren festgelegt. Ihre wörtliche Verle-

136 Vgl. Schriftwechsel, Akten der DSt., I* 21 C 14/3.

137 Ebd.

138 Eine alphabetische Auflistung der Verbrennungsorte, wie sie in Sauder II gleichsam tabellarisch durchgeführt wurde, erweist sich in diesem Zusammenhang als ein wenig geeignetes Verfahren.

sung und somit die zentrale Rolle der darin angefeindeten Autoren waren verbindlich.

Wenn heute von der Bücherverbrennung als einem »reichseinheitlichen Ritual« die Rede ist, so bezieht sich diese Reichseinheitlichkeit auf die Aspekte des zeitlichen Ablaufs und der Verlesung der Feuersprüche. Bei genauerer Prüfung wird jedoch deutlich, dass diese zentralen Vorgaben die jeweiligen Veranstaltungen keineswegs in ein so enges Korsett schnürten, dass der Eigeninitiative vor Ort kein Freiraum mehr geblieben wäre. Vielmehr zeigen die sehr unterschiedlichen Geschehnisse in den verschiedenen Städten, dass die örtlichen Studentenschaften viel Eigeninitiative aufbrachten.

Die Verbrennungsorte

Schon die Bücherverbrennungen während des NS-Terrors im März 1933, die der späteren »Aktion wider den undeutschen Geist« vorangingen, zeigten, wie wichtig die Chronologie des Frühjahrs 1933 ist, um die zahlreichen Bücherverbrennungen zwischen Anfang März und Ende Juni 1933 angemessen historisch zu bewerten und einzuordnen.[138]

Zur Veranschaulichung der deutschlandweiten Dimension der Bücherverbrennungen müssen die politisch-geografischen Gegebenheiten in Betracht gezogen werden. Die politische Bindungskraft der DSt-Kreise war seit der Einsetzung der nationalsozialistischen Kultusminister in den verschiedenen Reichsländern erheblich gesunken. Spätestens beim preußischen Staatsakt zur Übergabe des neuen Studentenschaftsrechts am 6. Mai 1933 wurde die enge Bindung der Studentenschaften an die Reichsländer unübersehbar. Deutlich wurde dies an der Entscheidung des Kommissars für die württembergischen Studentenschaften, Gerhard Schumann[139], der die Durchführung von Bücherverbrennungen auf dem Gebiet des Landes Württemberg untersagte. Am 26. April 1933 teilte der Führer der Tübinger Studentenschaft, Martin Sandberger, dem DSt-Hauptamt in Berlin Folgendes mit: »*Sehr geehrter Herr Leistritz! Auf Ihren Eilbrief vom 23. April teile ich Ihnen mit, daß die von Ihnen vorgeschlagene Bücherverbrennung auf den württ. Hochschulen auf Anordnung meiner vorgesetzten Dienststelle, des Kommissars für die württ. Studentenschaften, Landesführers Schumann, nicht stattfinden wird.*«[140]

Acht Tage zuvor, am 15. April 1933, hatte der stellvertretende Leiter des DSt-Kreises IV, Gustav Adolf Scheel, schriftlich verlautbart, dass er die Organisationsleitung der Bücherverbrennungen in Baden, Württemberg und Hessen an sich gezogen habe.[141] Martin Sandberger hatte als Führer der DSt in Tübingen somit zwischen den Loyalitäten gegenüber den Anordnungen des DSt-Kreises IV und denen des württembergischen Kultusministeriums abzuwägen. Letzteres wog offenbar mehr. Auch die Stuttgarter Studentenschaft sandte dem DSt-Hauptamt eine Absage.[142] Die Entscheidung gegen die Bücherverbrennung bedeutete jedoch nicht, dass die politische Zielstellung der »Aktion wider den undeutschen Geist« von den württembergischen Studentenschaften etwa aus ethischen Gründen abgelehnt worden wäre. Ganz im Gegenteil: Noch im April 1933 ordnete Sandberger an, mittels eines von ihm erstellten Fünfpunkteplans *»unverzüglich energische Maßnahmen zur Bekämpfung der Schund- und Schmutzliteratur«* in Tübingen zu ergreifen. Dass die politischen Entscheidungen des Martin Sandberger nicht von moralischen Skrupeln bestimmt waren, sollte sich acht Jahre später auf furchtbare Weise bestätigen, als der inzwischen promovierte Jurist und SS-Obersturmbannführer das SS-Einsatzkommando 1a (Estland) befehligte und weit über 10 000 Menschen durch Massenerschießungen und Deportationen in die Vernichtungslager hinmorden ließ.[143]

139 Gerhard Schumann (1911–1995) wurde während der NS-Zeit für sein völkisch-dichterisches Werk mehrfach mit Literaturpreisen ausgezeichnet, ist der Nachwelt also vor allem als NS-Schriftsteller bekannt. Nach Beginn seines Studiums der Germanistik in Tübingen 1930 und seinem Beitritt in die NSDAP machte Schumann in der SA und im NS-Studentenbund Karriere, wurde SA-Sturmbannführer und NSDStB-Landesführer. Zudem war er Führer der Tübinger Studentenschaft, bis ihn der neue württembergische Kultusminister Christian Mergenthaler (NSDAP und selbst Mitbegründer der Tübinger NSDStB-Hochschulgruppe) im April 1933 als Kommissar für die württembergischen Studentenschaften in sein Kultusministerium berief.

140 Martin Sandberger an das Hauptamt, vom 26. April 1933, Akten der DSt., I* 21 C 14/4, Blatt 269.

141 Gustav Adolf Scheel an das Hauptamt, vom 15. April 1933, Akten der DSt, I* 21 C 14/3, Blatt 194.

142 Die Studentenschaft der Technischen Hochschule Stuttgart an das Hauptamt, vom 29. April 1933, ebd., Blatt 266 f.

143 Vgl. Wildt, S. 578 ff. Martin Sandberger wurde 1948 in den Nürnberger Folgeprozessen (Fall Nr. 9: Einsatzgruppen) für seine Verbrechen an der Menschlichkeit zum Tode verurteilt. Die Strafe wurde vom Gnadenausschuss in lebenslange Haft umgewandelt. Nach wiederholten Petitionen einflussreicher Bundespolitiker, darunter Theodor Heuss und Carlo Schmid (der 1935 das juristische Referendariat Sandbergers betreut hatte und seither große Stücke auf ihn hielt), wurde Sandberger 1958 im Alter von 46 Jahren aus der Haft entlassen.

NS-Bücherverbrennung.
Zeit, Ort und Anlass sind unbekannt.

Allein für den 10. Mai 1933 sind deutschlandweit zweiundzwanzig Bücherverbrennungen nachgewiesen. Bis zum 19. Mai fanden im Rahmen der »Aktion wider den undeutschen Geist« sieben weitere Bücherverbrennungen statt, die aus organisatorischen Gründen oder aufgrund starker Regenfälle am 10. Mai verschoben worden waren. In Freiburg fiel die Bücherverbrennung wegen des schlechten Wetters ersatzlos aus. In Gießen wurde sie dagegen schon am 8. Mai durchgeführt. Die letzte studentische Bücherverbrennung war am 21. Juni 1933 in Darmstadt. Darüber hinaus sind, abgesehen von den bereits beispielhaft dokumentierten nichtstudentischen Bücherverbrennungen des März 1933, noch mindestens zehn weitere nichtstudentische Bücherverbrennungen belegt, die zwischen dem 30. Mai und dem 21. Juni 1933 stattfanden, jedoch und ganz entscheidend von der »Aktion wider den undeutschen Geist« inspiriert waren.

Insgesamt wurden damit für das Frühjahr 1933 deutschlandweit in einem Zeitraum von weniger als vier Monaten über fünfzig Bücherverbrennungen dokumentiert. Würde man die Zeitungsarchive jeder deutschen Kleinstadt danach durchforsten, was sich im Einzelnen bei den unzähligen »Sonnenwendfeiern« um den 20. Juni 1933 herum ereignete, so würde diese Zahl mit Sicherheit beträchtlich steigen. Jedoch kann man auch davon ausgehen, dass das Wissen um eine Bücherverbrennung, wie sie sich beispielsweise am 24. Juni 1933 während der Sonnenwendfeier in Bergedorf bei Hamburg zutrug,[144] es kaum noch vermag, das historische Bewusstsein um die NS-Bücherverbrennungen insgesamt zu erweitern. Ein Anspruch auf quantitative Vollständigkeit in der Dokumentation ist für die NS-Bücherverbrennung, wie für die Geschichtsschreibung insgesamt, schlechthin nicht einlösbar. Daher wird auch von den einunddreißig bekannten studentischen Bücherverbrennungen der »Aktion wider den undeutschen Geist« in den verschiedenen Hochschulorten im Folgenden nur eine Auswahl der näheren Betrachtung unterzogen.

144 Vgl. »*Das Fest der Jugend in Bergedorf*«, in: *Bergedorfer Zeitung*, vom 26. Juni 1933.

145 Vgl. Alfred Baeumler, *Metaphysik und Geschichte. Brief an Thomas Mann*, in: Marianne Baeumler u.a. (Hg.), *Thomas Mann und Alfred Baeumler. Eine Dokumentation*, Würzburg 1989, S. 74 ff. (im Folgenden: Thomas Mann und Alfred Baeumler). Abgesehen davon, dass seine Herausgeber die durchaus verlogene Absicht antreibt, Baeumlers spätestens seit dem 10. Mai 1933 als abgründig zu bewertende NS-Vergangenheit mit intellektuellem Esprit zu kaschieren, enthält dieses Buch eine Reihe von sehr interessanten Dokumenten.

146 Vgl. ebd. S. 107.

Die zentrale Bücherverbrennung in Berlin
Die Rede des Alfred Baeumler

In der Hauptstadt begann das Programm des 10. Mai 1933 um 19 Uhr mit der Antrittsvorlesung des neu berufenen Ordinarius der Philosophie und politischen Pädagogik, Alfred Baeumler.

Baeumler kam keineswegs aus opportunistischen Beweggründen zur NS-Bewegung, sondern aus tiefster Überzeugung. Wer sich über diese unbestreitbare Tatsache hinaus mit der denkerischen Entwicklung Baeumlers befasst, erblickt hinter dem ideologischen Hass, den er als Redner und Teilnehmer während der Bücherverbrennung rechtfertigte, auch die biografischen Verschränkungen, die es zwischen Verbrennern und Verbrannten gab. Baeumler, dessen philosophische Arbeiten über Kant und Nietzsche in Fachkreisen noch heute von Bedeutung sind, verband über Jahrzehnte hinweg eine persönliche Feindschaft mit Thomas Mann. Es war dies jedoch eine politisch-geistige Feindschaft, die ihren Ausgang in einer persönlichen Freundschaft genommen hatte und daher für beide umso prägender werden sollte. 1920 schrieb Baeumler einen an Thomas Mann gerichteten Essay, worin er dessen 1918 erschienenes Werk *Betrachtungen eines Unpolitischen* bewertete und positiv gegen das nationalkonservative Buch *Der Untergang des Abendlandes* von Oswald Spengler abgrenzte. Baeumler forderte Mann auf, sich noch konsequenter von der lebensverneinenden Skepsis Schopenhauers zu lösen, wie sie vor allem in den *Buddenbrooks* zum Ausdruck gekommen war. Stattdessen solle er sich mehr dem Geist der Aufklärung zuwenden, den es in das 20. Jahrhundert hineinzutragen gelte.[145] Thomas Mann war so begeistert von Baeumlers Essay, dass er sogleich dessen Veröffentlichung veranlasste. Fortan verband sich die geistig empfundene Nähe beider mit dem philosophischen Erbe eines Dritten: Hegel.

Indirekt war es unter anderem der Einfluss Baeumlers, der Thomas Mann dazu bewog, sich den Werten der Demokratie zu öffnen. Mann dachte und schrieb schon bald viel progressiver, als Baeumler es ursprünglich intendiert hatte. Einzelne von Baeumler stammende Positionen zur Hegel'schen Philosophie nahm Thomas Mann in das Kapitel *Operationes Spiritualis* seines Romans *Der Zauberberg* auf und legte sie pikanterweise ausgerechnet in den Mund des Jünglings und Revolutionärs Leo Naphta.[146] 1926 zerbrach ihre Freundschaft, nachdem Mann in seiner *Pariser Rechenschaft* Baeumler den Vorwurf gemacht hatte, sich in einer Publikation über J.J. Bachofen zu sehr dem völkischen Denken zugewandt zu haben. In jenem Essay, der ihre Verbindung begründete, hatte Baeumler an Mann geschrieben: »*Aber Sie gehen*

– Es geht mit Ihnen – zu Hegel.« Thomas Mann, dem 1918 die herannahende Republik noch so viel Unbehagen bereitet hatte, stand zum Ende der Weimarer Republik der Sozialdemokratie nahe.

Bei Baeumlers Konservatismus hingegen ging es – er ging – mit Hegel zu Hitler. Am 10. Mai 1933 rief Baeumler den Studenten der Berliner Universität zu: »*Es ist durchaus nicht gleichgültig, ob man sagt: Hitler oder: die Idee. Überall wo man ›Geist‹ und ›Idee‹ sagt schlechthin, dürfen wir auf die Philosophie des bildlosen Idealismus schließen, auf jene Philosophie, die da meint, die Idee an sich sei mehr als ein Mensch, mehr als eine Verwirklichung. Bis vor kurzem konnte man noch hören: es heißt Heil Deutschland, nicht Heil Hitler.* [...] *Als ob wir nicht, wenn wir Heil Hitler sagen, Heil Deutschland meinten! Aber wir meinen es konkret, wir meinen es eindeutig, wir meinen es politisch. Hitler ist nicht weniger als die Idee – er ist mehr als die Idee, denn er ist wirklich.*«[147]

Noch vor Beginn dieser Antrittsvorlesung war eine Abordnung von Studenten in SA-Uniform mit einer Hakenkreuzfahne in den Hörsaal einmarschiert. Stramm stehend, die eine Hand auf der Hosennaht, mit der anderen Hand die Fahne haltend, nahmen sie neben dem Katheder Aufstellung und blieben dort, bis Baeumler seine Vorlesung mit den Worten schloss: »*Sie ziehen jetzt hinaus, um Bücher zu verbrennen, in denen ein uns fremder Geist sich des deutschen Wortes bedient hat, um uns zu bekämpfen. Auf dem Scheiterhaufen, den Sie errichten, werden nicht Ketzer verbrannt. Der politische Gegner ist kein Ketzer, ihm stellen wir uns im Kampfe, er wird der Ehre des Kampfes teilhaftig. Was wir heute von uns abtun, sind Giftstoffe, die sich in der Zeit einer falschen Duldung angesammelt haben. Es ist unsere Aufgabe, den deutschen Geist in uns so mächtig werden zu lassen, daß sich solche Giftstoffe nicht mehr ansammeln können. Wir dürfen nicht auf Verbote bauen. Aus uns selber heraus müssen wir den undeutschen Geist überwinden. Das Weltalter, das vor uns liegt, das politische Weltalter, das Weltalter des Sozialismus, es wird nicht ein Weltalter des Cäsaro-Papismus sein. Die deutsche Universität wird niemals das geistige Durchführungsins-*

147 Alfred Baeumler, *Antrittsvorlesung vom 10. Mai 1933*, in: *Männerbund und Wissenschaft*, Berlin 1934, S. 123 ff.

148 Ebd.

149 Akademie-Katalog, S. 154 f.

150 In: Thomas Mann und Alfred Baeumler, S. 193 ff.

151 Ebd. S. 247.

trument eines außer ihr selber liegenden Willens werden. Sie hat ihre eigene Beziehung zum Ganzen. Politik und Geist sind vereinigt in den Symbolen, aber getrennt in den Organen. In der Deutung der Symbole sind wir frei.«[148]

Baeumler redete wie ein Inquisitor. Er hetzte gegen geistige »Giftstoffe«, wollte aber kein Ketzer-Verbrenner sein. Dazu bemühte er den Begriff des Symbols und rühmte sich der geistigen Freiheit seiner Deutung – aber ohne dafür die politische Verantwortung tragen zu wollen. Baeumler ignorierte dabei, dass der Scheiterhaufen, dessen Errichtung er begrüßte, nicht nur ein Symbol war, sondern Wirklichkeit – eine Richtstätte, an der es nicht um die Deutung der geistigen Freiheit ging, sondern um ihre Vernichtung. Besonders verlogen war Baeumlers Satz: »*Wir dürfen nicht auf Verbote bauen.*«

Noch im Mai 1933 übernahm er die Aufgaben eines Zensors. Vom Kampfbund für Deutsche Kultur erhielt Baeumler den Auftrag, in einem so genannten Fünferausschuss bei der Erstellung weiterer schwarzer Listen mitzuwirken.[149] Dieser Fünferausschuss führte die Arbeit des Berliner Ausschusses von Wolfgang Herrmann fort. Er war besetzt mit Vertretern des Propagandaministeriums, des preußischen Kultusministeriums, des Kampfbundes, des Börsenvereins der Deutschen Buchhändler und des Reichsverbandes deutscher Schriftsteller. Baeumler war vor allem für die Erstellung der schwarzen Listen im Bereich der wissenschaftlichen Literatur zuständig. 1934 wurde er sogar Fachgruppenleiter für Wissenschaft im »Amt Rosenberg«. Die Einrichtung der studentischen Kameradschaftshäuser und das damit verbundene Konzept der studentischen Leibesübungen, des Wehrsports und des Arbeitsdienstes gingen im Wesentlichen auf ihn zurück.

1945 verlor Baeumler seinen Lehrstuhl. Drei Jahre lang war er in den Lagern Hammelburg und Ludwigsburg interniert. Dort verfasste er unter anderem 1948 die Selbstverteidigungsschrift »Meine politische Entwicklung«, in der er sich vom Nationalsozialismus lossagte.[150] Wie glaubwürdig seine Reue war, zeigte sich, als er wieder in Freiheit lebte. Ende 1957 feierte Baeumler seinen siebzigsten Geburtstag und hielt im kleinen Kreis eine Rede: »Mein Weg als Schriftsteller«. Über seinen Weg als Nazi verlor Baeumler dabei kein Wort. Thomas Mann aber nannte er rückblickend einen »Verehrer der Psychologie und Vertreter der modernen Dekadenz«.[151]

Der Fackelzug

Nachdem Baeumler seine Antrittsvorlesung beendet hatte, formierte sich gegen 21 Uhr hinter dem Universitätshauptgebäude auf dem Hegelplatz ein Fackelzug, der über den Kupfergraben, entlang der Museumsinsel zum Studentenhaus in der Oranienburger Straße zog. Dort waren die zur Verbrennung bestimmten Bücher, rund 25 000 Bände, bereits auf Lastwagen geladen worden. Es regnete in Strömen. Die Lastwagen wurden mit Hakenkreuzfahnen und Transparenten ausstaffiert, auf denen unter anderem zu lesen war: »Deutsche Studenten marschieren wider den undeutschen Geist«. An einem der Lastautos waren die Wappen der jüdischen Studentenverbindungen an-

Chargierte der Burschenschaften warten auf den Beginn des Fackelzuges zur Bücherverbrennung. Hinter ihnen eines der mit Büchern beladenen Lastautos. Darauf ein Transparent mit der Aufschrift »Wider den undeutschen Geist. Deutsche Studentenschaft«.

Berlin, 10. Mai 1933. Die Büste des deutsch-jüdischen Sexualwissenschaftlers Magnus Hirschfeld wird aufgepflanzt auf einem Stock im Fackelzug mitgeführt und später in den Scheiterhaufen geworfen. Vorn rechts ein NS-Student in SS-Uniform.

geheftet, die man zuvor von den schwarzen Brettern in der Universität heruntergerissen hatte. Mehrere tausend Menschen strömten vor das Studentenhaus. Es wurden Fackeln ausgeteilt. Dann hielt der NSDStB-Führer von Berlin und Brandenburg, Fritz Hippler, eine Hetzrede.

Hippler wurde später Reichsfilmintendant und produzierte den berüchtigten Film *Der ewige Jude*, eines der schlimmsten Zeugnisse antisemitischer Propaganda während der NS-Zeit.

Um 22 Uhr brüllte ein SA-Führer das Kommando: »Stillgestanden. Im Gleichschritt marsch!« Unter dem Takt einer SA-Blaskapelle bewegte sich der Fackelzug mit den beladenen Lastautos in Richtung Oranienburger Tor, durch die Hannoversche Straße, links abbiegend an der Charité vorbei die Luisenstraße hinunter, dann rechts die Karlsstraße, die heutige Reinhardtstraße, hindurch über die Spree und anschließend über den Königsplatz vor dem Reichstag, den heutigen Platz der Republik, weiter zum Brandenburger Tor. Aufgepflanzt auf einem Stock wurde der Kopf einer Büste von Magnus

Hirschfeld mitgeführt, der schauerlich aus der marschierenden Meute emporragte. Tausende Schaulustige säumten den Vorbeimarsch der in Talare gekleideten Professoren mit Alfred Baeumler an der Spitze, gefolgt von den NS-Studenten, den Verbänden der SA und der SS, den verschiedenen Burschenschaften und der Hitler-Jugend. Die mittlere Durchfahrt des Brandenburger Tors passierend wurde der Umzug von berittener Polizei die Linden hinunter eskortiert bis das Forum Fridericianum erreicht war und der Zug rechts auf den Opernplatz einbog.

Am Scheiterhaufen

Dort war inzwischen ein gewaltiger Holzstoß aufgeschichtet worden. Einzig der Regen leistete beharrlichen Widerstand, so dass der Scheiterhaufen von Feuerwehrleuten aus eigens herbeigeschafften Benzinkanistern überschüttet wurde. Aus den am Holzstoß vorbeimarschierenden Menschenkolonnen wurden die brennenden Fackeln in den Holzstoß geworfen, bis das Feuer den Opernplatz hell erleuchtete. Große Jupiterscheinwerfer sorgten für weiteres Licht, damit auch die Kameraleute der Wochenschau und die vielen Pressefotografen auf ihre Kosten kamen. Schließlich war das Erscheinen des Reichsministers für Volksaufklärung und Propaganda, Joseph Goebbels, angekündigt.

Als alle teilnehmenden Organisationen in Reih und Glied um den Scheiterhaufen herum Aufstellung genommen hatten, ergriff der Führer der berlin-brandenburgischen Deutschen Studentenschaft, Herbert Gutjahr, das Wort. Er betonte, dass in diesen Augenblicken in ganz Deutschland die »undeutschen Schriften« auf dem Scheiterhaufen endeten und brüllte die Schlussworte: »*Wir haben unser Handeln gegen den undeutschen Geist gewendet. Ich übergebe alles Undeutsche dem Feuer.*«

Gegen 23.30 Uhr begann die Verbrennung. Eine Reihe von Studenten hielt die Bücher der besonders angefeindeten fünfzehn Autoren in den Händen und einer nach dem anderen trat an das Mikrofon, um jeweils einen der neun Feuersprüche über den Platz zu brüllen. Jeder Feuerspruch endete mit den Worten: »*Ich übergebe dem Feuer die Schriften von ...*«, woraufhin die Bücher desjenigen Autors in die Flammen geschleudert wurden. Der Ausruf der Namen von Emil Ludwig und Erich Maria Remarque löste in der umherstehenden Menge lautes Hurra-Gebrüll aus. Beim letzten Feuerspruch schrie der Student mit sich überschlagender Stimme: »*Verschlinge Flamme auch die Schriften der Tucholsky und Ossietzky.*« Anschließend wurden die weiteren Bücher von den Lastwagen heruntergeladen und bündelweise von einer Menschenkette bis zum Scheiterhaufen durchgereicht. Dort hatte eine tobende Meute von Studenten in SA-Uniform reichlich zu tun, die zahllosen Bände so weit zu schleudern, dass sie auch in den Flammen landeten. Das Feuer entwickelte inzwischen eine derartige Hitze, dass die Studenten immer weiter zurückweichen mussten. Oft hielten sie ihre Hände schützend vors Gesicht, nachdem sie mit Anlauf wieder einen Bücherstapel in die Flammen geworfen hatten.

Während des Rituals erschien der promovierte Germanist Joseph Goebbels. Elf Jahre zuvor hatte er den jüdischen Prof. Max von Waldberg zum Doktorvater gehabt. Von ihm hatte er die Methoden des wissenschaftlichen Arbeitens erlernt. Jetzt war Goebbels gekommen, um gegen den »jüdischen Intellektualismus« zu hetzen. »*Der Herr Reichsminister Dr. Goebbels hat das Wort*«, tönte es aus den Lautsprechern. Unter »Heil«-Rufen trat Goeb-

Beginn der Berliner Bücherverbrennung. Verbindungsstudenten passieren beim Eintreffen des Fackelzuges auf dem Opernplatz, dem heutigen Bebelplatz, den gerade entzündeten Scheiterhaufen.

Die Bücherverbrennung auf dem Berliner Opernplatz am 10. Mai 1933.

Die Bücherverbrennung auf dem Berliner Opernplatz vom Dach der Staatsoper fotografiert. Rechts eine Menschenkette, durch die die angefeindeten Bücher stapelweise von den Lastautos zum Feuer durchgereicht wurden.

bels vor die zahlreichen Mikrofone. Sein Rednerpult war mit einer Hakenkreuzfahne bedeckt. Auf das Fahnentuch hatte man ihm ein Glas Wasser gestellt. Geradeaus blickte Goebbels direkt in die Flammen des Scheiterhaufens, so dass er sich ein wenig seitlich wenden musste, um zur Menschenmenge zu sprechen.

Als Rede eines Germanisten konnte die fünfzehnminütige Ansprache wahrlich nicht gelten. Keinen Autor, keinen Buchtitel nannte er beim Namen. Statt-

Die Bücherverbrennung auf dem Berliner Opernplatz. Links im Bild die hellen Jupiterscheinwerfer, die den Opernplatz für die Bild- und Filmaufnahmen hell ausleuchteten. Die Lichtstrahlen und der glänzende Boden machen das regnerische Wetter sichtbar.

dessen bediente er sich der üblichen Phrasen, die man von ihm als Nazi-Demagogen oder aus seinem Hetzblatt *Der Angriff* schon seit Jahren kannte. Es fielen die Begriffe »jüdischer Intellektualismus«, »Marxismus«, »Asphaltliteraten«, »Ungeist«, »Unflat«, »Unrat«, »Schmutz«, »Untermenschentum«. Es war die Sprache des ideologischen Rassenhasses, die die Studenten hier erneut mit Begeisterung aufsogen. Der von ihnen errichtete Scheiterhaufen ließ wissen, zu welchen Taten dieser Rassenhass sie schon jetzt fähig machte.

152 Joseph Goebbels, *Rede zur Bücherverbrennung auf dem Opernplatz am 10. Mai 1933 in Berlin*, in: Helmut Heiber (Hg.), *Goebbels. Reden*, Düsseldorf 1971, Bd. 1, S. 108 ff.

Was würde geschehen, wenn diese Studenten aus den Universitäten kamen und ihren Weg in die Institutionen des NS-Staates antraten? Goebbels' Rede ließ es in wenigen Sätzen auf gespenstische Weise erahnen: »*Der Geist lernt sich im Leben und in den Hörsälen, und der kommende deutsche Mensch wird nicht nur ein Mensch des Buches, sondern auch ein Mensch des Charakters sein. Und dazu wollen wir Euch erziehen. Jung schon den Mut zu haben, dem Leben in die erbarmungslosen Augen hineinzuschauen, die Furcht vor dem Tode zu verlernen und vor dem Tode wieder Ehrfurcht zu bekommen, – das ist die Aufgabe dieses jungen Geschlechts. Und deshalb tut Ihr gut daran, um diese mitternächtliche Stunde den Ungeist der Vergangenheit den Flammen anzuvertrauen.*«[152]

Goebbels verschränkte den Akt der Bücherverbrennung mit den Zielen nationalsozialistischer Erziehung. Beides stand in einem direkten Zusammenhang. Der republikanische, kritische und progressive Geist musste ausgetrieben werden, um davon ungestört ein »junges Geschlecht« heranziehen zu

NS-Studenten in SA-Uniform und Freistudenten bei der Berliner Bücherverbrennung. Bei dem Schriftmaterial in ihren Händen handelt es sich vermutlich um Archivmaterial aus dem Institut für Sexualforschung.

können, dessen »Charakter« darin bestehen sollte, »erbarmungslos« zu sein und den Tod zu verehren. Goebbels stilisierte die Bücherverbrennung zu einem Symbol des revolutionären Epochenwechsels: »*Hier sinkt die geistige Grundlage der Novemberrepublik zu Boden, aber aus diesen Trümmern wird sich siegreich erheben, der Phönix eines neuen Geistes, – eines Geistes, den wir tragen, den wir fördern und dem wir das entscheidende Gewicht geben und die entscheidenden Züge aufprägen!*« Mit dem »Phönix eines neuen Geistes« war das »junge Geschlecht« gemeint, auch jene Studenten, zu denen Goebbels hier sprach. Als er seine Rede beendet hatte, waren die brennenden Bücher vor ihm zu einem rauchenden Aschehaufen zusammengesunken. Einen Phönix sah niemand emporsteigen. Der »neue Geist« jedoch,

Bücherverbrennung auf dem Berliner Opernplatz. NS-Studenten schleudern einen Stoß mit Büchern in den Scheiterhaufen.

Joseph Goebbels während seiner Feuerrede bei der Berliner Bücherverbrennung.

den Goebbels beschworen hatte, er war in den Köpfen der Bücherverbrenner manifest geworden. Und jeder, der es sehen wollte, konnte hier sehen, dass es der Geist der Vernichtung war.

Nachdem Goebbels das Rednerpult verlassen hatte, stimmte die Blaskapelle das Lied *Volk ans Gewehr* an. Es folgte das Horst-Wessel-Lied. Die umherstehende Studentenmenge sang kräftig, während die Masse der Schaulustigen sich langsam auflöste.

Königsberg

»... die Seele des Volkes ausbrennen von allen Schlacken dieses Ungeistes!«

Die Bücherverbrennung in Königsberg wurde von den Studentenschaften der Albertus Magnus Universität und der Handelshochschule Königsberg organisiert. Die Aktionen begannen hier bereits in den Morgenstunden des 10. Mai 1933 mit der Errichtung eines Schandpfahls auf dem Trommelplatz vor der Universität. Ein über zwei Meter hoher Baumstamm wurde im Boden befestigt, eine schwarzrotgoldene Flagge herumgewickelt und einige verhasste Schriften und Bücher daran festgenagelt. Die Herabwürdigung der

Nationalflagge aus der Weimarer Republik war auch zentraler Bestandteil der abendlichen Bücherverbrennung, die ebenfalls auf dem Trommelplatz stattfand.[153]

Es wurde ein zylinderförmiger Holzstoß aufgeschichtet, der etwa die Höhe eines Erwachsenen hatte. Darum wurde eine schwarzrotgoldene Flagge gelegt, so dass der Holzstoß rundum bedeckt war. Auf den Scheiterhaufen wurde ein Regalfach gestellt – darin die Werke der besonders angefeindeten Schriftsteller. Wenige Meter neben dem Scheiterhaufen lag ein Haufen mit weiteren Büchern, die ebenfalls verbrannt werden sollten.

Der Verbrennungsakt begann mit Einbruch der Dunkelheit. Die Verbände des NS-Studentenbundes, des SA-Studentensturms, des Stahlhelm-Studentenrings Langemarck und der Burschenschaften nahmen im Viereck um den Scheiterhaufen Aufstellung. Außerhalb dieses aus mehreren Menschenreihen bestehenden Vierecks sammelten sich zahlreiche Schaulustige. Innerhalb des Vierecks hatte man als Rednertribüne einen Pkw mit heruntergeklapptem Verdeck rückwärts bis auf wenige Meter an den Scheiterhaufen herangefahren. Direkt vor dem Scheiterhaufen wurden zwei Studenten in SA-Uniform postiert. Beide standen stramm, mit einer brennenden Fackel in der Hand. Im Pkw stehend hielt der »Älteste der Studentenschaft der Universität«, Horst Krutschinna, die Feuerrede. Er war zudem Kreisführer des NS-Studentenbundes und SA-Sturmbannführer. Später wurde er Persönlicher Adjutant des Reichsjugendführers Baldur von Schirach.

Krutschinnas Rede wurde sinngemäß im Artikel *Studentenschaft verbrennt undeutsche Schriften* der *Preußischen Zeitung* vom 11. Mai 1933 wiedergegeben. Sie entsprach inhaltlich dem völkisch-antisemitischen Tenor, wie er von der Deutschen Studentenschaft schon in den zwölf Thesen »Wider den undeutschen Geist« propagiert worden war. Bemerkenswert waren die rhetorischen Wendungen, mit denen Krutschinna zum Schluss seiner Rede den Verbrennungsakt rechtfertigte: »*Deutsche Volksgenossen! Zum Zeichen dafür, daß wir uns reinigen wollen von jenem Geist des Chaos, des Unterganges, reinigen wollen von den letzten Resten dieses Geistes, die hier und da an uns etwa haften geblieben sind, vernichten wir diese Schriften durch Feuer. Möge das Feuer, das ich hier anlege, die Seele des Volkes ausbrennen*

153 Diese Verächtlichmachung der Farben Schwarz-Rot-Gold, der Symbolfarben deutscher Republik und Demokratie, war schon zu Beginn der Weimarer Republik unter ihren Feinden von der politischen Rechten sehr verbreitet. »Schwarz-Rot-Mostrich« oder »Novemberlappen« waren zwei der verbalen Diffamierungen.

von allen Schlacken dieses Ungeistes! Möge nach der Läuterung die Seele des erneuerten Volkstums reiner und schöner erstrahlen, denn je zuvor!«

Krutschinna knüpfte an jahrtausendealte Topoi des rituellen Feuers an. Der Scheiterhaufen wurde den Zuhörern nicht als ein Instrument des »finsteren Mittelalters«, sondern als Symbol der Erneuerung nahe gebracht. Der Vernichtung durch das Feuer wurde der Charakter einer kollektiven Buße oder »Läuterung« verliehen: »die Seele des Volkes ausbrennen«. Im christlichen Begriff der »Läuterung« liegt die Verwandlung von Schuld in Unschuld. Die Verwandlung in Unschuld lässt sich wiederum als Erneuerung deuten und das Erneuerte lässt sich als »reiner« und »schöner« beschreiben. In diese sprachlichen Wiederbelebungsversuche wurde von Krutschinna die Metaphorik der völkischen Ideologie hineingeflochten, so dass der rituelle Gebrauch des Feuers im Erneuerungswahn des Nationalsozialismus gipfelte.

Wider den undeutschen Geist!
Deutsche Männer und Frauen!

Beteiligt Euch an unserm Kampf gegen das jüdisch-marxistische Schrifttum. Säubert Euren Bücherschrank von diesem Unrat und liefert diese Erzeugnisse artfremden Geistes bei unseren Sammelstellen ab. Sie werden am Mittwoch, 10. Mai 1933, abds. 19[30] Uhr, öffentlich auf dem Trommelplatz verbrannt werden.

Sammelstellen:
Geschäftszimmer des N. S. D. St. B. im S. A.-Haus (Otto Reinke Str.)
Geschäftszimmer des „Stahlhelm" Vorder Roßgarten 18 II
Geschäftszimmer der Studentenschaft (Altes Landgericht, Theaterpl. 3, Aufg. C)

Aufklärende Listen sind im Geschäftszimmer der Studentenschaft zu haben.

Arbeiter der Stirn und der Faust
Erscheint dazu in Massen!

Verantwortlich: Riechelmann. Druck: O. Glindemann, Steindamm 20.

Aufruf der Königsberger Studentenschaft zur Büchersammelaktion und Teilnahme an der Bücherverbrennung.

Der in den Morgenstunden des 10. Mai 1933 aufgestellte Schandpfahl in Königsberg.

Beginn der Bücherverbrennung auf dem Trommelplatz in Königsberg am 10. Mai 1933. Auf dem Scheiterhaufen (links im Bild) steht ein Regalfach mit besonders angefeindeten Büchern. Vom Automobil (rechts im Bild) hält der »Älteste der Studentenschaft« und SA-Sturmbannführer Horst Krutschinna seine Feuerrede.

Ein uralter Ritus und strahlende Moderne sollten im brennenden Scheiterhaufen zur Vereinigung kommen und die Erneuerung im nationalsozialistischen »Geist« befördern. In der Läuterung durch das Feuer sollte die Seele des »Volkstums« zu Reinigung und Erneuerung finden: »*Möge nach der Läuterung die Seele des erneuerten Volkstums reiner und schöner erstrahlen, denn je zuvor!*« Krutschinnas Rede war ein Metaphernsumpf, in dem das Instrument des Scheiterhaufens seinen Zuhörern als etwas Zeitgemäßes erscheinen sollte. Studenten einer Universität, von der einst mit Immanuel Kant ein aufklärerischer Geist ausgegangen war, hätten wissen können, dass Schandpfähle und Scheiterhaufen in die Zeit vor der Aufklärung gehörten und daher mit der Erneuerung einer Gesellschaft nichts zu tun haben können, sondern eher mit dem Gegenteil.

Im Anschluss an Krutschinnas Rede wurde der Scheiterhaufen angezündet. Dem Bericht der *Preußischen Zeitung* zufolge war es Krutschinna selbst,

Die Bücherverbrennung auf dem Trommelplatz in Königsberg am 10. Mai 1933. Mit den Büchern wird eine schwarzrotgoldene Fahne verbrannt, die seitlich um den Scheiterhaufen herumgelegt wurde.

der ihn mit einer Pechfackel entfachte. Nach dem Bericht *Bücher und Schriften in Flammen* der *Königsberger Allgemeinen Zeitung* vom 11. Mai 1933 waren die beiden vor dem Scheiterhaufen stehenden SA-Fackelträger dazu postiert, »*um auf Befehl den Holzstoß in Brand zu setzen*«.

Während sich die Bücher- und Fahnenverbrennung vollzog und von den Seiten her weitere Bücher ins Feuer geworfen wurden, hielt Tanzmann, ein Redakteur der *Deutschen Ostwacht*, eine Rede. Soweit sich deren Inhalt aus den Zeitungsberichten rekonstruieren lässt, setzte Tanzmann den Gedanken von Reinigung und Erneuerung aus Krutschinnas Rede nahtlos fort. Mit Blick auf die nunmehr lichterloh brennenden Bücher verstieg er sich zu einer Licht-Wahrheits-Symbolik.

Das *Königsberger Tageblatt* berichtete am 11. Mai 1933 unter der Überschrift *Wider den undeutschen Geist*: »*Redakteur Tanzmann sprach den Wunsch aus, daß aus diesen Flammen neuer wahrer deutscher Dichtergeist ans Licht steigen möge, um das Volk wieder zu allem Schönen, Guten, Edlen und Deutschen zu entflammen. Gemeinsam wurde darauf von der Menge das Deutschlandlied gesungen.*«

Dem Artikel *Marxistenschund auf dem Scheiterhaufen* in der *Ostpreußischen Zeitung* vom 11. Mai 1933 ist zu entnehmen, dass alle drei Strophen des 1841 von Hoffmann von Fallersleben gedichteten Liedes gesungen wurden: »*Während die Flammen knisternd hochschlugen und die schwarz-rot-goldenen Farben verzehrten, flogen die Schmutzschriften marxistischer und jüdischer Verfasser von allen Seiten in das Feuer.* [...] *Drei Strophen des Deutschlandliedes und ein dreifaches ›Sieg heil‹ auf Adolf Hitler beschlossen den symbolisch bedeutsamen Akt.*«

Noch unerträglicher schrieb die *Preußische Zeitung*: »*Während das Feuer alle jüdischen Teufeleien vernichtete, sangen alle Anwesenden in vollem Bewußtsein aller politischen, sozialistischen und kulturellen Verpflichtungen, das Deutschlandlied. Kreisleiter Pg. Krutschinna brachte hierauf ein dreifaches Sieg-heil auf unseren Führer, den Erneuerer deutschen Geistes und deutschen Volkes, aus, in das die Menschenmenge freudig einstimmte.*«

Dem »vollen Bewusstsein« der Bücherverbrenner in Königsberg fehlte es offenbar an elementaren Kenntnissen der neueren deutschen Geschichte. Der historische Ursprung des Deutschlandliedes schloss aus, dass es zur Begleitmusik wurde von »Sieg-Heil«-Gebrüll und der Verbrennung der Farben der 1848er Märzrevolution. Wo die schwarzrotgoldene Fahne als die Fahne der Weimarer Republik brannte, hätte das Deutschlandlied ihr Schicksal teilen müssen. Es war nämlich Reichspräsident Friedrich Ebert, der 1922 das

Deutschlandlied zur Nationalhymne machte und im Gedenken an Hoffmann von Fallersleben erklärte: »*In Erfüllung seiner Sehnsucht soll unter den schwarz-rot-goldenen Fahnen der Sang von Einigkeit und Recht und Freiheit der festliche Ausdruck unserer vaterländischen Gesinnung sein* [...].«

Nachdem die Königsberger Studenten ihre anachronistischen Rituale auf dem Trommelplatz beendet hatten, bildeten sie einen Fackelzug und marschierten zusammen mit den Schaulustigen singend zum Hof der Palaestra Albertina, wo der Kampfbund für Deutsche Kultur eine Abschlusskundgebung abhielt.

Hannover
»*Einem Nationalsozialisten kann dabei schlecht werden*«

Am 10. Mai 1933 um 20 Uhr sammelten sich die Studentenschaften der Technischen Hochschule Hannover und der Tierärztlichen Hochschule Hannover mit dem Kampfbund für Deutsche Kultur und dem Deutschnationalen Handlungsgehilfen-Verband (DHV) in der Herrenhäuser Allee zum Fackelzug. Die Zugspitze bildete der NS-Studentenbund in SA-Uniformen, der, umgeben von Hakenkreuzfahnen, am Alleeeingang Aufstellung nahm. Dahinter gruppierten sich die Chargierten der Burschenschaften, die SA-Kapelle 412 unter der Leitung des Obermusikzugführers Brett, die weiteren Korporationen mit ihren Fahnen, der Kampfbund für Deutsche Kultur und der DHV. Die Mitglieder des Akademischen Reitclubs flankierten den Aufzug zu Pferde. Hinzu kamen Tausende Schaulustige, die den Weg des Fackelzuges entlang der Marschroute säumen sollten. Als um 20.30 Uhr die Fackeln entzündet wurden, war die Herrenhäuser Allee vom Eingang her – einschließlich des Alleeabschnitts, der heute Walter-Großmann-Weg heißt – bis zur Technischen Hochschule mit Menschen gefüllt.

Kurz vor dem Abmarsch fuhr auf dem damaligen Horst-Wessel-Platz, dem heutigen Königsworther Platz, ein Lastauto vor, beladen mit den zur Verbrennung bestimmten Büchern, das nach dem Vorbeimarsch des Fackelzuges dessen Ende bilden sollte. Das Lastauto war mit Plakaten behängt, auf denen die Aufschrift »Sammelstelle für Schund und Schmutz« zu lesen war. Im Bericht *Hannovers Studenten verbrennen Schund und Schmutz* aus der *Niedersächsischen Tageszeitung* vom 12. Mai 1933 wurde mit vulgärer Bosheit verkündet, welche weitere symbolische Bewandtnis es mit diesem Lastauto hatte: »*Es ist ein Viehwagen! – Man hätte außer einer Dungkarre kaum ein besseres Gefährt finden können für den Berg von Schmutz, der sich darauf häuft. Es ist noch Zeit, schnell einmal heraufzuklettern und einen Blick in die umfangreiche Auswahl an ›Literatur‹ zu werfen. Einem Nationalsozialisten kann dabei schlecht werden. Man versucht zu vergessen, daß der leise Stallgeruch eigentlich dem Wagen anhaftet, er könnte gerade so gut diesem Haufen Unrat entströmen.*« – Nachdem die Zeugnisse der talentiertesten Journalisten der Weimarer Republik verbrannt waren, war das journalistische Niveau, wie es hier im Beitrag der *Niedersächsischen Tageszeitung* zum Ausdruck kam, dem geistigen Wohlbefinden eines Nationalsozialisten wahrscheinlich zuträglicher.

Zumindest wurde in diesem Zeitungsbericht ein grober Überblick über die sich auf dem Lastwagen befindlichen Bücher gegeben. Darunter waren die Werke von Karl Marx – »*Marx ist mit einer Armee von Anhängern vertreten*« –, Max Brod, Emil Ludwig, Erich Maria Remarque, Schalom Asch, Arthur Schnitzler, Lion Feuchtwanger, Egon Erwin Kisch – so weit alles Autoren, die auch auf den schwarzen Listen standen, die von der Führung der Deutschen Studentenschaft den Bücherverbrennungen zugrunde gelegt wurden. Carl Zuckmayers Bücher waren jedoch auch darunter, ohne dass Zuckmayer auf einer der bis dahin erstellten schwarzen Listen vermerkt gewesen wäre. Bemerkenswerterweise traten auf diesem Lastwagen auch die Werke eines der bedeutendsten französischen Romanciers des 19. Jahrhunderts ihren Weg zum Scheiterhaufen an, Honoré de Balzac. Seine Bücher stammten wahrscheinlich aus einem Familienbesitz. Der örtliche »Kampfausschuß zur Bekämpfung von Schund und Schmutz« hatte nämlich während der Büchersammelaktion neben den öffentlichen Bibliotheken, den Schulbibliotheken und dem Buchhandel noch eine weitere Sammelquelle erschlossen, indem Hannovers Schüler angestiftet wurden, bei ihren Eltern nach »verbrennenswerten« Büchern zu suchen. Hierüber war dem Beitrag der *Niedersächsischen Tageszeitung* der Bericht eines Schülers mit dem Titel *Wir waren dabei!* angefügt: »*Eines Tages ging ein Laufzettel durch alle Klassen. Wir wurden aufgefordert, Schundliteratur zu sammeln.* [...] *Ein Sextaner brachte Musäus Märchen, weil er den Verfasser wegen seines ungewöhnlichen Namens für den Vertreter einer fremdstämmigen Rasse hielt. Als er aufgeklärt wurde, zog er freudestrahlend mit seinem Buche wieder ab, weil er sich eigentlich doch schwer hatte davon trennen können. Aber es kam auch anderes. Ganz leicht wird es nicht gewesen sein. Bücher kosten viel Geld und mancher Vater hatte sich nach langem Rechnen oft erst einen Band kaufen können, den ihm nun sein lieber Sohn wieder abhängte.*«

Die Gutgläubigkeit der Kinder dazu zu missbrauchen, auf diese oder andere Weise die Gedankenwelt ihrer Eltern preiszugeben, war ein übliches Überwachungsmittel des NS-Staates.

Kurz nach halb neun Uhr begann der Fackelzug durch Hannovers Innenstadt. Die Marschroute verlief über den heutigen Königsworther Platz, durch die Lange Laube, die Georgstraße und Hildesheimer Straße hinunter und schließlich links in die Geibelstraße, bis der Bismarckturm am Aegidienmasch erreicht war: der Ort der Bücherverbrennung. Wie in vielen anderen Hochschulstädten ging auch in Hannover die Errichtung des Bismarckturmes auf eine Initiative der örtlichen Studentenschaft zurück. Auf der Rückseite des 1903 nach den Entwürfen von Alfred Sasse erbauten Turmes war das Relief eines »germanischen Jünglings« zu sehen, der die Studentenschaft symbolisierte. In die Spitze des 19,5 Meter hohen Turmes war eine gewaltige Pechpfanne eingelassen, die es ermöglichte, ihn an nationalen Feiertagen zu einer weithin sichtbaren Fackel werden zu lassen.

Ob aus dieser Feuerschale auch am 10. Mai 1933 die Flammen schlugen, ist den Berichten nicht zu entnehmen. Wohl aber, dass zahlreiche Schaulustige bereits den unteren Teil des Turmes erklommen hatten, um gute Sicht zu haben, als gegen 21.30 Uhr der Fackelzug eintraf und die Studentenschaft sich im Viereck vor dem Bismarckturm aufstellte. Schnell wurden die Bücher von dem Lastauto heruntergeladen und zu einem hohen Scheiterhaufen aufgeschichtet. Sie sollten verbrannt werden, noch bevor die Feuerreden gehalten wurden, da von der Sammelstelle des »Kampfausschusses« aus bereits weitere Fahrzeuge mit umfangreicher Fracht unterwegs waren.

Über das Entzünden des Scheiterhaufens und die ersten Feuerreden berichtete der *Hannoversche Kurier* vom 11. Mai 1933 unter der Überschrift *Flammenzeichen an der Bismarcksäule*: »*Dann loderten die Flammen hoch zum nächtlichen Himmel empor. Unzählige Schriften fielen den Flammen zum Raube. Nach kurzen Eröffnungsworten des Führers der Studentenschaft der Tierärztlichen Hochschule, Hansen, ergriff Privatdozent Dr. Dönecke von der Tierärztlichen Hochschule, als Vertreter des Kampfbundes für deutsche Kultur, Abteilung Hochschule, das Wort. Er betonte, daß sich in dieser Stunde ein Volk zur Wehr setze gegen allen Schund und Schmutz in der Literatur, der Kunst, des Theaters usw. Seit Jahren kämpfe der Kampfbund für*

154 Vgl. Kürschners *Deutscher Gelehrten-Kalender 1935*.

155 Vgl. Anke Dietzler, *Bücherverbrennung in Hannover am 10. Mai 1933*, in: *Hannoversche Geschichtsblätter NF*. 37, 1983, S. 108 ff.

deutsche Kultur um dieses Ziel. Er habe vollen Erfolg damit gehabt. Nun heiße es, auf diesem Wege weiterzugehen und die Arbeit auch in die kleinen Städte zu tragen. Der DHV, Abteilung Buchhandel und Buchbinderei, werde den Kampfbund dabei unterstützen. Ferner würden die Kommissionen auch künftig Stichproben in den Buchhandlungen machen, damit die verfemten Bücher und Schriften nicht irgendwo wieder zum Vorschein kämen. [...] *Die deutsche Studentenschaft werde sich den Glauben an diese Ideale von niemanden nehmen lassen und trete deshalb für Werke ein, die dem germanisch-heldischen Ethos Rechnung trügen. Wenn ein Mann wie Kerr gesagt habe: ›Lieber dreimal Sklave als tot!‹, so halte ihm die Studentenschaft das alte niedersächsische Wort: ›Lever dot als Sklav'!‹ entgegen. Ein mit stürmischer Begeisterung ausgebrachtes Sieg-Heil auf Deutschland beendete die Ausführungen.*«

Der Privatdozent Dr. Hellmut Doenecke war Veterinärmediziner und lehrte an der Tierärztlichen Hochschule Hannover als Oberassistent im Bereich der »Speziellen Pathologie und Therapie«.[154] Er gehörte dem Kampfbund für Deutsche Kultur an. Seine Worte ließen bereits erahnen, welche weiteren kulturpolitischen Maßnahmen bald auf Hannover zukommen würden. Als nächster Redner trat der Kunsthistoriker Professor Viktor Curt Habicht von der Technischen Hochschule vor den Scheiterhaufen. Auch Habicht war Mitglied des Kampfbundes für Deutsche Kultur.[155] Über seine Rede berichtete die *Niedersächsische Tageszeitung*: »*Dann sprach Prof. Habicht von der Technischen Hochschule Hannover und führte aus, daß es nicht nur notwendig sei, den Schmutz zu beseitigen und seine Wiederkehr zu verhüten, es sei auch nötig, daß der Deutsche die Werke annimmt, die seine Denker und Dichter ihm aus ihren göttlichen Gaben schenkten. Trotz aller Arbeitslast sei immer auch einmal Zeit, ein Gedicht von Hölderlin zu lesen oder nach dem Meister Ekkehard zu greifen. Seine Worte klangen aus in dem Gelöbnis, in Deutschland wird wieder deutsche Kultur, deutscher Geist, deutsches Leben und Heldentum leben.*«

Nach einer weiteren kurzen Ansprache des Gaujugendführers Leue vom DHV war es der Student Hansen, der als Leiter des »Kampfausschusses« die Schlussworte sprach. Im *Hannoverschen Kurier* war zu lesen: »*Zum Schluß dankte Student Hansen namens des Aktionsausschusses des Kampfbundes allen Beteiligten, insbesondere den Professoren beider Hochschulen und erklärte, die Studentenschaft werde es nicht dulden, daß künftig noch einmal undeutsche Professoren an deutschen Hochschulen wirkten. Die Aktion des Kampfbundes sei mit diesem Tage keineswegs zu Ende. Man werde nicht eher ruhen, bis das letzte Schund- und Schmutzwerk verschwunden sei.«* Schließlich schleuderte Hansen unter Nennung ihrer Namen die Werke von Erich Maria Remarque, Kurt Tucholsky, Emil Ludwig, Karl Marx und Thomas Mann ins Feuer. Die Bücherverbrennung endete mit dem Horst-Wessel-Lied und einem »dreifachen Sieg-Heil auf den Führer und Reichskanzler Hitler«. Die Bücher von Thomas Mann zählten zu den Letzten der Tausende Werke, die am 10. Mai 1933 auf dem Scheiterhaufen unter Hannovers Bismarckturm verbrannt wurden.

Göttingen

An der Göttinger Georgia Augusta lud die Studentenschaft am frühen Abend des 10. Mai 1933 zu einem Festakt in das Auditorium maximum. Die *Göttinger Zeitung* berichtete am 11. Mai 1933 unter der Überschrift *Wider den undeutschen Geist*, dass der Hörsaal schon bald wegen Überfüllung geschlossen werden musste. Das *Göttinger Tageblatt* meldete am 11. Mai unter den Schlagzeilen *Burschen heraus* und *Flamme empor...!* sogar einen derartigen Andrang, dass »*um das Hörsaalgebäude herum ein fast lebensgefährliches Drängen und Treiben*« geherrscht habe. Dieser breite Rückhalt, den die Deutsche Studentenschaft der Universität Göttingen schon zum Auftakt ihrer Bücherverbrennung erlebte, wurde auch von der Universitätsleitung geteilt.

Die Bücherverbrennung im Spiegel einer Germanistik als »völkische Wissenschaft«

Zwei Reden im Auditorium maximum der Georgia Augusta

Zur Eröffnungsrede des Rektors Friedrich Neumann

Der neu gewählte Rektor der Georgia Augusta, der Altgermanist Friedrich Neumann, hielt die Eröffnungsrede. Das *Göttinger Tageblatt* berichtete darüber: »*Der neu gewählte Rektor der Universität, Prof. Neumann, ließ es sich nicht nehmen, die einleitenden Worte zu sprechen und brachte zum Ausdruck, daß es im Kampfe wider den undeutschen Geist mit einer symbolhaften Handlung allein nicht getan sei. Vielmehr gelte es, in jedem einzelnen Falle die Frage zu stellen und zu prüfen, was schädlich und undeutsch sei. Immer wieder wären wir in den letzten Jahren dem schädlichen Einfluß des zersetzenden Literatums verfallen, ohne daß eine kraftvolle Gegenwirkung erfolgte.*«

Die *Göttinger Zeitung* zitierte Neumann: »*Als feindlich erkennen wir, was auf unsere Volkheit und auf unser persönliches Erleben zersetzend und auflösend wirkt; uns zugehörig ist das, was uns steigert und besser macht. Nicht das ist das Erregende, das tausende und abertausende Remarque ge-*

dieser aufzuzeigen die Wurzeln, mit denen wir immer neue Kraft aus deutschem Volksboden und Volkstum ziehen können.

Deuerlich

Weender Straße 31 (Ecke Prinzenstr.)

ist seit Jahrzehnten

die Buchhandlung

der rechtsstehenden Kreise Göttingens

und

der nationalen

Studentenschaft

aller Fakultäten.

Großes Lager.

Kontoeinrichtung bereitwilligst.

So stand auch der letzte studentische Wander-

Werbeanzeige einer bekannten Göttinger Buchhandlung in der Ausgabe der »Göttinger Hochschul-Zeitung« vom 18./19. Mai 1933.

kauft haben, die Gefahr liegt darin, daß tausende, die es besser wissen mußten, dies Buch als echte Kriegserinnerung hinnehmen konnten. Wir haben nur dann ein Recht, wider den undeutschen Geist zu kämpfen, wenn wir unablässig daran arbeiten, daß unser Volk sein gesundes Wachstum behält und seine innere Eigenart vollendet. Unser gesamtes akademisches Dasein muß ein unaufhörliches Bemühen sein, das deutsche Leben dem deutschen Geist zuzuordnen.«

Seine Erregung darüber, dass Remarques Werk *Im Westen nichts Neues* als »echte Kriegserinnerung« hingenommen werden konnte, resultierte aus Neumanns Perspektive einer Germanistik, die bestrebt war, ihr Fach als eine »völkische Wissenschaft« zu betreiben. Einen Roman nach dem ohnehin sehr fragwürdigen Kriterium der »echten Kriegserinnerung« zu beurteilen, kommt einem Germanisten normalerweise nicht in den Sinn. Ohne den Ansatz einer fachgerechten Literaturkritik bestätigte Neumann vielmehr die von der Rechten seit Jahren gebetsmühlenartig wiederholte Behauptung, Remarque sei gar kein Frontsoldat gewesen. Ein Rest an wissenschaftlicher Lauterkeit hätte es geboten, diese Behauptung vor ihrem erneuten Hinausposaunen zu überprüfen. Neumann, neun Jahre älter als Remarque, ließ unberücksichtigt, dass ein Soldat, der 1917 im jugendlichen Alter von neunzehn Jahren in der Flandernschlacht schwer verwundet wurde, seine »echte Kriegserinnerung« anders reflektierte als vom Gesichtspunkt der »Volkheit«.

Der erzählerische Ansatz des individuellen Erlebens war aber mit Neumanns germanistischer Auffassung des »deutschen Lebens« unvereinbar. Gerade im Begriff des »deutschen Lebens«, den Neumann in seiner Rede ansprach, wurde der Standpunkt deutlich, aus dem heraus Friedrich Neumann als Germanist die Bücherverbrennung als Kampf »wider den undeutschen Geist« für gerechtfertigt hielt. Denn für Neumann hatte die Germanistik in erster Linie eine erzieherische Aufgabe im Aufbau des NS-Staates zu übernehmen. Die Legitimation der Germanistik als Wissenschaft bestand für ihn darin, die in der Dichtung liegenden lebenformenden Elemente für das »deutsche Leben« und die »deutsche Wirklichkeit« als beispielhaft und anstrebenswert herauszuarbeiten. In dieser Instrumentalisierung der Germanistik zum Zwecke der Realisierung einer völkisch-soldatischen Lebensauffassung lag ihre fachimmanente Gleichschaltung an den NS-Staat. Die Wis-

156 Zitiert nach: Ulrich Hunger, *Germanistik zwischen Geistesgeschichte und »völkischer Wissenschaft«: Das Seminar für deutsche Philologie im Dritten Reich* (im Folgenden: Hunger), in: Becker, S. 288.

senschaft wurde hier dem Primat der NS-Ideologie geopfert, wie nicht zuletzt ihre Bezeichnung als »völkische Wissenschaft« offenbarte. Der Vorrang der NS-Ideologie musste folglich den germanistischen Blick auf die deutsche Literatur derart verengen, dass nur noch jene Schriftsteller positiv bewertet wurden, deren literarisches Werk dem nationalsozialistischen Erziehungsideal dienlich war. In Neumanns Worten: *»Als feindlich erkennen wir, was auf unsere Volkheit und auf unser persönliches Erleben zersetzend und auflösend wirkt; uns zugehörig ist das, was uns steigert und besser macht.«*

Wie seine germanistische Kategorie des »deutschen Lebens« als Kriterium für die aus der Literatur zu gewinnende Steigerung und Besserung der »Volkheit« funktionieren sollte, führte Neumann in einem ebenfalls 1933 gehaltenen Vortrag »Deutsche Dichtung und Deutsche Wirklichkeit« näher aus: *»Auch in Richtung auf unsere kommende Dichtung lautet die gegenwärtige Frage, ob es gelingen wird, am Schicksal gewachsener Lebensläufe eine beispielhafte Lebensform zu entwickeln. Die Dichtung kann nicht eine solche Lebensform willkürlich in das Leben hineinbauen. Sie muß vielmehr das, was im Leben selbst nach seiner ihm zugehörenden Darstellung und Deutung ruft, zu sichtbarem Leben erlösen, so daß sich daran neues Leben in bewußter Form entfalten kann. So bleibt nur noch die Frage, ob denn in diesem Leben selbst eine bewegte Tätigkeit sichtbar wird, die sich zum gültigen Dienste formen will. Ein solches bewegtes Tun, das seinen Sinn ganz in die erzieherische Kraft seiner Bewegung aufnehmen kann, scheint mir allerdings gegeben zu sein. Die echte Arbeit, die von allem Selbstischen losgelöst als Dienst gedient wird, der dem Ganzen gilt, wird eine soldatisch ritterliche und damit deutsch-männliche Wirklichkeit schaffen, in der wir als Volk unsere lebendige urständische Einheit finden werden.«*[156]

Aus der Sicht einer solchen nicht wissenschaftlichen, sondern ideologischen Grundposition konnte das Werk eines Erich Maria Remarque selbstverständlich nicht bestehen. Zumal es eigentlich auch völlig ohne Belang war, ob Remarques »Kriegserinnerung« nun »echt« war oder nicht. Viel entscheidender war, dass sie nicht »echt« sein durfte. Sie widersprach dem literarischen Erziehungsideal, wonach eine »Kriegserinnerung« nur dann »echt« war, wenn sie sich von »allem Selbstischen« loslöste und nur noch als »Dienst gedient« wurde, »der dem Ganzen« der »soldatisch-ritterlichen« und »deutsch-männlichen Wirklichkeit« gemäß war.

Neumann machte in seiner Eröffnungsrede deutlich, dass ihm die »symbolische Handlung« einer Bücherverbrennung allein noch nicht ernsthaft genug war. Als befürchtete er, die Studenten würden die angefeindeten Bücher gleich im Anschluss an ihre Verbrennung zu Hause heimlich weiterlesen, mahnte Neumann, »*unablässig daran zu arbeiten, daß unser Volk sein gesundes Wachstum behält und seine innere Eigenart vollendet*«. Das »*Recht, wider den undeutschen Geist zu kämpfen*«, wollte er nur dann anerkennen, wenn es auch auf das »akademische Dasein« Anwendung finden würde und zwar in dem Sinne, wie Neumann seine Aufgabe als Universitätsrektor und Germanist verstand: »*Unser gesamtes akademisches Dasein muß ein unaufhörliches Bemühen sein, das deutsche Leben dem deutschen Geist zuzuordnen.*«

Bis zum Wintersemester 1937/38 blieb Friedrich Neumann Rektor der Göttinger Universität. Er veröffentlichte eine Reihe von Aufsätzen, die jenem akademischen Anspruch gerecht wurden, so *Sprache, Volk und Rasse* (1939), *Soldatenlied, Volkslied* (1940) oder *Die Lebensauffassung altgermanischen Dichtens* (1941). Nach der Befreiung vom Nationalsozialismus wurde Neumann 1945 seines Lehrstuhls enthoben, jedoch 1949 von den Entnazifizierungsbehörden nur als »Mitläufer« eingestuft und vom niedersächsischen Kultusministerium in den Wartestand versetzt. Neumann erhielt keinen Lehrstuhl mehr. 1954 wurde er ordentlich emeritiert, was ihm die Ruhestandsbezüge eines Emeritus einbrachte. Im Ruhestand veröffentlichte Neumann weitere wissenschaftliche Arbeiten zur deutschen Philologie, für die er 1971 die Brüder-Grimm-Medaille der Universität Marburg erhielt. Er starb Ende 1978, fast neunzigjährig, in Göttingen.

Die Rede des Gerhard Fricke
»Nun öffnet sich vor dem braunen Heer der Blick auf das eroberte Land«

Im Anschluss an Friedrich Neumanns Eröffnungsrede sprach der Privatdozent Dr. Gerhard Fricke. Seit 1931 lehrte Fricke deutsche Sprache und Literatur in Göttingen. Er war ursprünglich nicht Germanist, sondern hatte zunächst Theologie und Philosophie studiert und 1925 im Fach Theologie seine erste Promotion absolviert.

Die Feuerrede Gerhard Frickes war in Inhalt und Aufbau primär geprägt durch seinen theologischen Hintergrund. Die Rhetorik, mit der er die Bücherverbrennung geradewegs zu einem nationalen Heilsgeschehen zu stili-

157 Rede des Privatdozenten Dr. Fricke anlässlich der Kundgebung »Wider den undeutschen Geist«, gehalten am 10. Mai 1933, Redetext veröffentlicht in: *Göttinger Hochschulzeitung*, Ausgabe Nr. 2 des Sommersemesters 1933, erschienen am 18./19. Mai 1933, S. 2 f.

sieren versuchte, war weniger die eines Philologen, als vielmehr jene eines schon im Elternhaus geschulten Predigers: »*Mit der Uebernahme der äußeren Macht hat der Nationalsozialismus gleichsam nur den letzten Grenzgipfel erstiegen. Nun öffnet sich vor dem braunen Heer der Blick auf das eroberte Land* [...]«[157] Fricke schöpfte aus allem, was öffentliche Verbrennungsrituale an Symbolik zu bieten hatten. Er sprach von »Erneuerung«, »Wiedererweckung«, »den Kräften der Wiedergeburt« und über das »alte Symbol der Reinigung und Verjüngung«. Das christliche Motiv der Läuterung überführte Fricke gar in eine trinitarische Gliederung, die den roten Faden seiner weiteren Rede bildete: »*Ein Dreifaches bewegt uns, wenn heute Nacht wie vielerorts so auch inmitten der Göttinger Studentenschaft der Flammenstoß emporleuchtet zu den Sternen: ein Gefühl der Schuld, – ein Gefühl der Befreiung – und ein Gefühl höchster Verpflichtung.*«

Aus dem »Gefühl der Schuld« entwickelte Fricke eine Art Selbstgeißelung der Hochschullehrer: »*Denn müssen wir nicht bekennen voller Scham: wir sind es ja gewesen, die es soweit kommen ließen, daß dieser gewaltsame Akt der Vernichtung des undeutschen Geistes notwendig wurde! Wir haben diesen undeutschen Geist aufkommen lassen, geduldet, womöglich gefördert!*« Aus diesem Bekenntnis, das die Notwendigkeit des »gewaltsamen Aktes der Vernichtung« mit eigener Schuld rechtfertigte, entwickelte Fricke seine ganz persönliche Stellungnahme zur Bücherverbrennung. Unter dem rhetorischen Predigergewand kam plötzlich der Germanist Fricke im Büßerhemd zum Vorschein, der Abbitte leistete: »*Ich empfinde lebhaft die tiefe Zweideutigkeit der Situation, in der ich mich hier befinde. Scheint es doch ein bestechend einfaches Verfahren, wenn nun der Literaturhistoriker das Material, das ihm mißfällt, verbrennt. Aber ich empfinde diese Zweideutigkeit fast als eine Art strafende Gerechtigkeit, – denn unsere, der deutschen Philologen, Pflicht wäre es ja vor allem gewesen, unbestechlichen Urteils und reinen Gefühls zu wachen über den deutschen Geist des deutschen Schrifttums, darüber, daß die deutsche Sprache nicht von unsauberen Händen zu unsauberen Zwecken erniedrigt wurde.*«

Diese Bußfertigkeit, mit der Fricke im Instrument des Scheiterhaufens zugleich eine »strafende Gerechtigkeit« für seine, des »deutschen Philologen« Pflichtvergessenheit sah, war nicht gerade von besonderem Opfermut beseelt. Schließlich hatte Fricke an jenem Abend gewiss nicht die Absicht, selbst den Scheiterhaufen zu besteigen.

Vielmehr war sein Bemühen, eine germanistisch fundierte Rechtfertigung dafür zu liefern, die Werke ideologisch angefeindeter Schriftsteller auf den

Scheiterhaufen zu werfen. Dazu tauschte Fricke sein Büßerhemd gegen die Rüstung des Germanisten als Wächter »über den deutschen Geist des deutschen Schrifttums« und holte aus zu einer hasserfüllten verbalen Attacke: »*Wie sah es denn aus bei uns? Widerstandslos hatten wir zugesehen, wie von allen Seiten eine Invasion fremden Geistes, undeutscher und widerdeutscher Anschauungen über uns hereinbrach, wie im Inland, gestützt auf die Allmacht meist jüdischer Buch- und Zeitungsfabriken, eine dünne Schicht geschäftiger Literaten, physisch heimatlos nomadisierend, geistig noch am ehesten in Paris oder Wien oder Warschau zu Hause, – wie diese dünne Schicht die Lähmung des deutschen Geistes nach der großen Katastrophe ausnutzte, um sie zu verewigen, um jenen Nebel zu erzeugen, in dem alle Begriffe vertauscht, alle gesunden, natürlichen und reinen Gefühle verächtlich wurden, in dem jede geistige und moralische Orientierung verloren gehen mußte. Was in Chaos von 1918 heraufgespült war, die Hefe und der Bodensatz, das hielt sich mit hundert Polypenarmen an der Oberfläche fest und sorgte für die dauernde Trübung des Volksbewußtseins.*«

Dieses Heraufbeschwören einer nationalen Bedrohung durch den militärischen Begriff »Invasion« diente der Erzeugung einer kollektiven Angst vor dem Fremden. Jedoch meinte Fricke mit seiner völkischen Abgrenzung gegen das Fremde nicht in erster Linie eine drohende »Invasion« von außen. Vielmehr säte er die Angst erzeugende Aggression gegen das Fremde im Innersten des deutschen Kulturlebens, indem er insbesondere den jüdischen Verlegern – »jüdische Buch- und Zeitungsfabriken« – und den jüdischen Schriftstellern – »geschäftige Literaten« – unterstellte mit ihren Werken einem Feind zu dienen. Frickes antisemitische Hetzrede, deren Intention schon im Urteil »physisch heimatlos nomadisierend« deutlich wurde, nahm im Weiteren immer boshaftere Formen an: »[...] *– es ist ganz gleichgültig, ob sie Zweig oder Baum, Tucholsky oder Cohn hießen – es gab auch Deutsche darunter, und die waren zuweilen die schlimmsten, – diese Wolke von Insekten, die sich auf dem Rücken des zerschundenen und ohnmächtigen Deutschland niederließen, sie gebärdeten sich so respekterregend vorurteilslos, aber es war die Vorurteilslosigkeit der Gemeinheit, des zum Grundsatz erhobenen inneren Schweinehundes.*«

158 Vgl. Cordula Tollmien, *Nationalsozialismus in Göttingen* (Diss.), Göttingen 1998, S. 80 ff.

159 »*Kundgebungen gegen jüdische Geschäfte*«, in: *Göttinger Tageblatt*, vom 29. März 1933.

160 »*Nachrichten: Eingeschlagene Fensterscheiben*«, *Göttinger Zeitung*, vom 29. März 1933.

»Es gab auch Deutsche darunter« reduzierte alle anderen angefeindeten deutschen Schriftsteller auf ihre jüdische Herkunft. Ihre menschenverachtende Gleichsetzung mit einer »Wolke von Insekten« und mit »hundert Polypenarmen« diente der Erzeugung eines Opferbildes, in dem ein »zerschundenes« Deutschland diesen jüdischen Schriftstellern »ohnmächtig« ausgeliefert sein sollte. Daran schloss Frickes unverhohlene Drohung an, dass dort, *»wo die Brunnenkräfte unserer völkischen Gesundheit vergiftet und geschwächt«* würden, man *»keinen Pardon mehr«* kenne. Fricke griff ein bekanntes Klischee des christlich-mittelalterlichen Antisemitismus auf, um es im Vokabular des rassistischen Antisemitismus zu verankern. Wurden im Mittelalter die Juden des Brunnenvergiftens bezichtigt, klagte er sie nun als Vergifter der »Brunnenkräfte unserer völkischen Gesundheit« an. Diese Sprache, in der sich die Täter in eine Hass schürende Opferrolle hineinsteigerten und in der ein Feindbild aufgebaut wurde, das Menschen nur noch als »Wolke von Insekten« bezeichnete – diese Sprache war das Medium, mit dem sich Pogrome schüren ließen.

Es waren nur wenige Wochen vergangen, seit am 28. März 1933 ein tobender Nazi-Mob durch die Straßen Göttingens gezogen war, die Schaufensterscheiben jüdischer Geschäftsleute einschlug, die Synagoge in der Maschstraße stürmte, ihre Buntglasfenster und die Einrichtung zerstörte und schließlich drei jüdische Bürger zwang, sich auf einem Schlachterwagen durch die geifernde Menschenmenge fahren zu lassen.[158] Am Morgen des 29. März bot die Göttinger Innenstadt ein Bild der Verwüstung, während die Bürger darüber im *Göttinger Tageblatt* lesen konnten: *»Was gestern geschah, ist die unmittelbare Folge der verbrecherischen Hetze der Auslandsjuden gegen das nationale Deutschland* [...]«[159] Allein die *Göttinger Zeitung* mahnte im Hinblick auf die Schändung der Synagoge: »[...] *die Achtung vor dem heiligen Gotteshaus, gleich welcher Konfession es gehört, sollte unbedingt gewahrt werden.*«[160]

Gerhard Fricke wird gewusst haben, welche Taten er durch seine Rede entfesseln konnte. Durch den Vergleich jüdischer Schriftsteller mit einer Insektenplage sorgte er für das nötige Maß an Hemmungslosigkeit, das für den Akt der Bücherverbrennung notwendig schien. Diese Absicht Frickes zeigte sich auch darin, den Werken der angefeindeten Schriftsteller ihren Rang als Kultur abzusprechen und ihre Bücher nicht mehr Bücher, sondern »Schutt und Unrat« zu nennen. Man solle sich nicht durch den Zwischenruf irre machen lassen, man zerstöre Kultur, sagte Fricke. Und an jene Zuhörer, die vielleicht noch Zweifel hatten, ob man auf dem Scheiterhaufen nicht doch Kultur zerstöre, richtete er die rhetorische Frage: »*Gibt es nicht genug Ernstzunehmendes, Hochstehendes, Künstlerisches, Dinge, die vielleicht undeutsch sind, die aber bestimmt Geist haben?*« Und Frickes Antwort ließ tief blicken. – Er sagte: »*Umso schlimmer, wenn sie Geist haben!*«

Das »Gefühl der Befreiung«, das zweite von Frickes drei Elementen, entsprang dem Akt der Bücherverbrennung selbst. Die gewaltsame Dimension dieses Vorgangs war Fricke nicht nur bewusst – er hatte sie selbst in seinem Sprachgebrauch konstitutiv werden lassen: »*Dem Nationalsozialismus ist der Anspruch auf Totalität eingeboren. Er muß um seiner Mission willen von jener überpersönlichen, sachlichen, unbeugsamen Intoleranz sein, die von jeher aus dem großen Glauben an einen objektiven und erlebten Sinn entsprang.*« Fricke bekannte sich nicht nur offen zur Intoleranz, sondern hielt die Gewalt, ja die »gewaltsame Vernichtung«, für eine notwendige Pflicht: »*Wir haben uns zu tief in das Fremde eingefühlt, zu sehr die instinktive Sicherheit des völkischen Gefühls verloren, als daß wir uns nicht durch einen Gewaltakt befreien und zu uns zurückfinden müßten.*«

Mit seinem Vorredner Friedrich Neumann stimmte Fricke darin überein, dass der Akt der Bücherverbrennung allein noch nicht hinreichend wäre, um der national orientierten Literatur zum Durchbruch zu verhelfen. Daher sollte mit der Bücherverbrennung als drittes Element seines Schemas ein »Gefühl höchster Verpflichtung« einhergehen: »*Wir haben nur eine Pflicht: uns erfüllen zu lassen mit den Kräften des erwachten völkischen Lebens.*«

Der Germanist Albrecht Schöne hat 1983 in einem Gedenkaufsatz über die Göttinger Bücherverbrennung den formelhaften Charakter dieser völkischen Pflichtvorstellung Frickes als eine »Flucht vor der Anstrengung des Begriffs in die geistige Unmündigkeit« beschrieben.[161] Diese Beurteilung bringt sehr trefflich die sprachliche Untrefflichkeit zum Ausdruck, mit der Fricke – und mit ihm fast eine ganze Generation – die Bedeutung des Wortes »Pflicht« umdefinierte. Ein Rest von aufklärerischem Geist hätte daran erinnern können, dass der Pflichtbegriff von jeher unaufkündbar mit der sittli-

161 ALBRECHT SCHÖNE, *Göttinger Bücherverbrennung 1933. Rede am 10. Mai 1983 zur Erinnerung an die »Aktion wider den undeutschen Geist«*, Göttingen 1983, S. 29 (im Folgenden: Schöne).

162 Hunger, in: Becker, S. 280.

163 Vgl. Schöne, S. 36 f.

164 Ebd.

165 Ebd.

chen Verantwortung des Einzelnen verbunden ist. Indem Fricke jedoch alles in seine Worthülsen von den »Kräften des erwachten völkischen Lebens« hineinverlegte, blieb von der Pflicht des Einzelnen nichts anderes mehr übrig, als sich in der sittlichen Passivität des »Wir« von diesen Kräften »erfüllen« zu lassen. Fricke sprach von einem »Gefühl höchster Verpflichtung« und meinte blinden Gehorsam; er sprach von einem »Gefühl der Befreiung« und meinte die Rückkehr des Menschen in seine voraufklärerische Unmündigkeit; er sprach von einem »Gefühl der Schuld« und meinte geistige Intoleranz und aggressiven Rassenhass.

1934 wurde Gerhard Fricke außerordentlicher Professor an der Berliner Universität. Im selben Jahr erhielt er einen Ruf als ordentlicher Professor an die Universität Kiel. Ab 1941 lehrte er in Tübingen und der »Reichsuniversität« Straßburg. Fricke verfasste eine Reihe germanistischer Aufsätze, die er 1943 als Sammelband unter dem Titel *Vollendung und Aufbruch* veröffentlichte. Der Germanist und Historiker Ulrich Hunger charakterisiert Frickes Reden und Aufsätze aus der NS-Zeit als eine bedrückende »*Verquickung von literatur-wissenschaftlicher Brillanz und ideologischem Fanatismus* [...]«.[162] Nach Kriegsende wich Fricke 1950 an die Universität in Istanbul aus, kehrte aber wieder nach Deutschland zurück, wo er ab 1957 an der Wirtschaftshochschule in Mannheim lehrte. 1960 folgte Fricke einem Ruf an die Universität Köln, wo er bis zu seiner Emeritierung im Jahr 1966 lehrte

Als Fricke 1965 seine Göttinger Brandrede noch einmal vorgelegt wurde, erklärte er, diese Ansprache nur nach wiederholter Aufforderung und mit Widerwillen übernommen zu haben, da »sonst unverantwortliche Personen sich dieser Sache« bemächtigt hätten.[163] Auf diese Rechtfertigung hätte man Fricke fragen müssen, wie man seine Rede denn noch unverantwortlicher hätte halten können. Frickes Haltung zu seiner schuldhaften NS-Vergangenheit und insbesondere zu seiner Rolle bei der Bücherverbrennung wird heute unterschiedlich bewertet. Albrecht Schöne, der in seinem Gedenkaufsatz mit Kritik an Gerhard Frickes Brandrede nicht spart, erwähnt in einer Fußnote, dass Fricke seine NS-Vergangenheit »*als eine nicht wieder gutzumachende Verschuldung empfunden*« habe, an der er bis zu seinem Lebensende sehr gelitten haben soll.[164] Sicherlich ist Schöne darin beizupflichten, dass Frickes öffentliches Schuldbekenntnis vor seinen Studenten in Köln von »ungewöhnlicher Aufrichtigkeit« war.[165] Jedoch muss Schöne entgegengehalten werden, der im Haupttext angeklagten Täterschaft Frickes in der Fußnote allzu schnell wieder Absolution erteilt zu haben. Die Konsequenz nämlich, mit der Fricke in seiner Rede zur Bücherverbrennung von einem

»Gefühl der Schuld« auf ein »Gefühl der Verpflichtung« schloss, hat ihm nach 1945 im Sinne seiner literaturwissenschaftlichen Verpflichtung gefehlt. Als publikumswirksamer Germanist hätte Fricke dazu beitragen können, die 1933 von ihm dem Scheiterhaufen preisgegebenen Schriftsteller wenigstens noch einmal zu würdigen. In seinem 1949 erstmals erschienenen Werk *Geschichte der deutschen Dichtung*, das im Jahr seiner Emeritierung in zwölfter Auflage erschien und lange als Lehrbuch an Schulen und Hochschulen genutzt wurde, hätte Fricke sogar reichlich Gelegenheit gehabt, die verbrannten Bücher und vertriebenen Autoren wieder einer breiten Öffentlichkeit zugänglich zu machen. Doch sein Buch blieb Auflage für Auflage ein einziges Zeugnis der Verdrängung, bis schließlich in der zehnten Auflage von 1964 Frickes jüngerer Fachkollege Volker Klotz die längst überfällige Aufgabe übernahm, als Koautor die immer breiter klaffende Lücke von Expressionismus bis zur Gegenwartsliteratur zu füllen.

Der Scheiterhaufen vor der Albanischule

Sobald mit der Veranstaltung im Auditorium maximum der bevorstehende Verbrennungsakt seine akademischen Weihen erhalten hatte, zog die Studentenschaft zum Ort des Geschehens. Das *Göttinger Tageblatt* berichtete: *»Am Nikolausberger Weg ordnen sich die studentischen Gruppen und Korporationen zum Fackelzug. Vom Weender Tor bis weit über die Goßlerstrasse hinauf setzt sich Viererreihe hinter Viererreihe, beste deutsche Jugend, die das Erbe der Toten von Langemarck gegen die giftige Zersetzung eines feindlich-fremden Ungeistes wahren will. Das Braun der SA.- und SS.-Studenten beherrscht das lebensvolle Bild. Daneben sieht man das Grau der Hochschulgruppe des Bundes der Frontsoldaten, die im Stahlhelm angetreten ist, und dann die schier endlosen Reihen der Korporationsstudenten in bunten Mützen und Bändern, deren Farben im ungewiß flackernden Lichte der Fackeln hell aufleuchten. Dichte Zuschauerketten säumen die Bürgersteige, und als nun die Kundgebung im Auditorium ihr Ende gefunden hat und die Hunderten der Teilnehmer herausströmen, um sich dem Zuge einzuordnen, scheint es, als ob trotz der späten Stunde die halbe Stadt auf den Beinen sei, um Zeuge der historischen Aktion zu werden. Ein Trompetensignal gibt das Zeichen zum Beginn des Fackelzuges, die SS.-Kapelle intoniert einen Marsch, und unter Vorantritt der Hakenkreuzfahne des Sturmes 4/82, des Studentensturmes, zieht die akademische Jugend Göttingens durch die Straßen der Innenstadt hinauf zum Platz vor der Albanischule.«*

Dort war schon in den Nachmittagsstunden der Scheiterhaufen errichtet worden. Zunächst hatte man einen Holzstoß aufgeschichtet und dann die Bücher, Zeitschriften, Broschüren und Zeitungen darüber geworfen, bis ein großer Haufen gebildet war. Aus der Spitze ragte ein Stock heraus, an dem ein Schild angebracht wurde. Darauf stand in großen Buchstaben der Name »Lenin«. Als der Fackelzug auf dem damaligen Adolf-Hitler-Platz, dem heutigen Albaniplatz, vor der Albanischule eintraf, wurde der Scheiterhaufen angezündet. Vor den brennenden Büchern hielt der »Führer der Studentenschaft«, Heinz Wolff, eine kurze Rede: Der Begriff des »undeutschen Geistes« sei nicht klar durch den Verstand zu erfassen. Dies zu erklären sei auch nicht notwendig. Die »Aktion wider den undeutschen Geist« dahingehend zu hinterfragen, was denn genau unter der Bezeichnung »undeutsch« zu verstehen sei, wäre nämlich eine »sophistische Frage«. Schließlich habe man »*14 Jahre lang all das jüdische Literatentum erlebt*«.

Der Göttinger Bücherscheiterhaufen mit einem »Lenin«-Schild auf der Spitze. Dieses vom Fotografen A. Blankhorn aufgenommene Motiv wurde wenig später in Göttingen als Postkarte verkauft.

Die Bücherverbrennung auf dem Adolf-Hitler-Platz, dem heutigen Albaniplatz, in Göttingen am 10. Mai 1933. Auch dieses Foto von A. Blankhorn wurde als Postkarte verkauft.

Die neun Feuersprüche rief Wolff nicht wörtlich aus, weil der Göttinger Studentenschaft daran gelegen war, nicht allein die angefeindeten Schriftsteller zu nennen, sondern ihnen die Namen der Autoren gegenüberzustellen, deren Werke man im Sinne der NS-Ideologie als »positiv« betrachtete. Zu den Vertretern dieser »positiven« Literatur zählten nach Wolffs Angaben die Autoren Adolf Hitler, Friedrich Lienhard, Ernst Krieck, Arthur Moeller van den Bruck, Hanns Johst und Otto Erler.

Nach der Rede von Heinz Wolff wurde das Lied *Flamme empor* angestimmt, ein 1814 von Johann Gottfried Christian Nonne verfasstes Gedenklied auf die so genannte Völkerschlacht von Leipzig. Nach dem Absingen des Horst-Wessel-Liedes und des Deutschlandliedes löste sich die Menschenmenge auf dem Platz vor der Albanischule auf.

166 Inzwischen als Forstliche Fakultät in die Universität Göttingen eingegliedert und nach Göttingen verlagert.

167 Die Studentenschaft der Forstlichen Hochschule Hann. Münden an das Hauptamt, vom 27. April 1933, Akten der DSt, I* 21 C 14/3, Blatt 193.

Hann. Münden

»Von der Aufstellung eines Schandpfahles haben wir abgesehen ...«

Etwa dreißig Kilometer südwestlich von Göttingen liegt Hann. Münden mit seiner in Fachkreisen hoch geschätzten Forstlichen Hochschule.[166] Am 27. April 1933 meldete der Führer der örtlichen Studentenschaft, »Forstbeflissener« Wolf, an das DSt-Hauptamt in Berlin die für die »Aktion wider den undeutschen Geist« in Hann. Münden getroffenen Vorbereitungen.[167] Wolf war einer der wenigen Studentenschaftsführer, die begründeten, warum die im Rundschreiben vom 19. April von der DSt-Führung angeordnete Aufstellung eines Schandpfahles in Hann. Münden nicht durchgeführt wurde: »*Von der Aufstellung eines Schandpfahles haben wir abgesehen, da sich der einzige jüdische Professor der hiesigen Hochschule rein wissenschaftlich in seinen Schriften betätigte. Die Studentenschaft der Forstlichen Hochschule hat an den Herrn Minister für Landwirtschaft, Domänen und Forsten die Bitte gerichtet, diesen jüdischen Professor Falck seines Amtes zu entheben. Inzwischen ist Falck aus ›Gesundheitsrücksichten‹ nach dem Auslande abgereist.*« Auch an der Forstlichen Hochschule erfolgte also die Vertreibung eines Wissenschaftlers aus antisemitischen Beweggründen.

Wolf kündigte weiter an, die Bücher für die Verbrennung hauptsächlich durch eine »Säuberung der hiesigen Stadtbücherei« beschaffen zu wollen. Dazu war in den *Mündenschen Nachrichten (MN)* vom 11. Mai 1933 unter der Schlagzeile *Kampf wider den undeutschen Geist* zu lesen: »*Unter diesem Leitspruch führte unsere Studentenschaft in den letzten Tagen eine Reinigungsaktion in dem Schrifttum der Büchereien der Hochschule und ihrer Institute durch, um mit beizutragen, daß wie überall so auch in unserer Stadt die nationale Revolution weiter voran getragen wird.*« Eine Plünderung von Hochschulbibliotheken zum Zwecke der Bücherverbrennung kam während der deutschlandweiten Büchersammelaktion nur in Ausnahmefällen vor.

Am Abend des 10. Mai 1933 versammelten sich Studentenschaft und SA Hann. Mündens und marschierten mit einem »Handwagen« voller Bücher, wie die *Mündenschen Nachrichten* mitteilten, und unter Begleitung einer SA-Kapelle zum Marktplatz. Auf dem Handwagen wurden auch »Transparente und Fahnen des alten Systems« *(MN)* zum Marktplatz gefahren. Dort hatte sich bereits eine große Menschenmenge versammelt. Auch das Entzünden des Scheiterhaufens schilderten die *Mündenschen Nachrichten*: »*Der Papierstoß wurde angezündet, hell schlug die Flamme empor, einzelne brennende Papierfetzen flogen in die Luft* [...].«

Vor den brennenden Büchern begann nun der »Forstbeflissene« Wolf seine Feuerrede zu halten. Der *Weser-Kurier* vom 11. Mai 1933 zitierte in seinem Bericht *Die Kundgebung ›Wider den undeutschen Geist‹ der Forsthochschüler* aus Wolfs Rede: »*Sechs Jahre lang war die Deutsche Studentenschaft verboten, nun hat unser Kanzler Adolf Hitler uns das Recht wiedergegeben. Zum Dank dafür stellt sich die Studentenschaft rückhaltlos hinter den Führer und die neue Regierung. In den vergangenen Jahren ist viel Schmutziges, Undeutsches in Kunst und Literatur gebracht worden; das soll verschwinden. Deutschland muß wieder gereinigt werden. Was wir heute hier verbrennen, ist nur ein kleiner Teil und soll nur ein Symbol sein. Diese Flammen sind gleichsam ein Fanal im Kampfe gegen den Schmutz. Bürger helft alle mit! Reinigt Eure Büchereien, reinigt Eure eigenen Bestände. Wir Studenten sind bereit, Euch zu helfen mit Rat und Tat. Burschen heraus!*«

Nach dieser Feuerrede stimmte die Studentenschaft das Lied *Der Gott der Eisen wachsen ließ* an. Das Horst-Wessel-Lied beschloss die Mündener Bücherverbrennung.

Köln
Die Mär vom Unbehagen der Kölner Professoren an der Bücherverbrennung

»*War das Wetter wirklich der Grund?*«,[168] hinterfragt der Historiker Frank Golczewski die am 11. Mai 1933 gemeinsam von Rektor, Senat und Studentenschaft der Universität Köln herausgegebene Presseerklärung, wonach die »*Kundgebung vom 10. Mai*« verlegt worden sei, weil der »*Führer der Studentenschaft glaubte, diese Veranstaltung unter freiem Himmel besonders wegen der geladenen Ehrengäste nicht bei strömendem Regen abhalten zu können.*«[169] Tatsächlich – so scheint es – gibt es einige Anhaltspunkte, die weniger das Regenwetter als vielmehr protokollarische Verstimmungen zwischen Rektor und Senat der Universität einerseits und der Studentenschaft andererseits als Grund für die Verschiebung der Kölner Bücherverbrennung nahe legen.

168 Frank Golczewski, *Kölner Universitätslehrer und der Nationalsozialismus*, Köln und Wien 1988, S. 83 (im Folgenden: Golczewski).

169 »*An die Presse.*«, veröffentlicht u.a. in: *Stadt-Anzeiger für Köln und Umgebung* vom 11. Mai 1933, Abendausgabe.

170 Aus dem Beschlussbuche des Senats der Universität Köln, Sitzung vom 3. Mai 1933, Universitätsarchiv Köln 28/362, Blatt 29.

Am 3. Mai befasste sich der Senat der Universität mit der Einladung der Studentenschaft an Rektor und Senat, der Bücherverbrennung beizuwohnen:

»*Nach Mitteilung des Rektors stellt die von der Studentenschaft geplante Verbrennung jüdischer Schriften lediglich eine symbolische Handlung dar. Wissenschaftliche Bücher sind von der Verbrennung ausgeschlossen.*

Im Einverständnis mit dem Führer der Studentenschaft und dem Staatskommissar der Universität Dr. Winkelkemper bleibt die Universitätsbibliothek verschont; es kommt zunächst die Studentenbücherei in Frage.

Der Senat beschließt, mit dem Rektor geschlossen an der Veranstaltung teilzunehmen.

Anzug: Schwarzer Rock, evtl. Uniform

Rektor ohne Kette

Professor Lehmann bittet den Rektor, dahin wirken zu wollen, daß eine evtl. Verkündung der 10 Thesen [richtig: 12 Thesen, W.T.] *in milder Form erfolgt. Es bezieht sich dies insbesondere auf die These: ›Der Jude, der deutsch schreibt, lügt‹, die von einem Wissenschaftler hart empfunden werde. Der Rektor sagt zu, den Versuch bei der Studentenschaft machen zu wollen.*«[170]

Offenbar war den Anwesenden die Ungeheuerlichkeit des Vorhabens einer Bücherverbrennung sehr wohl bewusst. Am Senatsbeschluss, den Rektor ohne Amtskette und die akademischen Senatoren nicht im Talar, sondern nur im »schwarzen Rock« erscheinen zu lassen, wurde zumindest deutlich, dass der Senat auf der Ebene des Protokolls die Bücherverbrennung als eine Veranstaltung niederen Ranges einstufte. Ansonsten zeugten die getroffenen Beschlüsse von dem heuchlerischen Bedürfnis, an einer Bücherverbrennung teilzunehmen, ohne dabei das eigene Gewissen belasten zu müssen.

Dem Bemühen des Universitätsrektors Ernst Leupold, eine abgemilderte Verkündung der fünften von den zwölf Thesen »Wider den undeutschen Geist« zu erwirken, wurde seitens der Studentenschaft entsprochen. Am 4. Mai ließ Leupold den Mitgliedern des Senats mitteilen: »*Mir ist von dem verantwortlichen Propagandaleiter des N.St.B. schriftlich die Zusicherung gegeben worden, daß bei der Verbrennung der zersetzenden jüdischen Bücher am Mittwoch, den 10. Mai, die Thesen in den Reden nicht erwähnt werden, in Sonderheit auch die These nicht ›Der Jude lügt, wenn er deutsch schreibt‹. Ich bitte die Herren, sich am 10. Mai um 19.45 Uhr s.t. im Senatssaal einzufinden.*«[171]

Indem Leupold hier die Bezeichnung »zersetzende jüdische Bücher« übernahm, kann kein Zweifel daran bestehen, dass er die antisemitische Haltung der Organisatoren grundsätzlich teilte. Am 8. Mai sandte Leupold ein Rundschreiben an den Lehrkörper der Universität, in dem er darum bat, am 10. Mai alle Lehrveranstaltungen nach 18 Uhr wegen der »Kundgebung wider den undeutschen Geist« ausfallen zu lassen. Dies gelte jedoch nur für den Fall guten Wetters, da sie bei schlechtem Wetter verschoben werden würde.[172]

Tatsächlich wurde am 10. Mai von Leupold die Teilnahme von Senat und Lehrkörper abgesagt. Die nachfolgenden Spekulationen, nicht das Wetter, sondern das vermeintliche Unbehagen an der bevorstehenden Bücherverbrennung, wie es in der Senatssitzung vom 3. Mai zum Ausdruck gekommen war, hätten zu der Absage geführt, gehen hauptsächlich auf eine Aktennotiz zurück, mit der die Absage des Rektors schriftlich festgehalten wurde. In dieser Notiz wurde kein Grund genannt, lediglich, dass die Studentenschaft die Kundgebung bis auf weiteres verschoben habe.[173] Da diese Absage jedoch einseitig erfolgte und die Studentenschaft angeblich vor vollendete Tatsachen gestellt wurde, kommt Golczewski zu dem Schluss: »*Wahrscheinlich hoffte Leupold, die Studenten würden ohne weiteres die Professoren aus ihrer wohl doch als recht unangenehm empfundenen Pflicht entlassen.*«[174] Diese Vermutung lässt sich nicht belegen, zumal Leupold die in der Senatssitzung vom 3. Mai vorgebrachten Bedenken ausräumen konnte. Dagegen ist die Version der Presseerklärung vom 11. Mai durch das Rundschreiben Leupolds vom 8. Mai gedeckt. In beiden Dokumenten ist von einer Verschiebung der Bücherverbrennung aufgrund der schlechten Wetterlage die Rede. Von einer vermeintlichen Absicht des Rektors, Senats oder Lehrkörpers, sich aus der Teilnahme an der Bücherverbrennung hinauszuwinden, kann also keine Rede sein. Am 13. Mai teilte Leupold den Mitgliedern des Senats mit: »*Die Verbrennung der zersetzenden jüdischen Bücher ist nunmehr auf Mittwoch, den 17. Mai ds. Js. 21 Uhr festgelegt worden. Ich bitte Sie, sich am 17. Mai 20.45 s.t. im Senatssaal freundlichst einzufinden.*«[175]

171 Der Rektor der Universität Köln an die Mitglieder des Senats, vom 4. Mai 1933, ebd., Blatt 31.

172 Rundschreiben des Rektors vom 8. Mai 1933, ebd., Blatt 34.

173 Aktennotiz vom 10. Mai 1933, ebd., Blatt 39.

174 Golczewski, S. 83.

175 Der Rektor der Universität Köln an die Mitglieder des Senats, vom 13. Mai 1933, abgedruckt in: Akademie-Katalog, S. 211.

176 Rede des Hochschulgruppenführers des NSDStB vor Rektor und Senat, gehalten am 17. Mai 1933, Universitätsarchiv Köln, 28/362, Blatt 45 ff. Die vollständige Rede Garbens wurde abgedruckt in: Akademie-Katalog, S. 211 f.

Die Bücherverbrennung auf dem Platz vor der Kölner Universität
»... Flammenprotest gegen den Geist hetzerischer Volksverführer und den Geist salonbolschewistischer Intellektueller ...«

Wenige Minuten bevor um 21 Uhr im Senatssaal der Empfang der studentischen »Führer« begann, marschierten auf dem Vorplatz der Universität studentische Wehrverbände und Korporationen auf.

Beim Empfang im Senatssaal hielt Manfred Garben, der Hochschulgruppenführer des NS-Studentenbundes, vor Rektor und Senat eine ausführliche Rede über die nationale Neuordnung der Hochschule: »*Die Hochschule von früher hat sich selbst aus dem Leben des Volkes ausgeschaltet, weil sie mit ihren Fragestellungen an den Forderungen der Zeit vorbeiging. Zu wenig sah und empfand sie das Suchen der jungen Generation nach einem ewigen Stern, der ihrem Handeln und Wissen erst Richtung und Charakter geben konnte. Wenige Professoren waren es, die uns verstanden und mit uns kämpften, und diesen gilt heute mehr noch wie damals unser ganz besonderes Vertrauen.* [...] *Es ist als hätte die Hochschule der Nachkriegszeit nie gelebt – so wenig Eindruck hat sie in der Geschichte hinterlassen. Das darf die neue Hochschule nicht: Nur gewesen zu sein, statt wahrhaft gelebt zu haben. Sie wird mitringen und mitgestalten am Schicksal unseres Volkes – indem sie mitgestaltet und mitringt an den Aufgaben, die diese Zeit uns stellt. Was sie als erstes erfüllen muß ist: Weckung und Festigung des völkischen Bewußtseins im jungen Menschen – das erst gibt ihr Haltung und Charakter.*«[176]

Manfred Garbens Rede entsprach dem Tenor der nationalsozialistischen Wissenschaftspolitik und zeigte einmal mehr, dass die Wissenschaft im NS-Staat nur noch einem völkischen Erziehungsideal untergeordnet existierte.

Über die anschließende Rede von Leupold wurde im Beitrag *Machtvolle Kölner Universitätskundgebung* des *Kölner Tageblatts* vom 18. Mai 1933 Folgendes berichtet: »*Rektor Leupold betonte in seiner Erwiderung, daß die gewaltige Sprache der deutschen Geschichte dieser Tage alle Deutschen zur Einigkeit aufrufe, die Hochschullehrer wollten in die Hand ihrer Studenten einschlagen und ihnen nicht nur Führer im geistigen Ringen, sondern in ihrer vaterländischen und völkischen Sehnsucht sein.*« Laut Bericht des *Westdeutschen Beobachters* vom 18. Mai 1933 – *Prasselnd schlagen die Flammen, alles undeutsche vernichtend, zusammen* – würdigte Leupold die Bücherverbrennung der Studenten als »Zeichen Ihres unbeugsamen Willens aufzuräumen«.

Im Anschluss an den Empfang gingen die Studentenführer, der Rektor und die Senatsmitglieder gemeinsam zum Platz vor der Universität, wo sie von den strammstehenden Verbänden der Studentenschaft bereits erwartet wurden. Vor dem dortigen »Heldendenkmal« hatte man einen Scheiterhaufen errichtet, der nun entzündet wurde. Der Kölner Führer der Deutschen Studentenschaft, Hermann Müller, hielt eine kurze Eröffnungsrede und darauf wurden zusammen mit dem Text des Versailler Vertrages die Bücher von Alfred Kerr, Emil Ludwig, Heinrich Mann und Erich Maria Remarque unter Nennung ihrer Namen ins Feuer geworfen. Die bekannten Feuersprüche wurden in Köln nicht ausgerufen. Im Bericht des *Kölner Tageblatts* war zu lesen: »*Während die undeutschen Bücher von Studenten in das Feuer geworfen wurden, sprach der Studentenführer in markiger Rede aus, daß diese Verbrennung keine Inquisition, aber einen Flammenprotest gegen den Geist hetzerischer Volksverführer und salonbolschewistischer Intellektueller bedeute.*« Insgesamt 334 Bücher und weit über eintausend Zeitschriften wurden auf dem Scheiterhaufen vor der Kölner Universität verbrannt.

Nach dem offiziellen Verbrennungsakt leitete der Hauptschriftleiter des *Westdeutschen Beobachters*, Dr. Peter Winkelnkemper, mit seiner Rede zum nächsten Programmpunkt über: der so genannten Totenehrung. Begleitet vom Horst-Wessel-Lied wurde gemeinsam mit der schwarzweißroten Fahne die Hakenkreuzfahne gehisst und auf dem »Heldendenkmal« ein Magnesiumfeuer entzündet. Das *Kölner Tageblatt* berichtete über die »Totenehrung«: »*Das Ehrenmal umloderten mächtige Flammenfanale, während die Studentenführer im braunen und im grauen Rock einen Kranz niederlegten und Dr. Winkelnkemper an den deutschen Idealismus, das heilige Vermächtnis der 400 Toten der nationalen Revolution und der zwei Millionen Gefallenen des Weltkrieges mahnte.*«

Den letzten Programmpunkt auf dem Platz vor der Universität bildete die Vereidigung einer Vielzahl neuer Mitglieder des NS-Studentenbundes auf die SA und Hitler. Dazu hatten die so genannten Rekruten des NS-Studentenbundes in zwei Blöcken Aufstellung genommen, zwischen ihnen der brennende Scheiterhaufen. Nachdem der Eid im Chor nachgesprochen worden war, verteilte ein Sturmführer der SA die so genannten Hoheitszeichen für den Mützenkopf. Dem *Kölner Tageblatt* zufolge rief Leupold den

177 Ernst Bertram an Ernst Glöckner, vom 7. Mai 1933, zitiert nach: Akademie-Katalog, S. 235.

178 Ernst Bertram an Ernst Glöckner, vom 8. Mai 1933, zitiert nach: ebd.

Studenten abschließend zu, »*daß nun der Anfang des neuen deutschen Werkes im schöpferischen Geiste getan sei, und es nun gelte, darauf weiter zu bauen*«.

Der Eindruck der Verwandlung der Universität in eine Kaserne wurde noch dadurch verstärkt, dass die Kundgebung schließlich mit einem »Vorbeimarsch« an den Führern des NSDStB und der DSt endete. Im Fackelzug marschierte die Studentenschaft mit Blasmusik weiter zum Horst-Wessel-Platz, dem heutigen Rathenauplatz, wo die mitgetragenen Fackeln aufgehäuft wurden.

Der Kölner Germanist Ernst Bertram und die Verbrennung der Bücher von Thomas Mann

»In die Flamme mit was euch bedroht!«

Unter den teilnehmenden Professoren war auch der Germanist und Dichter Ernst Bertram. Seit 1922 hatte er in Köln einen Lehrstuhl für Deutsche Philologie, insbesondere neuere deutsche Literaturgeschichte inne. Im Unterschied zu seinen Fachkollegen Gerhard Fricke und Hans Naumann trat Bertram nicht als Redner in Erscheinung. Das Besondere an seiner Anwesenheit rührt daher, dass Bertram sich im Vorfeld mit Nachdruck dafür einsetzte, die Werke von Thomas Mann und Friedrich Gundolf zu verschonen. Dieses Bemühen bedeutete jedoch nicht, dass Bertram der Bücherverbrennung grundsätzlich ablehnend gegenübergestanden hätte. Seine Haltung wird im folgenden Ausschnitt eines Briefes an Ernst Glöckner vom 7. Mai 1933 deutlich: »[...] *Am Mittwoch ist nun die große feierliche Verbrennung der undeutschen Literatur, vor dem Gefallenendenkmal der Universität. Man ist der Meinung, daß ich dabei nicht fehlen dürfte. Zu meinem Kummer wird auch Thomas Mann verbrannt, ich habe noch mit großer Mühe verhindert, daß Gundolf auf die Liste kam, er soll auch aus der Studentenbücherei verschwinden, worüber ich lange Besprechungen hatte.* [...]«[177]

Schon am folgenden Tag konnte Bertram an Glöckner vermelden: »*Es ist gelungen* [...] *die beabsichtigte unsinnige Verbrennung von Gundolf und Thomas Mann hier zu verhindern, hatte drei lange Besprechungen. Ich kann also dem feierlichen ›Auto da Fee‹ beiwohnen.*«[178] Bertrams Unbehagen an der Bücherverbrennung bezog sich nur auf diese beiden Schriftsteller. Was die vielen anderen Autoren betraf – über den Inhalt der Listen war er durch die Kölner Studentenschaft offenbar gut informiert –, hatte er keinerlei Bedenken, deren Bücher auf dem Scheiterhaufen zu sehen.

Die Reminiszenz an die Bücherverbrennung auf dem Wartburgfest hatte Bertram gar zu einem verklärenden Gedicht inspiriert, das bei der Bonner Bücherverbrennung von Hans Naumann vorgetragen wurde:

»*Feier der Jugend*

Laßt euch nicht irren: tragt
Nur Reisig für euer Gericht!
Allzu duldend besteht
Jugend nicht vor dem Herrn

Verwerft was euch verwirrt,
Verfemt was euch verführt!
Was reinen Willens nicht wuchs,
In die Flamme mit was euch bedroht!

Aber zu sondern wißt
Den heilig fremderen Keim:
Flamme des Dankes dereinst
Lodert Geschontem hinauf!«[179]

Dieses Gedicht veröffentlichte Bertram 1933 in seinem Lyrikband *Wartburg*. Von der darin gepriesenen jugendlichen Unduldsamkeit der Studenten wurde Bertram aber doch noch überrumpelt. Entgegen der Absprache wurden die Werke von Thomas Mann dennoch ins Feuer geworfen, woraufhin Bertram die Kundgebung aus Protest verlassen haben soll.[180]

Ernst Bertram war – und hier muss es endlich erwähnt werden – seit mehr als zwanzig Jahren einer der engsten Freunde Thomas Manns. Häufig besuchte Bertram den Schriftsteller in München zum Gedankenaustausch und war so auch dem Familienkreis sehr vertraut. So vertraut sogar, dass Bertram die Patenschaft der 1918 geborenen Elisabeth Mann übernommen hatte.

179 Ernst Bertram, *Wartburg. Spruchgedichte*, Leipzig 1933, S. 66.

180 Vgl. Karl Otto Conrady, *Völkisch-nationale Germanistik in Köln. Eine unfestliche Erinnerung*, Schernfeld 1990, S. 43.

181 Thomas Mann an Ernst Bertram, vom 19. November 1933, in: Inge Jens (Hg.), *Thomas Mann an Ernst Bertram. Briefe aus den Jahren 1910–1955*, Pfullingen 1960, S. 177 f.

Der umfangreiche Briefwechsel zwischen Ernst Bertram und Thomas Mann gibt Zeugnis von ihrer jahrelangen tief empfundenen geistigen Nähe. Umso größer war die Enttäuschung, als Mann 1933 im Schweizer Exil von den Aktivitäten Bertrams zugunsten der NS-Machthaber erfuhr: »*Wenn er hierher kommt, so kann er eines sehr ernsten Empfanges gegenwärtig sein*«, schrieb Mann im September 1933 in sein Tagebuch. Als Bertram auch noch die Taktlosigkeit besaß, Mann den Lyrikband *Wartburg* mit dem zitierten Gedicht *Feier der Jugend* zuzusenden und ihm anriet nach Deutschland zurückzukehren, kündigte Thomas Mann im November 1933 Bertram die Freundschaft: »*Lieber Bertram, leben Sie wohl in ihrem völkischen Glashause, geschützt vor der Wahrheit durch eine Brutalität, die so wenig die Ihre ist! Sie wollten sich, sagten Sie, des Rechtbehaltens nicht überheben. Nun, das wäre ja auch verfrüht. Das Leben geht weiter, und wir werden sehen – Sie nach menschlichem Ermessen mehr als ich. Wenn ich Ihr freundschaftlich gemeintes Anraten nicht befolgen kann, so setzen Sie es auf Rechnung einer alten Liebe zu dem seelischen Glanz und Stolz, der aus den auch Ihnen wohlvertrauten Versen spricht:*

›Doch wer aus voller Seele haßt das Schlechte,
Auch aus der Heimat wird es ihn verjagen,
Wenn dort verehrt wird vom Volk der Knechte.
Weit klüger ist's, dem Vaterland entsagen,
Als unter einem kindischen Geschlechte
Das Joch des blinden Pöbelhasses tragen.‹«[181]

Bücherverbrennung in Bonn
»Reiht Euch ein in diese Front ...«

Der 10. Mai 1933 war in Bonn ein regnerischer Tag. Das hinderte jedoch mehrere tausend Bonner Bürger nicht daran, sich am späten Abend auf dem Marktplatz vor dem Rathaus einzufinden, um dort der studentischen Bücherverbrennung beizuwohnen.

Zwei Tage zuvor hatte die örtliche Studentenschaft im *General-Anzeiger für Bonn und Umgebung* einen Aufruf veröffentlicht, in dem es hieß: »*Die deutsche Studentenschaft hat den Kampf ›wider den undeutschen Geist‹ aufgenommen und ruft Euch alle, Bonner Bürger und Studenten, auf: ›Reiht Euch ein in diese Front, auf daß der Sieg unser wird!‹ Wir kämpfen um die Reinheit unserer Kultur. Das deutsche Schrifttum der Nachkriegszeit ist verpestet durch eine Unmasse von fremdgeistigen, zersetzenden und entsittlichenden Schriften. Schmutz und Schund wurden aus niedrigem Geschäfts-*

geist heraus in die Lektüre des deutschen Volkes getragen, wurden der Jugend vorgesetzt und trieben entsetzliche Wucherungen an der deutschen Volksseele. Wir haben es heute in der Hand, mit sicherem Griff über diese Krankheit Herr zu werden, wenn jeder von uns seine Pflicht erkennt. Heraus aus Euren Bibliotheken mit den zersetzenden jüdischen Büchern und dem Schund, der den Büchermarkt überschwemmt hat! Die Bonner Studentenschaft wird am Mittwoch, 10. Mai, in aller Öffentlichkeit eine Verbrennung vornehmen, die von diesem schmutzigen Material gespeist wird. Die Flamme des Scheiterhaufens soll uns Symbol und Schwur sein auf das Ende des undeutschen Geistes und die Echtheit und die Ewigkeit unserer deutschen Kultur.«

Am Abend des 10. Mai, gegen 22.30 Uhr, versammelte sich die Bonner Studentenschaft im Hofgarten. Die verschiedenen Verbände nahmen in Blöcken Aufstellung, deren Reihenfolge und Standplatz die Führung der Studentenschaft in ihrem Aufruf wie folgt festgelegt hatte: »*Nationalsozialistischer Studentenbund und Stahlhelm: im Hofgarten (Auguststr.), Spitze: Kaiserplatz. Die Corporationsangehörigen: Liebfrauenweg, Spitze: Kaiserplatz. Freistudenten: Hofgarten (Durchgangsstraße Königshof – Stockenstraße und dem Parallelweg an der Wiese), Spitze: Universität. Studentinnen: Liebfrauenweg (vom Stockentor bis zum Koblenzertor), Spitze: Stockentor. Die Chargierten der Corporationen: Im Innenhof der Universität. – Den Ordnern ist unbedingt Folge zu leisten.*«

So geordnet marschierte die Studentenschaft um 23 Uhr zum Marktplatz. Dort soll dem Bericht *Flamme empor!* des *General-Anzeigers für Bonn und Umgebung* vom 11. Mai zufolge bereits Stunden vorher ein derart dichtes Gedränge geherrscht haben, dass sich die studentischen Verbände nur mit Mühe den Weg zum Marktplatz bahnen konnten, um vor dem Scheiterhaufen erneut Aufstellung zu nehmen. Über die teilnehmenden Studentinnen bemerkte der *General-Anzeiger*, dass sie »natürlich ohne Tritt!« zur Bücherverbrennung marschierten – ganz im Gegensatz zum »Sporengeklirr« der Chargierten aus den Burschenschaften.

Als Rednertribüne diente die große Freitreppe des Bonner Rathauses, die mit Scheinwerfern hell ausgeleuchtet wurde. Vor dem Portal postierten sich die Führer der Bonner Studentenschaft, die örtliche NSDAP-Führung und

182 Hans Naumann, *Die deutsche Dichtung der Gegenwart. Vom Naturalismus bis zum Expressionismus*, Stuttgart 1927, S. 309.

183 Ebd., S. 209.

eine Reihe von Hochschullehrern. Die Stadt Bonn ließ sich durch einen Mitarbeiter vergleichsweise niederen Ranges vertreten. Im *General-Anzeiger* war zu lesen: »*Oberbürgermeister Rickert ist am Erscheinen verhindert. Er wird vertreten durch den Beigeordneten Hausmann.*« Der »Führer« der Bonner Studentenschaft, Walter Schlevogt, sprach die einleitenden Worte, in denen angekündigt wurde, dass die Bücherverbrennung erst der Anfang sei. Die »Aktion wider den undeutschen Geist« wäre erst dann vollbracht, wenn mit der »Ausrottung aller undeutschen Geistesproduktion« ihr Ziel erreicht sei.

»Fliegt ein Buch zuviel ins Feuer, so schadet das nicht so sehr ...«
Die Feuerrede des Germanisten Hans Naumann

Der Hetzrede des Studentenführers Schlevogt folgte die Ansprache des Germanisten Prof. Hans Naumann. Naumann hatte an der Universität Bonn seit 1932 den Lehrstuhl für Deutsche Philologie, insbesondere ältere germanistische Philologie inne. Anfang der zwanziger Jahre erlangte er mit seinen Buchveröffentlichungen *Primitive Gemeinschaftskultur* und *Grundzüge der deutschen Volkskunde* in konservativen Fachkreisen ein hohes Ansehen. Er entwickelte darin eine interdisziplinär breit diskutierte »Theorie vom gesunkenen Kulturgut«, nach der die Unterschicht einer Gesellschaft die Oberschicht in den Merkmalen ihre exklusiven Lebensweisen nachahmen würde, bis diese Merkmale ihre Exklusivität verlieren und zu Gemeingut würden, woraufhin sich die Oberschicht neue Exklusivitätsmerkmale suchen müsse. Neben diesen volkskundlichen Arbeiten erschien 1923 Naumanns Buch *Die deutsche Dichtung der Gegenwart. Vom Naturalismus bis zum Expressionismus*, das bis 1933 sechs Auflagen erreichte. Erst anhand der inhaltlichen Ergänzungen in der fünften Auflage im Jahr 1931 ist Naumanns Hinwendung zur völkisch-nationalsozialistischen Literaturauffassung eindeutig nachzuvollziehen. In den vorherigen Auflagen waren eher seine monarchistischen Sehnsüchte, die vor allem in der Würdigung des Werkes von Stefan George zum Vorschein kamen, bestimmend. George wurde von Naumann dafür gepriesen, der deutschen Dichtung »Zucht und Irrationalität zugleich«[182] wiedergegeben zu haben. Seine Leidenschaft für die Monarchie lebte Naumann auch nach 1933 noch aus, indem er den ehemaligen Kaiser Wilhelm II. bis zu dessen Tod regelmäßig im niederländischen Exil besuchte.

Das Bemerkenswerte an Naumanns *Deutscher Dichtung der Gegenwart* sind die vorurteilsfreien, zum Großteil sogar positiven Bewertungen einiger Werke, deren Verbrennung er am 10. Mai 1933 so überschwänglich begrüßen sollte. Jakob Wassermanns Roman *Christian Wahnschaffe* zum Beispiel nannte Naumann einen »*großen Roman* [...] *mit dem die Prosadichtung in Deutschland den bewußten Anschluß an Drama und Lyrik erreicht*«.[183] Über Heinrich Manns Romantrilogie *Die Göttinnen oder Die drei Romane der Herzogin von Assy* schrieb er: »*Niemals haben die Möglichkeiten des impressionistischen Sprachstils solche Auskostungen erfahren wie hier: reif, süß, üppig, schwellend, melodisch, von Lichtern und Farben trunken ist dieser Stil.* [...]«[184] Und bei Franz Werfel kam er sogar zu dem Resümee: »*In ihm gipfelt vorläufig diese ganze Welle der jüngsten Lyrik* [...]. *Seine Dichtung ist eine einzige Klage über die Brutalität der Zeit und ein einziger Sehnsuchtsschrei nach dem neuen Menschen der paradiesischen Zukunft. Sie ist ein einziges Schuldbekenntnis, ein einziges Reinigungsgelöbnis, ein einziger Ruf nach Güte, Reinheit und Erlösung.*«[185]

Vor dem Hintergrund dieser nur wenige Jahre zuvor publizierten Betrachtungen ist schwer zu begreifen, was im Germanisten Hans Naumann vor sich gegangen sein mag, als er am 10. Mai 1933 als Hauptredner bei der Bonner Bücherverbrennung ausrief: »*Fliegt ein Buch heute Nacht zuviel ins Feuer, so schadet das nicht so sehr, wie wenn eines zu wenig in die Flammen flöge. Was gesund ist, steht schon von allein wieder auf.*«[186]

Ein Vergleich der Feuerrede Naumanns mit denen von Baeumler und Goebbels in Berlin oder von Neumann und Fricke in Göttingen zeigt, dass sie alle größtenteils aus dem gängigen Repertoire der ideologischen Phrasen zur nationalsozialistischen Literaturauffassung schöpften. Dessen Bandbreite haben sich die bisherigen Betrachtungen hinlänglich gewidmet. Beschränkt man sich auf die Besonderheiten der Rede Hans Naumanns, bleibt nur noch die Mittäterschaft eines Opportunisten zu konstatieren, der seine früheren Ansichten zur deutschen Literatur zu verbergen versuchte, indem er sich eifrig bemühte, die rechtskonservativen Inhalte seiner bisherigen Germanistik isoliert in die NS-Ideologie hinüberzuretten. Im »erlauchten Kreis um Stefan George« findet Naumann die Rettung, um seine früheren germanistischen Studien mithilfe des Irrationalitätsbegriffes mit der NS-Ideologie in Einklang zu bringen: »*Es war gerade die Kunst des uns artfremden Zivilisationsliteraten, mit kaltem Verstand erklügelt und gewollt zu sein.*

184 Ebd., S. 199.

185 Ebd., S. 366 f.

186 Hans Naumann, *Rede bei der Bonner Bücherverbrennung am 10. Mai 1933*, abgedruckt in: Akademie-Katalog, S. 202 ff.

Deutsche Kunst kommt aus irrationaleren Gründen. Kommt aus den Tiefen des Parzifal und des Faust. Und gerade dem, was aus diesen Abgründen und Tiefen sich naht, sollen die Tore aufs neue geöffnet sein. Aber wir werden unerbittlich die höchsten Maßstäbe ansetzen, wie sie George uns anerzog.« Insgesamt drei Mal wird Stefan George von Naumann als beispielhaft hervorgehoben. So viel Anpreisung wird in seiner Feuerrede ansonsten nur noch Hitler zuteil, den Naumann »unseren obersten Führer« nennt.

Im Unterschied zur Feuerrede des Göttinger Germanisten Gerhard Fricke, der von einem »Gefühl der Schuld« bei den Hochschullehrern sprach, versuchte Naumann, die Klasse der »Gelehrten« vor der neuen herrschenden Meinung des NS-Staates zu rechtfertigen: »*Es wuchs auch schon ein neues Schrifttum heran, man möchte fast sagen: heimlich getragen von der neuen Bewegung. Die letzten Kapitel unserer akademischen Literaturgeschichten, wenn sie kühn und unvorsichtig genug waren, handeln bereits seit drei bis vier Jahren davon. Nicht immer waren die Gelehrten so instinktlos und rückständig, wie man meist glaubt.*« – Welch eine Heuchelei! Es bedurfte während der Weimarer Republik wahrlich keiner Kühnheit, völkisch-nationalistische Schriften zur Literaturgeschichte zu veröffentlichen. Der Buchmarkt war voll von derartiger Literatur. Der massenhafte Absatz, den die Bücher eines Adolf Bartels oder Paul Fechter erzielten, war dabei nur die Spitze des Eisbergs. Mit den letzten Kapiteln »unserer akademischen Literaturgeschichten«, die »seit drei bis vier Jahren« vom neu heranwachsenden »Schrifttum« handelten, kann Naumann nur seine eigenen Veröffentlichungen – insbesondere die neueren Auflagen seiner *Deutschen Dichtung der Gegenwart* – gemeint haben. Insofern war der »Gelehrte« Hans Naumann in der Tat nicht »instinktlos«, als er ahnte, wohin der politische Wind sich drehen würde. 1932 gehörte er zu den einundfünfzig Hochschullehrern, die den »Tübinger Aufruf« zugunsten Hitlers unterzeichneten. In die NSDAP trat Naumann am 1. Mai 1933 ein, wenige Tage vor seiner Feuerrede.

Seine spätere Rechtfertigung, er habe durch seine Teilnahme an der Bücherverbrennung Schlimmeres verhindern wollen, war identisch mit der seines Göttinger Fachkollegen Gerhard Fricke. So stereotyp wie der Hass, mit dem beide in ihren Brandreden die Opfer der Bücherverbrennung belegten, so stereotyp waren auch ihre späteren Rechtfertigungen.

Vom Wintersemester 1934/35 bis zum Sommersemester 1935 war Naumann Rektor der Bonner Universität. In diesem Amt veranlasste er die Vereidigung des Lehrkörpers auf den NS-Staat. Der Bonner Theologe Karl

Barth, der sich weigerte, diesen Eid zu leisten, verlor Ende 1934 seine Lehrbefugnis. Die Mitteilung der Universität Bonn an Thomas Mann über dessen Streichung aus der Liste der Ehrendoktoren war für Naumann besonders beschämend, weil er ihn als Schriftsteller nicht nur sehr schätzte, sondern während der Weimarer Republik auch freundschaftliche Kontakte zu ihm gepflegt hatte. Naumanns Rede bei der Bücherverbrennung blieb nicht seine einzige dieser Art. Bis Kriegsende entfaltete er eine rege Vortragstätigkeit. 1945 verlor Naumann seine Lehrbefugnis und verstarb darüber verbittert im September 1951.

Der Verbrennungsakt

Im Anschluss an Naumanns Rede wurde die erste Strophe des Deutschlandliedes gesungen. Dann sprach noch ein weiterer Professor, der Kunsthistoriker Eugen Lüthgen. Dem am 8. Mai 1933 von der Bonner Studentenschaft im *General-Anzeiger* veröffentlichten Aufruf nach sollte Prof. Lüthgen um 23.40 Uhr sprechen und für 24 Uhr war der Verbrennungsakt vorgesehen. Einem der Kurzberichte, die unter dem Titel *Rauchsäulen künden den Flammentod der Zersetzungspest* im *Völkischen Beobachter* vom 12. Mai 1933 zusammengefasst waren, ist jedoch zu entnehmen, dass bereits während Lüthgens Feuerrede der Scheiterhaufen entfacht wurde. Dies ist auch wahrscheinlich, da Lüthgen mit seiner Rede den Part übernahm, die Feuersprüche auszurufen. Sie waren eine teilweise radikalisierte Fassung der neun Feuersprüche, wie sie von der Führung der Deutschen Studentenschaft vorgegeben worden waren. Die mit der Bücherverbrennung symbolisch angedeutete Menschenverbrennung drückte Lüthgen auf dem Bonner Marktplatz so aus: »*Wer immer aber das kostbarste Gut unseres Volkes, die deutsche Sprache dünkelhaft verschmutzt, wer in anmaßender Frechheit Wert und Würde des deutschen Volksgeistes antastet, auch der gehört, wie Alfred Kerr, Tucholsky und Ossietzky, mit seinem Werk auf diesen Scheiterhaufen.*«[187]

Der Verfasser des Zeitungsberichts im *General-Anzeiger* erfuhr durch seine Eindrücke während des Akts der Verbrennung offenbar tiefe Inspiration. Die Werke der schriftstellerischen Konkurrenz im Feuer verschwinden zu sehen, nährte bei ihm wohl auch eigene Wünsche: »*Während die Menge das Horst-Wessel-Lied anstimmte, stand unten auf dem Markt mitten in dem Fahnenwald der Korporationen* [...] *der Scheiterhaufen in hohen Flam-*

187 Eugen Lüthgen, *Rede bei der Bonner Bücherverbrennung am 10. Mai 1933*, abgedruckt in: Akademie-Katalog, S. 204 ff.

men. Bücher und Zeitungen, Zeitschriften und Broschüren flogen in die prasselnde Glut, daß die Funken weit über die dunkle Menschenmenge dahinstoben. Dann krachte der Scheiterhaufen zusammen. Die Holzscheite, leuchtend und glühend, fielen auseinander, die Asche der Bücher hob sich in dunkler Wolke empor, schwebte durch den milchigen Lichtkegel der Scheinwerfer und zerstob in der Nacht. Während also als Symbol ein Teil der in Bonn gefundenen Bücher, die aus fremdartigen Denken und Fühlen entstanden, in Asche und Rauch sich wandelten, marschierten die Kolonnen, braun und feldgrau, marschierten die Chargen mit den bunten Farben, die Korporationsstudenten mit dem leuchtenden Couleur, die Studentinnen und Studenten wieder ab. Ihr Schritt verhallte in der dunklen Nacht. Und es war, als ziehe eine Truppe aus zum Gefecht, zum Kampf: deutsche Jugend wider den undeutschen Geist.«

Die unverhohlenen Kriegssehnsüchte, mit denen der unbekannte Reporter des *General-Anzeigers* seine Schilderung der Bonner Bücherverbrennung beschloss, geben zugleich ein Zeugnis davon ab, wie eine gleichgeschaltete deutsche Öffentlichkeit von Anfang an auf den herannahenden Krieg eingestimmt wurde.

Frankfurt am Main

»... auf einem von zwei Zugochsen gezogenen Mistwagen« zum Römerberg

In den frühen Abendstunden des 10. Mai 1933 versammelten sich große Teile der Dozentenschaft mit den studentischen Verbänden aus SA, SS, Burschenschaften und Freistudenten vor der Universität. Hinter einer SS-Kapelle formierte sich ein großer Aufmarsch, der gegen 20 Uhr zum Römerberg zog. Zwischen den Verbänden der SS und den Fahnen tragenden Burschenschaften wurde ein von zwei Zugochsen gezogener Wagen mitgeführt, der mit den zur Verbrennung bestimmten Büchern beladen war. Eine aus dem Wagen herausragende Mistgabel sollte ihn als »Mistwagen« kenntlich machen. Die Zugochsen wurden von zwei Männern geführt, die in weiße Kittel gekleidet waren. Die Ochsen trugen bedruckte Schilder zwischen ihren Hörnern. Über die symbolische Bewandtnis dieses Ochsengespanns geben die Erinnerungen des Schriftstellers Ernst Ottwalt Aufschluss. Ottwalt, dessen Werke auch verbrannt wurden, schrieb 1936 in seinem Gedenkaufsatz *In diesen Tagen*: »*Und es bedarf zu diesem Erstaunen nicht erst der Selbstpersiflage der Nationalsozialisten, die an jenem 10. Mai in Frankfurt am Main vor sich ging. Dort hielt man es für einen besonderen Schimpf, daß man die für das Brandopfer bestimmten Bücher auf einem Rollwagen zum Scheiter-*

Die Bücherverbrennung auf dem Römerberg in Frankfurt am Main am 10. Mai 1933.

haufen fuhr, vor den zwei Ochsen gespannt waren. Metzgergesellen mit weißen Schürzen führten sie am Halfter, und vor ihren unschuldigen Stirnen trugen die Ochsen ein Brett, auf dem die Parole dieses Tages zu lesen stand: ›Wider den undeutschen Geist!‹«[188]

Während bei den Bücherverbrennungen andernorts die Hexenverbrennungsrituale vergangener Jahrhunderte nur angedeutet wurden, sorgte man in Frankfurt für zeremonielle Vollständigkeit. So wie einst Delinquenten zur öffentlichen Hinrichtung geführt wurden, so transportierte man hier die angefeindeten Bücher auf einem Ochsenkarren durch das Spalier der Menschenmenge zum Scheiterhaufen auf dem Römerberg.

Das Eintreffen des Umzuges am Ort der Verbrennung schilderten die *Frankfurter Nachrichten* am 11. Mai 1933 im Beitrag *Scheiterhaufen auf dem Römerberg*: »*Unter erwartungsvollem Schweigen der Menge traf gegen 9 Uhr der Zug*

188 Ernst Ottwalt, *In diesen Tagen*, in: Klaus Schöffling (Hg.), *Dort wo man Bücher verbrennt. Stimmen der Betroffenen*, Frankfurt am Main 1983, S. 98.

der Dozentenschaft und Studentenschaft – die schlagenden Verbindungen in vollem Wichs – auf dem Römerberg ein. Dem Zuge voran marschierte die SS.-Kapelle, die beim Betreten des Platzes einen Trauermarsch intonierte.«

Etwa 15 000 Schaulustige waren inzwischen auf den Römerberg geströmt, die Zufahrtsstraßen waren durch SA und Polizei schon seit Stunden für den Autoverkehr gesperrt. Eine Abordnung der Frankfurter Studentenschaft hatte auf der Mitte des Platzes einen hohen Scheiterhaufen errichtet. Wie fast überall in Deutschland herrschte auch in Frankfurt regnerisches Wetter, das ihn durchfeuchtete. Die Bücherverbrenner wussten sich zu helfen, indem sie einige Benzinkanister herbeigeschafft hatten. Als die Verbände der Studentenschaft und die Dozenten in Reih und Glied Aufstellung genommen hatten, hielt der evangelische Universitätspfarrer Professor Otto Fricke die einleitende Feuerrede. Er bestieg den direkt vor dem Scheiterhaufen abgestellten »Mistwagen«, der nicht nur zum Büchertransport, sondern auch als Rednertribüne genutzt wurde. Die *Frankfurter Nachrichten* berichteten: *»Hochschulpfarrer Fricke erinnerte in seiner Ansprache daran, daß einst zu Metternichs Zeiten die Burschenschaft im Kampf um Deutschlands Einheit und*

Auf einem Ochsenkarren werden die angefeindeten Bücher zum Scheiterhaufen auf den Römerberg gebracht.

Freiheit, reaktionäre Schriften verbrannt habe. Heute handele es sich darum, ein Bekenntnis zum deutschen Wesen abzulegen und im Sinne der von Hitler geführten Revolution zu den wahren Quellen unserer Kraft zurückzufinden. Vor Gott und der Geschichte müßten alle bereit sein, Deutschland zu dieser Stunde zu schützen und zu schirmen. Wer diese Gesinnung nicht begreife, gehöre nicht zum Volke. Wer sich Deutschlands furchtbare Lage vor Hitlers Machtergreifung erinnere, werde verstehen, daß die Jugend sich gegen alles wende, was undeutsch sei oder sie hindere, deutsch zu sein. Das Feuer dieses Abends sei ein Wahrzeichen des Willens, sich von zersetzenden und undeutschen Schriften für immer zu befreien. In der Jugend glühe das Feuer der deutschen Revolution. Man müsse sich der Helden der Geschichte und der Opfer der vergangenen Jahre erinnern und sich an ihnen ein Beispiel nehmen. Für alle Deutschen müsse das Dichterwort gelten:

Und setzet ihr nicht das Leben ein,
Nie wird euch das Leben gewonnen sein!«

Die *Frankfurter Zeitung* vom 11. Mai 1933 berichtete unter der Überschrift *Bücherverbrennung auf dem Römerberg*, dass sich Otto Fricke in seiner Rede, neben der Bücherverbrennung beim Wartburgfest, auch positiv auf Luthers Verbrennung der Bannbulle bezogen habe. Nachdem Fricke seine Feuerrede beendet hatte, wurde die erste Strophe des Liedes *Burschen heraus!* gesungen. Darauf ergriff der Hochschulgruppenführer Müller vom NS-Studentenbund das Wort. Soviel dem Artikel der *Frankfurter Zeitung* über dessen Rede zu entnehmen ist, hielt sich Müller streng an die Vorgabe aus dem zweiten Rundschreiben der Deutschen Studentenschaft, wonach die Bücherverbrennung vor der Öffentlichkeit in ein positives Licht gerückt werden sollte: »*Nach dem Lied ›Burschen heraus‹ führte der Hochschulgruppenführer Müller u.a. aus: Wenn die Frankfurter Studentenschaft heute die Bücher marxistischer und jüdischer Schriftsteller den Flammen übergebe, so geschehe dies nicht aus einer negativen Einstellung heraus, um einen Spaß zu haben, sondern dieser Verbrennungsakt solle ein Symbol dafür sein, daß sich die junge Generation positiv zum Staat und zum deutschen Geist bekenne.*«

Müller leitete mit seiner Rede direkt zum Verbrennungsakt über. »*Dann begann die Verbrennung der Bücher und Schriften*«, berichteten die *Frankfurter Nachrichten*: »*Hell auf loderten die Flammen, Buch um Buch, Zeitung*

189 Die »Hamburger Studentenschaft« an das Hauptamt, vom 25. April 1933, Akten der DSt., I* 21 C 14/3, Blatt 178.

um Zeitung flog in das Flammenmeer, und Hochschulgruppenführer Müller verkündete mit weithin schallender Stimme die Namen der Autoren, deren Werke der Vernichtung anheimfielen. Schriften von Karl Marx, Lenin, Trotzky, Heinrich Mann und Stefan Zweig, Lion Feuchtwanger und Döblin, Remarque und Renn, Hegemann und Emil Ludwig, Erich Kaestner und Klara Zetkin, Werfel und Wassermann und viele andere, die einst mit ihren Erzeugnissen einen großen Einfluß auf das deutsche Volk auszuüben vermochten, fanden ein frühzeitiges, nie geahntes Ende.«

»Sieg-Heil«-Rufe und das Absingen des Horst-Wessel-Liedes beendeten die Bücherverbrennung.

Freie und Hansestadt Hamburg
Die Bücherverbrennung am Kaiser-Friedrich-Ufer
»Höher schlug die Flamme, Buch um Buch ...«

Die Hamburger Studentenschaft beging ihre Bücherverbrennung am 15. Mai 1933, fünf Tage nach dem festgelegten Termin. In Hamburg hatte die gesamte »Aktion wider den undeutschen Geist« einen eher »improvisierten« Charakter. Während die Aktion reichsweit bereits seit zwölf Tagen in vollem Gange war, meldete der Presseamtsleiter der Hamburger Studentenschaft am 25. April 1933 an das Hauptamt für Presse und Propaganda der Deutschen Studentenschaft: *»Im Auftrage von Hochschulgruppenführer Engelken teile ich Ihnen mit, daß bis zum 1. Mai der Kampfausschuß gebildet sein wird. Am 10. Mai erfolgt auf der Moorweide, unweit der Universität und des Dammtorbahnhofs, die Verbrennung des zersetzenden Buchmaterials in Verbindung mit einem Fackelaufmarsch und einer Rede des Kreisleiters. Ein verbindliches Programm kann noch nicht mitgeteilt werden. Die Säuberung der Bibliotheken wird voraussichtlich am 2. Mai beginnen.«*[189]

Offenbar erwies sich diese Planung als zu kurzfristig, so dass der Termin verlegt wurde. Ein »Fackelaufmarsch«, so wie er am 10. Mai in anderen Hochschulstädten dem Akt der Verbrennung vorangegangen war, fand am 15. Mai in Hamburg, entgegen der Ankündigung, nicht statt. Die »Säuberung der Bibliotheken« führte die Studentenschaft nicht selber durch, sondern ließ sich die ausgesonderten, zur Verbrennung bestimmten Bücher von der Hamburger Polizeibehörde ausliefern. Schließlich wurde die Bücherverbrennung nicht auf der Moorweide, sondern am Kaiser-Friedrich-Ufer durchgeführt. Während die Moorweide aber auf dem zentralen Campus und nur wenige Schritte vom damaligen Studentenhaus in der Neuen Rabenstraße 13 liegt, ist das Kaiser-Friedrich-Ufer etwa zwei Kilometer weit außerhalb gelegen.

Bücherbeschlagnahme in Hamburg.
Anlass und genauer Zeitpunkt sind unbekannt.

Den Erinnerungen eines Zeitzeugen zufolge war dieser Ort damals »*eine triste Schlackenwüste, wo tagsüber Arbeitslose Fußball spielten, Zigarettenbilder tauschten oder einfach nur herumlungerten*«.[190] Nach welchen Gesichtspunkten dieser Ort gewählt wurde – ob möglicherweise Konflikte mit der Universitätsleitung oder der Senatsinnenverwaltung eine Rolle spielten – bleibt fraglich.

Nach einem kurzen Appell im Studentenhaus marschierte gegen 22 Uhr der »Sturm 6/76«, ein studentischer SA-Verband, zum Kaiser-Friedrich-Ufer. Den zeitgenössischen Zeitungsberichten ist nur zu entnehmen, dass der »Sturm 6/76« »geschlossen« und »vollzählig« anrückte. Welche Route er nahm, wurde nicht erwähnt, doch wahrscheinlich ist die Strecke Edmund-Siemers-Allee, Grindelallee und Grindelberg. Dass es sich um den »Fackel-

190 Uwe Storjohann, *Am Kaiser-Friedrich-Ufer: eher eine Provinzposse*, In: Angela Graf und Hans-Dieter Kübler (Hg.), *Verbrannte Bücher. Verbrannte Ideen. Verbrannte*, Hamburg 1993,

umzug« gehandelt haben könnte, ist so gut wie ausgeschlossen, weil sich die weiteren studentischen Verbände, bestehend aus den Burschenschaften, dem Stahlhelm-Studentenring Langemarck und dem NS-Studentenbund, gegen 23 Uhr unabhängig vom »Sturm 6/76« am Verbrennungsort einfanden. Hinzu kamen mehrere Tausend Schaulustige. Auf einer freien Sandfläche hatten die Studenten einen Scheiterhaufen aus etwa zweitausend Büchern aufgetürmt. Pünktlich, nach der akademischen Viertelstunde, um 23.15 Uhr wurde das Kommando »Flamme an!« ausgerufen. SA-Studenten umsäumten – strammstehend und die Hände zum Hitlergruß emporgestreckt – die brennenden Bücher. Dahinter standen die Chargierten der Burschenschaften »in vollem Wichs« mit ihren Fahnen aufgereiht. Sobald der Scheiterhaufen brannte, hielt der »Führer« des Kreises II (Nord) der Deutschen Studentenschaft, Reinhold Schulze, seine Feuerrede. Unter der Überschrift *Wider den undeutschen Geist* berichtete das *Hamburger Fremdenblatt* vom 16. Mai 1933 über Schulzes Rede: »*Er spricht von der Entwicklung des jungen Deutschen seit der Jahrhundertwende, der, von dem Geist des Materialismus der*

Bücherverbrennung am Kaiser-Friedrich-Ufer in Hamburg am 15. Mai 1933.

Großstadt enttäuscht, in die deutsche Landschaft gewandert sei und hier die Kraft gefunden habe, um die deutsche Seele und das deutsche Gemüt zu kämpfen. Dieser junge deutsche Mensch habe dann sein Schicksal und das seiner Nation in die eigenen Hände genommen und verbrenne jetzt in diesen Büchern den Niederschlag undeutschen Geistes.«

Dem Artikel *Studenten verbrennen Bücher* des *Hamburger Anzeigers* vom 16. Mai 1933 zufolge sprach Schulze mit dem »jungen Deutschen«, der »in die deutsche Landschaft« gewandert sei, die Wandervogelbewegung an. Dieser Bezug war unpassend, da die meisten Wandervögel weder mit der patriotischen Biersauferei der Burschenschaften noch mit dem Kasernendrill der späteren SA-Studenten etwas im Sinn hatten.

Das Absingen des Liedes *Burschen heraus!* leitete zur nächsten Feuerrede über, die vom Gründer des Nationalsozialistischen Deutschen Studentenbundes (NSDStB) in Hamburg, Wolf Meyer-Christian, gehalten wurde. Meyer-

Bücherverbrennung am Kaiser-Friedrich-Ufer in Hamburg am 15. Mai 1933. Die Studenten des »Sturms 6/76« zeigen neben den brennenden Büchern den Hitlergruß. Rechts im Hintergrund: Chargierte der Burschenschaften mit Fahne.

Christian erinnerte an eine Bücherverbrennung, die von Hamburger Studenten bereits im Jahr 1929 durchgeführt worden war. Der Artikel des *Hamburger Anzeigers* fasste seine Worte zusammen: »*Die Verbrennung von Büchern sei kein Gedanke von heute. Zum erstenmal habe die deutsche Studentenschaft, als sie sich in der deutschen Burschenschaft geeinigt habe, im Jahre 1817 auf der Wartburg die Zeichen der Reaktion verbrannt. Zum erstenmal in unserer Zeit verbrannte Hamburger Jugend 1929 die Zeichen der Knechtschaft: den Versailler Vertrag, den Young-Plan, den Dawes-Plan und die Ausführungsbestimmungen des Versailler Diktates, die Verfassung von Weimar. Unsere Aufgabe sei es, das neue Reich mit dem Geiste des Nationalsozialismus zu erfüllen. Die Aufgabe heiße aber nicht nur, Bücher zu verbrennen, sondern den Geist dieser Bücher aus unseren Herzen zu reißen.*«

Anschließend, während die umherstehende Menschenmenge das Horst-Wessel-Lied sang, warfen Studenten in SA-Uniform die Fahne des Hamburger Roten Frontkämpferbundes ins Feuer. Dann wurde der Scheiterhaufen für das Hineinwerfen weiterer Bücher freigegeben. »*Werke von Lion Feuchtwanger, Emil Ludwig (Cohn), den Gebrüdern Mann, Arnold und Stefan Zweig und der ›Jahrgang 1902 von Gläser*« waren laut *Hamburger Anzeiger* darunter. Mit dem Deutschlandlied wurde die Bücherverbrennung am Kaiser-Friedrich-Ufer beendet.

Es sollte nicht die letzte in der Hansestadt bleiben. Schon zwei Wochen später, am 30. Mai 1933, versammelten sich die Hitler-Jugend, der Bund Deutscher Mädel und der Ring der jungen Mannschaft des Deutschnationalen Handlungsgehilfen-Verbandes auf dem Lübeckertorfeld, um es den Bücherverbrennern der Hamburger Studentenschaft gleich zu tun.

München

»Heinrich Heine ist ins Feuer zu werfen ...«

Das Münchner »Vorspiel« des NS-Verbrechers Karl Gengenbach

München – die Stadt, in der Hitler zehn Jahre zuvor bei der Feldherrenhalle das erste Mal nach der Macht gegriffen hatte – eignete sich in ganz besonderer Weise für einen solch symbolbeladenen Nazi-Aufmarsch, wie er am 10. Mai 1933 in der Bücherverbrennung auf dem Königsplatz gipfelte. Nur an wenigen deutschen Universitäten zeigte sich die bedingungslose Hingabe der Wissenschaften an ihre politische Gleichschaltung mit einer solchen Rasanz und vor allem mit einer derartigen Offenheit wie an der Universität

München. Der Triumph des Nationalsozialismus an der Münchner Universität war der Triumph ihrer Studentenschaft und der ihres »Führers«: der damalige Examenskandidat der Rechtswissenschaft Karl Gengenbach. Zugleich bekleidete Gengenbach das Amt des »Leiters des Kreises VII (Bayern) der Deutschen Studentenschaft«, so dass sämtliche bayerischen Bücherverbrennungen im Mai 1933 – die auch in Nürnberg, Erlangen und Würzburg stattfanden – zumindest seiner mittelbaren Verantwortung zuzurechnen sind.

Unmittelbar war Gengenbach für den Verlauf der »Aktion wider den undeutschen Geist« in München verantwortlich. Die martialische Inszenierung, die Gengenbach in den universitären Hallen für die »Aktion wider den undeutschen Geist« ausrichten konnte, zeigte, über welche Macht ein NS-Studentenführer im Frühjahr 1933 an einer deutschen Universität verfügen konnte.

Schon vier Tage vor der so genannten Feier der nationalen Revolution, am 6. Mai, lud Gengenbachs Studentenschaft in den Lichthof der Universität, um im unmittelbaren Vorfeld der Bücherverbrennung eine Kundgebung unter dem Motto »Für das Deutsche in der Kultur« durchzuführen. Die *Bayerische Staatszeitung* berichtete am selben Tag unter der gleichlautenden Überschrift von dieser Kundgebung: »*In der Universität hatten sich die Studierenden mit den Dozenten in dem großen Lichthof versammelt. Den am Erscheinen verhinderten Rektor Geheimrat v. Zumbusch vertrat Geheimrat Dr. Rehm. Das Lied ›Burschen heraus!‹ ertönte als Auftakt der Kundgebung durch den weiten Raum. Von der mit der Hakenkreuzfahne geschmückten Brüstung begrüßte der Führer der Studentenschaft Karl Gengenbach zunächst die Professoren und betonte, daß die Studenten gewillt sind, die nationale Revolution auf die Hochschule zu übertragen. Sie haben daher eine Reihe von Aktionen angesetzt. Als erste Aktion haben sie all dem undeutschen Geist in der Kultur den Kampf angesagt. Für die Studenten sind die Hochschulen der Gegenwart immer noch die Hochburgen des Liberalismus. In der Zukunft sollen sie politische Hochschulen im neuen Staat sein, an denen nur Professoren lehren dürfen, die dem Volk angehören und den neuen Staat nicht nur bejahen, sondern auch ihr ganzes Können für diesen Staat einsetzen. Der deutsche Student muß Aktivist sein nicht nur als SA-Mann, sondern auch als Kämpfer für die Wiedergeburt des Volkes und Staates. Eine Teilaktion richtet sich dahin, das gesamte Schrifttum vom un-*

191 Vgl. Wildt, S. 511 f.

deutschen Wesen, vom Schund und Schmutz zu säubern, Volkskultur soll volksgebunden, rein und deutsch sein; sie kann niemals auf dem Asphalt wachsen, weil Asphalt den Geruch der Erde erdrückt. Heinrich Heine ist ins Feuer zu werfen und durch Eichendorff zu ersetzen. Die weitere Aktion richtet sich gegen die für deutsche Hochschulen untauglichen Hochschullehrer. Wir werden unsere Lehrer fragen, warum sie nicht Stellung ergriffen haben im Namen der akademischen Freiheit gegen Nawiasky, Gumbel, Dehn und andere Geister. Mit dem Horst-Wessel-Lied und einem dreifachen Siegheilrufen auf Hindenburg und Hitler fand die Kundgebung ihren Abschluß.«

Die Androhungen Gengenbachs waren von einer Offenheit, die ihm beim Staatsakt vier Tage darauf am selben Ort die protokollarische Etikette nicht mehr in dem Maße erlaubte. Gengenbach fasste bei seiner Rede am 6. Mai 1933 alle politischen Ziele der »Aktion wider den undeutschen Geist« zusammen. Mit seinem Ausspruch: »*Heinrich Heine ist ins Feuer zu werfen* ...«, gab Gengenbach der Münchner Bücherverbrennung eine weitere Dimension. Ob er Heines Worte aus *Almansor* kannte: »*Das war ein Vorspiel nur, dort wo man Bücher verbrennt, verbrennt man auch am Ende Menschen*«?

Gengenbachs weiterer Werdegang lässt die von ihm verantwortete Münchner Bücherverbrennung in der Tat als »ein Vorspiel nur« erscheinen. Seine NS-Verbrecherkarriere verschaffte dem inzwischen promovierten Juristen und SS-Sturmbannführer Dr. Karl Gengenbach im Oktober 1939 unter Reinhard Heydrich die Leitung der Gruppe III B (Gemeinschaftsleben) sowie der Referate III B 1 (Recht) und III B 2 (Verwaltung) im Reichssicherheitshauptamt (RSHA). Im Mai 1940 wurde er von Himmler zum Leiter des SS-Sicherheitsdienstes (SD) in den besetzten Niederlanden ernannt. [191] Der bewährte Bücherverbrenner Gengenbach wusste in dieser Funktion offenbar sehr gut, wo seine Häscher in den Niederlanden zuerst zuzuschlagen hatten. Noch im Juni 1940 wurden die beiden Verlage für deutschsprachige Exilliteratur, Allert de Lange und der Querido Verlag, Opfer seiner Einsatzkommandos. In jahrelanger, mühevoller Arbeit hatten die Verleger Walter Landauer und Fritz Landshoff, die vor 1933 in Berlin gemeinsam den Kiepenheuer Verlag geleitet hatten, die deutschsprachigen Abteilungen dieser beiden Verlage aufgebaut, hatten die am 10. Mai 1933 verbrannten Werke von Bertolt Brecht, Heinrich Mann, Alfred Döblin, Anna Seghers, Jakob Wassermann, Joseph Roth, Ernst Toller, Lion Feuchtwanger, Arnold Zweig, Max Brod und vielen weiteren Schriftstellern verlegt.

Landshoff verdankte sein Leben nur dem Zufall, dass er sich gerade in London aufhielt, als sein Querido Verlag geplündert wurde. Er emigrierte in die Vereinigten Staaten und setzte dort sein Engagement für die deutschsprachige Exilliteratur fort.

Ein schlimmes Schicksal erlitt sein Freund Landauer. Als am 17. Juni 1940 Gengenbachs Häscher vor der Wohnungstür Landauers in seinem Amsterdamer Exil erschienen, um ihn zu verhaften, endeten Lebens- und Schaffensmut des hochverdienten Verlegers. Landauer stürzte sich aus dem Fenster, überlebte jedoch schwer verletzt. 1944 wurde er im KZ Bergen-Belsen ermordet. Dass ausgerechnet der Bücherverbrenner Gengenbach die Verantwortung dafür trug, dass Walter Landauer an jenem 17. Juni 1940 nach der Plünderung seines Verlages so verzweifelt war, dass er nicht mehr weiterleben wollte, muss uns noch heute bestürzen.

Doch Gengenbachs NS-Verbrecherkarriere ging weiter. Er brachte es im Reichssicherheitshauptamt zum Leiter der Gruppe III A (Rechtsordnung). Am 27. Oktober 1942 nahm er an einer von Adolf Eichmann geleiteten Folgebesprechung der »Wannseekonferenz zur Endlösung der Judenfrage« teil.[192] Aus dem studentischen Bücherverbrenner war ein Advokat des Massenmordes geworden – ein williges Rad im Getriebe jener Institution, die die Vernichtungsmaschinerie von Auschwitz schuf. Mit dem Leiter der SS-Mordkommandos in den besetzten Teilen der Sowjetunion, Heinz Gräfe, kam Gengenbach im Januar 1944 bei einem Autounfall in der Nähe von München ums Leben.[193]

Der Staatsakt in der Universität

Am 10. Mai 1933 ging der Staatsakt zur Übergabe des neuen bayerischen Studentenrechts direkt in die Bücherverbrennung über. Der Kreis VII (Bayern) der Deutschen Studentenschaft, insbesondere aber die örtlichen Studentenschaften der Münchner Universität und der Technischen Hochschule, hatten für diesen Tag ein Programm vorbereitet, das die Inszenierung der »zentralen« Bücherverbrennung in Berlin noch übertraf. Jene »Feier der nationalen Revolution« begann im Innersten der Universität: dem Auditorium maximum.

Von tiefer Begeisterung ergriffen berichtete der Verfasser des Artikels *Frühling auf hohen Schulen* in der *Münchener Stadtzeitung* vom 11. Mai 1933 über das Bild, das sich am frühen Abend des 10. Mai in der Universität dar-

192 Vgl. Raul Hilberg, *Die Vernichtung der europäischen Juden*, Frankfurt am Main 1990, S. 443.

193 Vgl. Wildt, S. 384.

bot: »*Gern sprichst du in Flammen. Du standest im Ring, als Luther die Bulle des Banns vor dem Tore zu Wittenberg ins Feuer warf, du schürtest auf der Wartburg dem Schandgeist den Scheiterhaufen, du warfst dich bei Langemarck in das fressende Feuer, das aus den Mündungsröhren feindlicher Maschinengewehre dir entgegenschlug. Deine Feuer tragen die Auferstehung in sich. So beging diese Nacht, in München, wie in ganz Deutschland, der Vortrupp der Jugend, der deutsche Student, die Feier der nationalen Revolution. Im Lichthof der Universität hob diese Nacht an. Lorbeer, Kränze und Fahnen, unter deren lebendiger Glut die Mauern verschwinden; die Bilder Hitlers und Hindenburgs, goldene Kränze, unter den Fürstenstatuen; auf den beiden Flügeln der großen Treppe Fahnen der Chargen, Blinken der Schläger, Uniformen des nationalsozialistischen Studentenbundes; der Grund des Hofes Kopf an Kopf bedeckt von tausend Ehrengästen, den Vertretern der staatlichen Behörden, der Wehrmacht, der Schutzpolizei, von Offizieren der alten Armee, der SA., der SS., des Stahlhelms, von Professoren; die Ränge ringsum gefüllt von studierender Jugend, überflutet alle Gänge des Hauses, besetzt noch jeder Platz im riesengroßen Auditorium Maximum, junge Füch-*

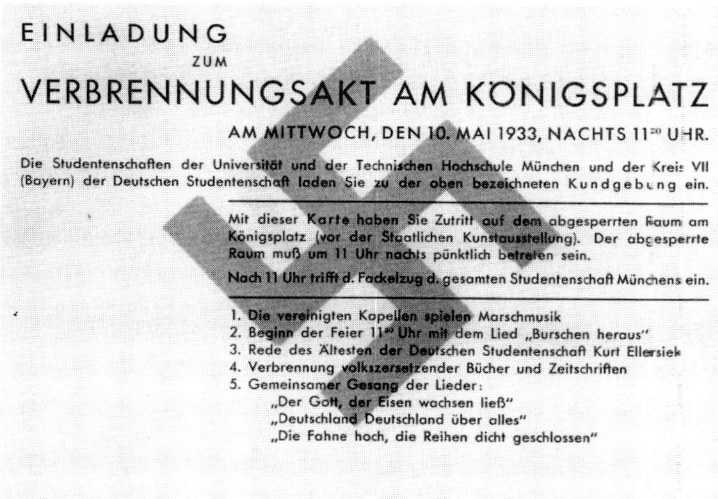

EINLADUNG
ZUM
VERBRENNUNGSAKT AM KÖNIGSPLATZ

AM MITTWOCH, DEN 10. MAI 1933, NACHTS 11^{30} UHR.

Die Studentenschaften der Universität und der Technischen Hochschule München und der Kreis VII (Bayern) der Deutschen Studentenschaft laden Sie zu der oben bezeichneten Kundgebung ein.

Mit dieser Karte haben Sie Zutritt auf dem abgesperrten Raum am Königsplatz (vor der Staatlichen Kunstausstellung). Der abgesperrte Raum muß um 11 Uhr nachts pünktlich betreten sein.

Nach 11 Uhr trifft d. Fackelzug d. gesamten Studentenschaft Münchens ein.

1. Die vereinigten Kapellen spielen Marschmusik
2. Beginn der Feier 11^{40} Uhr mit dem Lied „Burschen heraus"
3. Rede des Ältesten der Deutschen Studentenschaft Kurt Ellersiek
4. Verbrennung volkszersetzender Bücher und Zeitschriften
5. Gemeinsamer Gesang der Lieder:
   „Der Gott, der Eisen wachsen ließ"
   „Deutschland Deutschland über alles"
   „Die Fahne hoch, die Reihen dicht geschlossen"

Einladung der Münchner Studentenschaft zur Bücherverbrennung auf dem Königsplatz.

se im Kneipflaus, alte Herren der Verbindungen, Hitlersoldaten mit dem Burschenband um die Brust; kaum je sah dies Haus solche Fülle! Dann als die Kundgebung begann, die der Rundfunk übertrug, und als die Lautsprecher in allen Winkeln des gefüllten Hauses zu tönen anfingen, waren die Hallen nunmehr Gefäß für das Wort.«

Das Kammerorchester des Studentenhauses unter der Leitung von Karl Kroher eröffnete die Feier mit Beethovens *Egmont*-Ouvertüre. Anschließend übergaben nacheinander der Rektor der Universität München, Geheimer Rat Prof. Dr. Leo Ritter von Zumbusch, und der Rektor der Technischen Hochschule, Geheimer Rat Prof. Dr. Richard Schachner, den »Führern« der Studentenschaften das neue Studentenrecht. Das festliche Geschehen wurde musikalisch mit zwei Sätzen aus der kleinen Serenade, Stück 55, von Richard Trunk begleitet.

Darauf folgte die Ansprache des »Leiters des Kreises VII (Bayern) der Deutschen Studentenschaft«, Karl Gengenbach. Er stand im Mittelpunkt dieses Staatsaktes, denn er repräsentierte alle bayerischen Studentenschaften, die durch das neue Studentenrecht in den Status eines staatlichen Organs erhoben wurden. Gengenbach sprach: »[...] *14 Jahre lang haben die deutschen Studenten einen dauernden Kampf geführt gegen die Regierungen dieser Jahre. Wir haben diesen Kampf geführt um unser Volk, um die deutsche Hochschule, um den Bestand der deutschen Studentenschaft und um den Bestand ihrer Aufgaben. Die Deutsche Studentenschaft, die von der Frontgeneration als eine großdeutsche Gemeinschaft ins Leben gerufen wurde, ist seit dieser Zeit nicht nur der größte studentische Selbstverwaltungskörper der Welt, er ist darüber hinaus der Ausdruck des Lebenswillens des jungen akademischen Deutschland, ist die äußere Form des Gestaltungswillens zu einem neuen Aufbau deutschen, wissenschaftlichen Lebens. Deshalb werden es die ewig objektiven und die Nur-Spezialisten nie verstehen, daß die akademische Jugend in dieser Organisation das Symbol des deutschen Studentenlebens verkörpert sieht. Sie werden es auch nie verstehen, daß die Deutsche Studentenschaft die Hüterin der Rechte aller Studierenden ist und es nur ihr zu verdanken ist, daß das deutsche Hochschulleben noch nicht auf einen reinen Penalbetrieb herabgesunken ist. In der Deutschen Studentenschaft ist die Keimzelle des Großdeutschen, die Keimzelle*

194 *Bayerische Hochschul-Zeitung*, erschienen am 18. Mai 1933, S. 2. Unter der Überschrift »*Feier der nationalen Revolution*« sind hierin die Reden von Karl Gengenbach, Leo von Zumbusch und Hans Schemm abgedruckt worden.

des neuen Gemeinschaftsgedankens der Volksverbundenheit verankert. Der Frontgeneration, welche den deutschen Sozialismus als die Grundlage des Aufbaues eines nationalen Staates erkannte, blieb es vorbehalten, die deutsche Studentenschaft aufzubauen. Uns Nationalsozialisten ist es darum eine selbstverständliche Pflicht, diese Gründung im Geiste des deutschen Sozialismus nicht nur zu erhalten, sondern weiter auszugestalten. Dazu soll uns das neue Studentenrecht ein Mittel sein. [...]«[194]

Für Karl Gengenbach war es offenbar ein besonderer Triumph, dass seine Worte nun ein weiteres Mal innerhalb weniger Tage über Lautsprecher »in allen Winkeln« der Universität ein offenes Ohr fanden. Der Nazi-Kultusminister Hans Schemm und seine Münchner Hochschulrektoren spendeten Beifall, als der Student Gengenbach sich anmaßte, jene verdienten Wissenschaftler, denen in den Jahren zuvor der studentische Terror gegolten hatte, als »Nur-Spezialisten« zu bezeichnen und ihre wissenschaftliche Arbeit zum »Penalbetrieb« herabzuwürdigen. Wie »*die äußere Form des Gestaltungswillens zu einem neuen Aufbau deutschen, wissenschaftlichen Lebens*«, von der Gengenbach sprach, aussah, sollte die Münchner Studentenschaft unter seiner Führung wenige Stunden später vorführen, indem sie öffentlich Bücher verbrannte.

Nachdem Gengenbach seine Rede beendet hatte, brachte Kurt Rodeck, Sänger der Staatsoper, die Lieder *Mahnung* von Hans Herrmann, *Heimweh* von Hugo Wolf und *Fridericus Rex* von Carl Loewe zu Gehör. Georg Schmidt begleitete ihn am Flügel. Als nächster Redner stand der bayerische Kultusminister Hans Schemm auf dem Programm. Der *Bayerische Kurier* vom 12. Mai 1933 fasste seine Rede wie folgt zusammen: »*Er verwies auf den beispiellosen Kampf, den Deutschland gegen eine Welt von Feinden im großen Kriege zu bestehen hatte. ›Einheimische Ausländer‹ führten nach dem Kriege einen viel schlimmeren Kampf gegen die deutsche Seele. In diesem Kampfe wurden wertvollere Güter zerstört, als je Kanonen vernichten konnten. Der Pazifismus, Materialismus, Bolschewismus und Intellektualismus feierten Orgien. Die Universitäten verstanden es nicht, diesen anstürmenden Bataillonen aus dem ›Seelenausland‹ des deutschen Volkes ihre Tore zu verschließen. Für uns ist alles Verbrechen, was dem deutschen Volke schadet und wenn es hundert und tausend mal objektiv ist.*«

Bei einem Kultusminister, der das intellektuelle Streben nach Objektivität für ein Verbrechen hielt, musste der völkische Verfolgungswahn vor dem »Seelenausland« wohl zwangsläufig pathologische Formen annehmen.

Der Fackelzug zum Königsplatz

Während im Auditorium maximum der Universität das Festprogramm sich langsam seinem Ende zuneigte und ein Schauspieler des Staatstheaters, Konstantin Delcroix, drei Gedichte rezitierte, sammelten sich in den Straßen hinter der Universität, in der Türkenstraße, der Amalienstraße und der Akademiestraße, bereits die studentischen Verbände für den Fackelzug zur Bücherverbrennung auf dem Königsplatz. Die *Münchener Stadtzeitung* berichtete: »*Unterdessen hatte die beflaggte Ludwigstraße sich noch mit leuchtenden Lämpchen vor fast jedem Fensterbord geschmückt, Menschen stauten sich an. Nun brachen die Scharen aus der Universität, empfingen vor den Toren die Fackeln, nun reihten sich die Kolonnen in den Nachbarstraßenzügen, Kommandos klirrten, Kapellen suchten ihre Plätze. Kurz nach halb 11 Uhr brach die Heerschar auf. Vier berittene Schutzleute, vier Reiter in weißen Hemden mit Hakenkreuzbinde, vier schwarze SS.-Reiter bildeten die Spitze. Es folgten die Chargen, die Waffenringverbindungen, die Freistudenten, die Stahlhelmstudenten, der Nationalsozialistische Studentenbund.*«

Für den Fackelzug hatten die Münchner Studentenschaften eine symbolträchtige Route ausgewählt. Unter der Überschrift *Der Fackelzug der Studenten* berichtete der *Münchener Beobachter* vom 11. Mai 1933 über den gewaltigen Umzug: »*Wie eine lange Kette ziehen sie sich die Straße entlang. Über dem Eingang der Bayerischen Versicherungsbank lodernde Pechpfannen. Auch an der Feldherrenhalle flackert eine rote Flammenkette.* [...] *Dann zieht sich die glühende, rote Schlange in die Adolf-Hitler-Straße* [Brienner Straße, W.T.] *hinein. Die Fackeln werfen gespenstisches Licht an den Häuserwänden empor. Und immer wieder dasselbe Bild. Fahnen, Lampen, Pechfahnen. So geht es die Adolf-Hitler-Straße hinauf, um den Obelisk am Karolinenplatz herum, am Braunen Haus vorbei. Und die Letzten des Zuges sind noch nicht abmarschiert, da erreicht die Spitze schon den Königsplatz, von einer vieltausendköpfigen Menge stürmisch begrüßt.*«

Der Scheiterhaufen auf dem Königsplatz
»*In prasselnden Büscheln stiegen die Funken auf ...*«

Zwischen 50000 und 70000 Menschen waren auf den Königsplatz gekommen, als gegen 23.45 Uhr mit dem Lied *Burschen heraus!* der Verbrennungsakt eröffnet wurde. Rings um den Königsplatz waren die Monumentalbauten mit brennenden Pechpfannen versehen. Zur Betonung ihres historischen Anspruchs auf Urheberschaft hatten die Burschenschaften in herausgehobener Position auf der Freitreppe der Gemäldegalerie Aufstellung genommen.

An deren Fuße befand sich der Scheiterhaufen, den man dort bereits in den Nachmittagsstunden aus den angefeindeten Büchern und Zeitschriften aufgetürmt und mit langen Holzscheiten umstellt hatte.

Der »Älteste der Deutschen Studentenschaft« an der Münchner Universität, Kurt Ellersiek, hielt die Feuerrede, über die in den *Münchener Neuesten Nachrichten* vom 12. Mai 1933 Folgendes berichtet wurde: »*Wenn heute hier volkszersetzende und volksverhetzende Bücher und Schriften verbrannt werden, so solle damit symbolisch angedeutet sein, daß alles Undeutsche in unserem Volk ausgebrannt werden wird. Zugleich aber soll das reinigende Feuer auch in aller Welt den Wiederaufstieg Deutschlands verkünden. Der Redner gedachte derer, die für die deutsche Revolution aus den Reihen der hohen Schulen ihr Leben ließen, die dafür starben, daß das ganze 20. Jahrhundert im Zeichen des Hakenkreuzes stehen wird.* [...]«

Noch während er die beiden Schlusssätze seiner Rede: »*Es lebe der deutsche Sozialismus! Es lebe der Führer des deutschen Arbeitertums, Adolf Hitler!*«, über den Königsplatz brüllte, wurde der Bücherhaufen angezündet. »*In prasselnden Büscheln stiegen die Funken auf*«, so die *Münchener Stadt-*

Die Bücherverbrennung auf dem Königsplatz in München am 10. Mai 1933.

zeitung, »[...] und man blickte mit getrosten Augen in ihr Spiel, dankte dem ›Gott der Eisen wachsen ließ‹, und hob die Herzen und die Hände zum Deutschlandlied und zu Horst Wessels Sang. Und während noch einmal die Schalltrichter Studentenworte über den Platz trugen, die versprachen, nun Raum in Büchereien und auf Bühnen für junge deutsche Kunst zu schaffen, und die baten, im ganzen Volk dem Beispiel dieser Säuberung zu folgen, trat man im Kreis um die Flamme und warf die Fackeln lachend in die niedergesunkene hinein.«

Nürnberg
»... den Rest des Marxismus ... beseitigen«

Die Studentenschaft der wirtschafts- und sozialwissenschaftlichen Hindenburg-Hochschule in Nürnberg berief im April 1933 mit Hans Hagemeyer einen vergleichsweise hochrangigen NS-Funktionär in ihren »Aktionsausschuß wider den undeutschen Geist«. Hagemeyer war zu diesem Zeitpunkt Landesleiter des Kampfbundes für Deutsche Kultur in Nordbayern-Franken. Von 1934 an leitete er im »Amt Rosenberg« das Hauptamt Schrifttumspflege. Auf seinen maßgeblichen Einfluss im »Aktionsausschuß« war es zurückzuführen, dass die Bücherverbrennung in Nürnberg schließlich keinen vordergründig studentischen Charakter mehr hatte, sondern gleichermaßen von verschiedenen NS-Organisationen durchgeführt wurde.

Am 10. Mai 1933 um 19 Uhr nahmen die örtlichen Verbände der Studentenschaft, der SA und der SS, der Nationalsozialistischen Betriebszellen-Organisation (NSBO) und der Hitler-Jugend – insgesamt etwa dreitausend Personen – auf dem Wöhrder Hauptmarkt Aufstellung. Unter dem Gesang »nationalsozialistischer Sturmlieder« und dem Spiel der SA- und SS-Kapellen marschierten sie mit Hakenkreuzfahnen, Wimpeln und Fackeln durch die von Schaulustigen gesäumten Hauptstraßen Nürnbergs. Der Aufmarsch passierte die Wöhrder Hauptstraße, Bauvereinstraße, Sulzbacher Straße, den Hindenburgplatz (heute: Rathenauplatz), den Maxtorgraben, Egidienberg, die heutige Tetzelgasse, die Theresienstraße und mündete schließlich auf den damaligen Adolf-Hitler-Platz – heute: Rathausplatz-Hauptmarkt –, wo bereits der Scheiterhaufen vorbereitet worden war. Gegen 21 Uhr begann die Verbrennung. Ein zeitgenössischer Zeitungsartikel, der sich ohne nähere Angaben in den Akten der DSt befindet, berichtet von den Vorgängen: *»Ein hoher Scheiterhaufen war auf dem Hauptmarkt errichtet. Lastautos brach-*

195 Akten der DSt., I* 21 C 14/3, Blatt 252.

ten die Bücher herbei, über die Gericht gesprochen werden sollte. Hoch immer höher wurde der Stapel, dann wurde Feuer angelegt, das weit hinleuchtete wie ein Fanal. [...] Unterdessen hatte eine ungeheure Menschenmenge den Adolf-Hitler-Platz angefüllt.«[195]

Hans Hagemeyer hielt die erste Feuerrede. Der *Fränkische Kurier* vom 11. Mai 1933 fasste im Beitrag *Wider den undeutschen Geist* den Inhalt zusammen: »*Schriftsteller Hagemeyer vom Kampfbund für deutsche Kultur erklärte, daß in tausenden von Städten Deutschlands zu dieser Stunde das Feuer brenne, um den Rest des Marxismus zu beseitigen. In Millionen Herzen flamme das Bekenntnis auf: Wir wollen frei sein von einer Knechtschaft und von dem undeutschen Geist, der das deutsche Schrifttum beherrscht hat. Der Kampf der nationalen Revolution müsse dem deutschen Dichter die Bahn frei machen. Er übergab ein Werk Emil Ludwigs, der eigentlich Kohn heißt und heute noch in der Schweiz gegen den deutschen Nationalsozialismus kämpfe, den Flammen.*«

Hans Hagemeyer lagen die Bücherverbrennungen offenbar besonders am Herzen, denn zwei Tage später, am 12. Mai, trat er bei der Bücherverbrennung in Erlangen ein weiteres Mal als Feuerredner auf. Die Erlanger Bücher-

Die Bücherverbrennung auf dem Adolf-Hitler-Platz, dem heutigen Rathaus-Hauptmarkt, in Nürnberg am 10. Mai 1933.

verbrennung ist im Jahr 2000 von Theodor Verweyen auch anhand universitäts- und stadtgeschichtlichen Materials sehr ausführlich dokumentiert worden.[196]

Nach Hagemeyer sprachen der Gaupropagandaleiter Gebbert von der NSBO, der Diplomkaufmann H. A. Wirsing von der Nürnberger Studentenschaft und der Gaujugendführer Eugel von der Hitler-Jugend. Zu Wirsings Rede berichtete der *Fränkische Kurier*: »*Der Vertreter der Studentenschaft erinnerte daran, daß schon einmal deutsche Studenten vor einem solchen Scheiterhaufen standen, als sie die Bannbulle gegen Dr. Martin Luther verbrannten. Der deutsche Student fühle sich schicksalsverbunden mit dem deutsche Arbeiter. Er übergebe die Werke eines Karl Marx und seiner Anhänger dem Scheiterhaufen.*«

Über den Inhalt der Ansprachen von Gebbert und Eugel ist nichts weiter bekannt, als dass sie sich »in gleicher Richtung bewegten«, wie die Feuerrede Hagemeyers. Dies meinte zumindest die *Bayerische Volkszeitung* vom 11. Mai 1933 unter der Überschrift: *Die Kundgebung: Wider den undeutschen Geist.* Im selben Artikel war aber Genaueres über die abschließende Feuerrede zu erfahren, die der Stadtrat und NSDAP-Reichstagsabgeordnete Karl Holz hielt: »*Er wies darauf hin, daß mit dem heutigen Tage jene Bücher und Schriften den Flammen übergeben werden sollten, die jahrzehntelang das deutsche Volk zersetzen und verderben konnten. Man wisse heute, daß es nie zu einem 9. November 1918 hätte kommen können, wenn nicht die damaligen Staatsmänner jedem Vaterlandsverräter die Freiheit gegeben hätten, volksverderbende Bücher zu schreiben. Wir schwören es bei diesen Flammen hier, nicht eher zu ruhen und zu rasten, bis das letzte volkszersetzende jüdische und landesverräterische Buch den Flammen übergeben worden sei. In Deutschland solle für die Zukunft niemand mehr ein Buch schreiben, das nicht für Deutschlands Größe, Freiheit und Ehre geschrieben werde. Dafür sorge der Kampfbund für deutsche Kultur, sorge die SA und SS, sorge die Hitler-Jugend und der deutsche Student, sorge Adolf Hitler.*«

Wie fast jede Bücherverbrennung in jenen Tagen endete auch die Nürnberger durch »Sieg-Heil«-Chöre und das Absingen des Horst-Wessel-Liedes.

Die öffentliche Behauptung, das Deutsche Reich habe den Ersten Weltkrieg im November 1918 gegen seine Schriftsteller verloren, und der Schwur, die vollständige Vernichtung aller angefeindeten Bücher herbeizuführen, zeugten vom ungeheuren Maß an historischer Verblendung und ideologi-

196 Theodor Verweyen, *Bücherverbrennungen*, Heidelberg 2000, S. 16 bis 65.

schem Fanatismus des Karl Holz. Diese seine Eigenschaften sollten die Stadt Nürnberg zwölf Jahre nach der Bücherverbrennung erneut heimsuchen. Als Nachfolger seines politischen Ziehvaters Julius Streicher gelang Holz 1942 der Aufstieg zum kommissarischen und 1944 zum regulären Gauleiter von Franken. Im April 1945 leitete er die militärische Verteidigung Nürnbergs gegen die US-Streitkräfte. Anstatt die Stadt kampflos zu übergeben, führte Holz einen tagelangen Häuserkampf und verlängerte so das sinnlose Blutvergießen.

Der Gaujugendführer Eugel hält eine Feuerrede bei der Nürnberger Bücherverbrennung.

Würzburg
»... nicht mit schönen Worten und Plakaten bewenden lassen ...«

Die Würzburger Bücherverbrennung lässt sich nur durch sehr knapp gehaltene Zeitungsberichte dokumentieren: Wie auch in München begann das Programm mit der Übergabe des neuen Studentenrechts. Dazu versammelte sich die Studentenschaft am frühen Abend in der Veranstaltungshalle des Platzschen Garten, wo dem »Führer« der Studentenschaft, Gerhard Linde, durch den Rektor der Universität feierlich das neue Studentenrecht überreicht wurde. Anschließend, kurz nach 22 Uhr, nahm die Studentenschaft vor dem Platzschen Garten Aufstellung und marschierte dann unter Vorantritt je einer Kapelle der SA und des Stahlhelm zum Residenzplatz, wo inzwischen ein großer Scheiterhaufen errichtet worden war. Nachdem die Verbände der Studentenschaft auf dem Residenzplatz erneut Aufstellung genommen hatten, wurde die Bücherverbrennung durch das Entzünden des Scheiterhaufens eingeleitet. Der »Älteste der Studentenschaft«, Dr. Alfons Ilg, hielt die Feuerrede. Ihr Wortlaut erschien am 11. Mai im Artikel *Der Scheiterhaufen für undeutsches Schrifttum* im *Würzburger Generalanzeiger*. Ilg sagte unter anderem: »*Wenn am heutigen Tage die Studenten im ganzen Reich Feuerbrände entzündet haben, wenn sie am heutigen Tage überall Bücher und Schriften volks- und rassefremder Schriftsteller vernichten, so nicht deshalb, um eben eine Feier veranstaltet zu haben, sondern um zu zeigen, daß es ihnen im Kampf gegen den undeutschen Geist ernst ist, daß sie es nicht mit schönen Worten und Plakaten bewenden lassen wollen, daß sie vielmehr ihre Worte in die Tat umzusetzen gewillt sind. Die Deutsche Studentenschaft duldet es ganz einfach nicht mehr, daß das deutsche Volk mit den literarischen Erzeugnissen fremdrassiger und marxistischer Schriftsteller gefüttert wird, daß ihm weiterhin offen oder versteckt das Gift der Zersetzung eingeflößt wird. Die Deutsche Studentenschaft duldet dies so wenig, so wenig sie selbst gewillt ist, sich weiterhin von art- und rassefremden Professoren an der Hochschule führen zu lassen, so wenig sie duldet, daß weiterhin Rassefremde gleichberechtigt zu Führern des Volkes berufen werden.*«

Das übliche dreifache »Sieg-Heil« und das Absingen des Horst-Wessel-Liedes leiteten über zum abschließenden Fackelzug. Eine große Menge an Fackeln wurde ausgegeben. Die Studenten entzündeten sie am Feuer des

197 Gustav Adolf Scheel an das Hauptamt, vom 15. April 1933, Akten der DSt, I* 21 C 14/3, Blatt 194.

Scheiterhaufens, um anschließend symbolisch die Flamme der Bücherverbrennung durch die Stadt zu tragen. Der Zug verließ den Residenzplatz in Richtung Hofstraße, marschierte über den Paradeplatz, um den Dom herum in die Domstraße, bis er links in die Augustinerstraße einbog. Dort überquerte er den Johanniterplatz, passierte die Sanderstraße und bewegte sich dann links auf den Sanderring. Von dort bog der Fackelzug wiederum links in die Ottostraße ein und kehrte schließlich über den Josef-Stangl-Platz und die Balthasar-Neumann-Promenade auf den Residenzplatz zurück. Die Fackeln wurden in den ausbrennenden Scheiterhaufen zurückgeworfen.

Heidelberg
»... unser Volk endlich freizumachen vom Geist eines Gumbel, eines Remarque, eines Heinrich Mann, eines Kurt Tucholsky ...«

Die Bücherverbrennung auf dem Heidelberger Universitätsplatz am 17. Mai 1933 organisierte der »Führer« der örtlichen Studentenschaft, Gustav Adolf Scheel. Der politische Ehrgeiz des späteren Reichsstudentenführers strebte schon während der »Aktion wider den undeutschen Geist« weit über die Aufgaben und Pflichten eines örtlichen NS-Funktionärs hinaus. Am 15. April schrieb Scheel an das Hauptamt für Presse und Propaganda der Deutschen Studentenschaft in Berlin: »*Ich teile hiermit mit, daß mich der Kreisleiter IV* [Südwestdeutschland, W.T.] *beauftragt hat, für Baden, Württemberg und Hessen die Aktion ›Wider den undeutschen Geist‹ durchzuführen. Ich habe das nötigste bereits veranlaßt, und bitte alle Nachrichten direkt an mich, Studentenschaft, Marstallhof 3 / I zu richten.*«[197] Scheel fügte seiner Unterschrift den Zusatz »stellvertr. Kreisleiter IV« hinzu, während im Briefkopf nur »Die Studentenschaft der Universität Heidelberg« genannt war. Die Kompetenzen, die Scheel durch dieses Schreiben auf seine Person übertragen glaubte, wurden vom Hauptamt jedoch nicht weiter beachtet. Zudem zeigte sich, dass die politischen Einheiten der damaligen Reichsländer auf der studentischen Ebene wirksamer sein konnten als die der »Kreise« der Deutschen Studentenschaft. Während Scheel nämlich hoffte, als Stellvertretender Kreisleiter IV in Baden, Württemberg und Hessen die Durchführung der Bücherverbrennungen veranlassen zu können, ließ der Kommissar für die württembergischen Studentenschaften, Gerhard Schumann, dem Berliner Hauptamt kurzerhand mitteilen, dass in Württemberg keine Bücherverbrennungen stattfinden würden.

So musste Scheel sich vorerst noch auf seine Position als Studentenschaftsführer in Heidelberg beschränken. Dort beteiligten sich neben der Studentenschaft zudem der Kampfbund für Deutsche Kultur und die Deutsche Kulturgemeinschaft an den Vorbereitungen der Bücherverbrennung.[198] Ursprünglich sollte auch in Heidelberg der Verbrennungsakt am 10. Mai stattfinden. Als Grund für die Verlegung auf den 17. Mai vermutet der Historiker Clemens Zimmermann, der 1983 einen Gedenkaufsatz zur Heidelberger Bücherverbrennung publizierte, politische und organisatorische Probleme. So habe es beispielsweise Schwierigkeiten gegeben, ein aus Sicht der Studentenschaft ausreichendes Quantum an Büchern zur Verbrennung zu beschaffen, weil der zuständige Stadtbibliothekar Zink schon seit Jahrzehnten die Aufnahme der angefeindeten Literatur in die Heidelberger Stadtbibliothek verhindert hatte.[199] Den wiederholten öffentlichen Aufrufen, auf privater und zudem noch freiwilliger Basis Bücher für die Verbrennung zur Verfügung zu stellen, kamen offenbar nur wenige Heidelberger Bürger nach.

Am 17. Mai begann das Programm mit einem vom Kampfbund für Deutsche Kultur veranstalteten Dia-Vortrag im »Hörsaal 18 der Neuen Universität«. Es sprach Dr. Josef August Beringer aus Mannheim zum Thema »Herabwürdigung der deutschen Kunst in den Jahren 1918 bis 1933«. Beringer hetzte gegen die »französischen« und »fremdländischen« Einflüsse in der neueren deutschen Malerei. Die Literatur spielte in seinem Vortrag jedoch keine Rolle. Der unmittelbare Zusammenhang dieser Veranstaltung mit der Bücherverbrennung bestand darin, dass ihre Besucher sich im Anschluss direkt auf den Universitätsplatz begaben, um dem Akt beizuwohnen.

Inzwischen hatte sich gegen 21.30 Uhr auf dem Jubiläumsplatz ein Fackelzug gesammelt. Verbände des NS-Studentenbundes, des Stahlhelms, der Burschenschaften, der SA und SS marschierten durch die Neckarstaden, die Sofienstraße und die Hauptstraße zum Universitätsplatz, wo sie um 22 Uhr eintrafen.[200] Die geringe Beute ihrer Büchersammelaktion spornte die Heidelberger Studentenschaft offenbar dazu an, einen besonders aufwendigen Scheiterhaufen zu errichten. Seit den Nachmittagsstunden war eine studentische Abordnung damit beschäftigt gewesen, Gerüststangen aus Holz zu einem über vier Meter hohen kegelförmigen Gebilde anzuordnen, auf des-

198 Vgl. Clemens Zimmermann, *Die Bücherverbrennung am 17. Mai 1933 in Heidelberg*, in: Joachim-Felix Leonhard (Hg.), *Zensur, Verbot, Vernichtung unter dem Nationalsozialismus in Heidelberg*, Heidelberg 1983, S. 58.

199 Vgl. ebd., S. 57.

200 Vgl. ebd., S. 58.

201 Vgl. ebd., S. 59.

sen Grundfläche von zwei bis drei Metern Durchmesser man die zur Verbrennung bestimmten Bücher, Zeitschriften und Zeitungen aufschichtete, darunter die sozialdemokratische *Volkszeitung*. Der Haufen wurde mit Fahnen, Transparenten und Schildern kommunistischer Organisationen bedeckt. Auf die Spitze des Holzkegels wurden eine Mütze des Reichsbanners Schwarz-Rot-Gold und ein Sowjetstern gesetzt.

Nach Eintreffen des Fackelzuges nahmen die Verbände der beteiligten Organisationen um den Scheiterhaufen Aufstellung. Die Fahnenträger der Burschenschaften besetzten die Freitreppe der Neuen Universität.[201] Der Universitätsplatz füllte sich mit Schaulustigen. Dann hielt Gustav Adolf Scheel seine Eröffnungsansprache, die im *Heidelberger Tageblatt* vom 18. Mai 1933 unter der Überschrift *Rings um den Bücherscheiterhaufen* im Wortlaut abgedruckt wurde: »*Kameraden! Deutsche Volksgenossen! In feierlicher Handlung protestiert am heutigen Tage die Heidelberger Studentenschaft gegen den undeutschen Geist, gegen Schund und Schmutz in der Literatur. Die große Aktion, welche in dieser Woche von allen Studentenschaften des Deutschen Reiches gegen jüdisch-zersetzende, gegen marxistisch-bolschewistische, gegen gemein-frivole Schriften geführt wird, hat seine Begründung in dem festen Willen, uns und unser Volk endlich freizumachen vom Geist eines Gumbel, eines Remarque, eines Heinrich Mann, eines Kurt Tucholsky und wie die Verbrecher am deutschen Geiste alle heißen mögen.*«

An der Vertreibung des Heidelberger Mathematikprofessors Emil Gumbel war Scheel maßgeblich beteiligt gewesen. In seiner Feuerrede denunzierte Scheel noch einen anderen Heidelberger Hochschullehrer: »*Wir Studenten der deutschen Revolution müssen hier ausdrücklich feststellen, daß leider auch teilweise an unserer Universität schwer gesündigt wurde. So hat Herr Prof. v. Eckardt, der heute wieder versucht, sich ein nationales Mäntelchen umzuhängen, in der letzten Zeit für nicht weniger als 320 RM. Bücher des Bolschewisten Lenin angeschafft, während er für die notwendigen Handbücher der Zeitungswissenschaft nichts übrig hatte. Und dies in einer Zeit, in der SA.-Kameraden von bolschewistischen Verbrechern feige niedergeschlagen und ermordet wurden.*«

Weiter brachte Scheel das Gelöbnis aus, dass man nicht eher ruhen wolle, bis aus Heidelberg und Umgebung das »letzte Schmutz- und Schundbuch« entfernt sei. Er schloss mit den Worten: »*In diesem Kampfgeiste erklinge heute freier denn je der Ruf: Burschen heraus!*« Und während die anwesende Menschenmenge jenes Lied sang, wurde der Scheiterhaufen angezündet. Es folgte die Feuerrede des nationalsozialistischen Bezirksrates und »alten

Herren« der Burschenschaft Frankonia, Dr. Th. Lingens. Auch er hetzte noch einmal gegen den vertriebenen Emil Gumbel und brachte die Dankbarkeit zum Ausdruck, mit der »sich jetzt die Studenten mit Hitler verbunden« fühlten. Mit »Sieg-Heil«-Rufen und dem Absingen des Deutschlandliedes sowie des Horst-Wessel-Liedes endete die Heidelberger Bücherverbrennung des 17. Mai 1933. Nur einen Monat später, am 17. Juni, veranstaltete die Hitler-Jugend auf dem Jubiläumsplatz eine weitere Bücherverbrennung.

Der Aufbau des Scheiterhaufens auf dem Universitätsplatz

Kohlezeichnung aus den »Heidelberger Neuesten Nachrichten« vom 18. Mai 1933.

Mannheim

»Ich Ochse habe dies alles gelesen«

Die Bücherverbrennung in Mannheim fand am 19. Mai 1933 beim Meßplatz, zwischen der Hauptfeuerwache und der Villa Hartmann, statt. Die Studentenschaft der Handelshochschule Mannheim fand bei der Organisation ihrer Bücherverbrennung die tatkräftige Unterstützung des örtlichen Deutschnationalen Handlungsgehilfen-Verbandes (DHV).

Die Büchersammelstellen

Schon die Büchersammelaktion wurde arbeitsteilig durchgeführt. Der »Aktionsausschuß« der Studentenschaft übernahm die Beschlagnahme der angefeindeten Literatur in den öffentlichen Bibliotheken und der »Aktionsausschuß« des DHV suchte den Buchhandel und die Privatbüchereien auf. Der Verfasser des Beitrags *Machtvolle Kundgebung der Mannheimer Studentenschaft* aus der *Neuen Mannheimer Zeitung* vom 20. Mai 1933 beschrieb die studentische Büchersammelstelle: »*Im Sturmzimmer der SA der Handelshochschule sah es gestern recht kunterbunt aus. In einer Ecke lagen die Bücher und Zeitschriften wirr durcheinander, die man aus der Ludwig-Kahn-Bücherhalle und aus anderen Bibliotheken entfernt hatte und die auch zum Teil von der nationalgesinnten Bevölkerung zur Ablieferung gebracht worden waren. Remarque durfte das Recht in Anspruch nehmen, am häufigsten vertreten zu sein. Feuchtwanger, Wassermann, Lilli Braun und Renn leisteten Gesellschaft. Dazwischen lagen die Werke von Marx, Jaurès, Trotzki. Die schwarz-rot-goldenen Fahnen der Handelshochschule hatte man in diesem Zimmer ebenfalls gesammelt, um sie gemeinsam mit den Büchern in Flammen aufgehen zu lassen. Selbstverständlich war nicht vergessen worden, die Hinterlassenschaften des Republikanischen Studentenbundes der zur Vernichtung bestimmten Sammlung einzuverleiben. Einen Stock höher in der Mensa hatte man, drapiert von einer schwarz-rot-goldenen Fahne und einem Dreipfeilwimpel* [Symbol der sozialdemokratisch geführten Eisernen Front gegen die NSDAP während der Weimarer Republik, W.T.], *verschiedene Bücher besonders ausgestellt: Liebknechts ›Reden und Aufsätze‹, Sacher Masochs ›Jüdisches Leben‹, Engels und Marx ›Kommunistisches Manifest‹ u.a.*«

Der DHV hatte seine Büchersammelstelle im Kaufmannsheim eingerichtet. Auch hier verschaffte sich der Autor der *Neuen Mannheimer Zeitung* einen Überblick und fand unter den zur Verbrennung bereitliegenden Büchern auch Irmgard Keuns 1932 erschienenen Roman *Das kunstseidene Mädchen*.

Aufmarsch im Schlosshof

Um 20 Uhr begann im Schlosshof der Aufmarsch der Formationen aus Burschenschaften, SA, SS, Stahlhelm und Hitler-Jugend. Hinzu kamen Abordnungen des Jungdeutschen Ordens, des Arbeitsdienstes sowie der Luft- und Gasschutzschule. Der eigens für die Bücherverbrennung abgestellte Feuerwerker Busch verteilte zweitausend Fackeln, die sämtlich vergriffen waren, als gegen 20.30 Uhr die Angehörigen des DHV mit einer musizierenden Blaskapelle auf dem Schlosshof einzogen. Der DHV führte einen von zwei Schimmeln gezogenen Transportwagen mit sich – beladen mit den über zweieinhalbtausend zur Verbrennung bestimmten Büchern. In der *Neuen Mannheimer Zeitung* wurde dieser Wagen näher beschrieben: »*Ein alter Pferdetransportwagen, also ein richtiger Schinderwagen, stand im Schloßhof. Während die letzten Vorbereitungen zum Abmarsch getroffen wurden, betrachtete man sich rasch dieses seltene Schaustück. Verkleidet war der Wagen mit schwarz-rot-goldenen Fahnen, während ringsum Zeichnungen aus dem Werk ›La France‹ von dem ehemaligen Professor an der Badischen Landeskunstschule, Karl Hubbuch, aushingen. Ein Kommentar zu diesen Bildern eines ›Künstler‹ war wirklich nicht erforderlich. An der Rückseite des Wagens hing über einem Plakat mit der Aufschrift ›Ich Ochse habe dies alles gelesen‹ das Schwarze Brett der Vereinigung Republikanischer Studierender, auf das man drei Pfeile gemalt hatte und das außerdem einen Anschlag der Akademischen Studentenverbindung ›Suevia‹ trug, mit der neu immatrikulierte Studenten jüdischen Glaubens begrüßt und ihnen Hilfe in Hochschul- und Wohnungsfragen angeboten wurde.*«

Die mit dem Plakat vorgetragene Auffassung, durch die Lektüre dieser zweieinhalbtausend Bücher, darunter ein Großteil wissenschaftlicher Literatur, würde man zum »Ochsen« werden, belegte zum wiederholten Male die bildungsverachtende Dummheit der Nazi-Akteure. Dass dieser »Schinderwagen« rundherum mit Werken des Karlsruher Malers und Grafikers Karl Hubbuch ausstaffiert wurde, lässt vermuten, dass bei der Mannheimer Bücher- und Fahnenverbrennung auch Bilder verbrannt wurden.

Karl Hubbuch verlor nach der Machtübernahme der Nationalsozialisten nicht nur seine Professur, sondern wurde auch mit einem Mal- und Ausstellungsverbot belegt. Bis Kriegsende musste er sich als Blumenmaler in einer Majolikamanufaktur und Zeichner in einer Fabrik für Kuckucksuhren durchschlagen. 1948 erhielt er wieder eine Professur für Malerei an der Karlsruher Akademie der Bildenden Künste.

Der Fackelzug zum Meßplatz
»... als dem Schinderwagen ein Rad brach«

Kurz nach halb neun setzte sich der Fackelzug in Bewegung. Begleitet von insgesamt acht Musikkapellen zogen die Verbände mit dem »Schinderwagen« durch die Bismarckstraße zum Bismarckdenkmal, von dort zum Wasserturm, *»durch die Planken bis zur Engen Heidelbergerstraße und von da über die ›Freßgasse‹ zur Breite Straße und Friedrichsbrücke«.*

Der Artikel *Wider den undeutschen Geist* im *Mannheimer Tageblatt* vom 21./22. Mai 1933 berichtete, dass eine »riesige« schwarzrotgoldene Fahne hinter dem Bücherwagen über die Fahrbahn schleifte. Der reguläre Straßenverkehr in der Innenstadt war schon um 20 Uhr zum Erliegen gekommen. Die *Neue Mannheimer Zeitung* berichtete über den Fackelzug: *»Im ersten Teil des Zugweges standen dichtgedrängt die Mannheimer Einwohner und riefen beim Vorüberzug des Schinderwagens kräftig ›Pfui‹. Vom Wasserturm ab standen die Menschen weniger dicht in den Straßen, doch strömten bei den Klängen der in dem Zug mitmarschierenden Kapellen aus den Gaststätten die Leute heraus, um Zeuge eines geschichtlichen Augenblicks zu werden. In der Breite Straße waren wieder die Gehwegränder von einer dichten Menschenmauer besetzt, die ebenfalls in Pfui-Rufe ausbrach, als der Wagen mit den undeutschen Schriften vorüberrollte.«*

Auf der Höhe des Quadrates U 1, in Mannheim ist die Innenstadt nach Häuserblöcken nummeriert, kam der Fackelzug zum Stehen, weil dem Schinderwagen – im Artikel des *Mannheimer Tageblatts* wohl trefflicher als »Schinderkarren« bezeichnet – ein Rad brach. Diese Panne führte zu erheblichen Verzögerungen.

Am Meßplatz wartete die Zuschauermenge ungeduldig auf das Eintreffen des Fackelzuges. Im *Mannheimer Tageblatt* war zu lesen, wie der Feuerwerker Busch das Publikum bei Laune hielt: *»Feuerwerker Busch, der schon lange vorher durch die Zurufe und das Pfeifkonzert der unübersehbaren Menschenmenge, die sich dicht um das Gemann staute, aufgemuntert worden war, füllte die Lücke dadurch aus, daß er während des Aufmarsches des Fackelzuges den vorbereiteten Holzstoß, den er aus altem Kistenmaterial aufgeschichtet hatte, unter dem Jubel der Zuschauer abbrennen ließ.«*

Der Jubel über das Verlegenheitsfeuer erinnert an den Unterhaltungswert vergangener öffentlicher Hinrichtungen und die Pfui-Rufe der Menschenmenge am Straßenrand demonstrieren die außerordentliche politische Verhetzung im Frühjahr 1933. Gegen die durch die Machtübernahme der Nazis unterlegenen, »wehrlosen« Opfer konnte sich nun die ungebremste Aggression richten. Das gebrochene Wagenrad erwies sich indes als irreparabel, weshalb die gesamte Ladung auf einen Lkw umgeladen wurde.

Der Verbrennungsakt am Meßplatz

Gegen 21.30 Uhr traf schließlich die Spitze des Fackelzuges am Meßplatz ein. Es dauerte eine weitere Dreiviertelstunde, bis der gesamte Aufmarsch Aufstellung genommen hatte und der »Führer« der Mannheimer Studentenschaft, Heinz Franz, seine Eröffnungsrede hielt, aus der die *Neue Mannheimer Zeitung* zitierte: »*Ich eröffne die heutige Kundgebung der Mannheimer Studentenschaft wider den undeutschen Geist. Unserer Kundgebung gingen verschiedene andere Veranstaltungen im ganzen Deutschen Reich voraus. Allen diesen Aktionen kommt in der Hauptsache symbolische Bedeutung zu. Glauben Sie nicht, daß der Kampf der Deutschen Studentenschaft gegen die Ausflüsse jüdisch-marxistischer Literaten, gegen Verhunzung und Verächtlichmachung unserer heiligen Kulturgüter mit dem Akt dieser Verbrennung sein Ende gefunden hat. Diese Verbrennung ist nur das leuchtende Fanal, das den Beginn einer großen Säuberungsaktion anzeigt. Die lodernden Flammen dieses Scheiterhaufens sollen zeugen von dem brutalen und zähen Willen, mit dem wir deutschen Studenten diesen Kampf gegen alles Undeutsche aufzunehmen bereit sind. Es ist aber nicht damit getan, daß man den Mut aufbringt und sich an dieser heutigen Kundgebung beteiligt. Wir deutschen Studenten wollen nicht nur das alte Morsche und Schlechte vernichten, wir tragen in uns den heiligen Willen, neu aufzubauen. Aus der Asche dieses Scheiterhaufens soll ein neuer Geist entstehen. Die Wissenschaft soll zurückgeführt werden zu den wahren Quellen echter Wissenschaft, zu Volk und Nation. So fordern wir mehr von Ihnen als nur eine stillschweigende Zustimmung, als nur Ihre Beteiligung an unserer heutigen Aktion. Wir rufen auf, mitzuarbeiten an den großen Aufgaben, die sich die Deutsche Studentenschaft auf diesem Gebiet gestellt hat. Wir rufen Dich, deutscher Volksgenosse! Burschen heraus.*«

Diese Feuerrede war sehr stark an jene Ansprache angelehnt, die neun Tage zuvor Goebbels bei der Bücherverbrennung in Berlin gehalten hatte. Darüber hinaus unterschied sich Franz' Rede in nichts von den antisemitischen Hetzreden der anderen Bücherverbrennungen. Ebenso verhielt es sich mit fast allen weiteren Wortbeiträgen. Einzig die Rede des Mannheimer Stadtkommissars Otto Wetzel übertraf noch die anderen Feuerreden an Bösartigkeit. Das *Mannheimer Tageblatt* berichtete: »*Seit Jahrhunderten, so führte er aus, glaube man nur an Krankheiten des Körpers, bekämpfe man nur die physischen Seuchen. Es gebe aber auch eine Seuche des Charakters und der Seele, deren Krankheitsträger die Bücher geisteskranker Menschen seien. Wenn er ein Buch, das Buch des Juden Marx, als nationalsozialistischer Führer vor den Augen der Mannheimer Studentenschaft dem Feuer übergebe, dann wolle er damit zum Ausdruck bringen, daß der Kampf, an dem sich auch die akademische Jugend vornehmlich beteiligt habe, in sein Endstadium eingetreten sei. Der Marxismus sei heute tot, das Buch von Marx aber sei den Flammen übergeben.«*

Während der Gaujugendführer des DHV, Paul Seiler, und die »Diplomkaufleute« Karl Goebel und Dr. Hanns Hagenbusch ihre Feuerreden vor dem ausbrennenden Scheiterhaufen hielten, war der Feuerwerker Busch unter Mithilfe von Angehörigen des Arbeitsdienstes damit beschäftigt, aus den mit dem Lkw herbeigeschafften Büchern einen zweiten Scheiterhaufen aufzutürmen. Das *Mannheimer Tageblatt* berichtete: *»Als auf den Ruf: ›Flamme auf!‹ Feuerwerker Busch den mit fünfzig Liter Benzin, Terpentin, Petroleum und Parafin getränkten Bücherhaufen in Brand setzte, brach ein ungeheurer Jubel aus.«* Und die *Neue Mannheimer Zeitung* schrieb: *»Inzwischen war ein zweiter Scheiterhaufen mit den zur Vernichtung verurteilten Büchern aufgeschichtet worden. Ein Knall und hellauf loderten die Flammen, die gierig ihre Opfer verzehrten. Zugleich gingen die auf dem Schinderkarren mitgeführte mächtige schwarz-rot-goldene Fahne und eine Fahne mit den drei Pfeilen in Flammen auf.«*

Es folgte der Ausruf der Feuersprüche, die im Vergleich zu der von der DSt-Führung vorgegebenen Fassung um einige Autoren erweitert wurden. Ihre antisemitische Ausrichtung wurde betont, indem man den Namen einiger jüdischer Autoren Spottnamen hinzufügte. Des Weiteren wurden Sprüche und Autoren vertauscht, was einmal mehr bestätigte, dass die Feuersprüche einer inhaltlichen Auseinandersetzung mit den Werken völlig entbehrten. Jeder Feuerspruch wurde von einem anderen Studenten verlesen, der anschließend einige Bücher der genannten Autoren in das Feuer warf. Das *Mannheimer Tageblatt* druckte die Mannheimer Fassung der Feuersprüche ab:

»Und nun, deutsche Jugend, bekenne und gelobe:

Gegen Klassenkampf und Volksverhetzung, gegen Pseudowissenschaft und Irrlehre, gegen Arbeiterverrat und Materialismus, für Volksgemeinschaft und nationale Einheit, für volksverbundene Wissenschaft und idealistische Lebenshaltung, für das deutsche Arbeitertum der Stirn und der Faust;

ich übergebe dem Feuer die Schriften des Karl Mardochai, gen. Karl Marx ... die Schriften des Friedrich Engels, die Schriften des Feist Lasel, gen. Ferdinand Lassalle, des Kautsky, Hilferding und Prof. Mannheim.

Gegen Besudelung und Beschimpfung unserer Gefallenen, gegen die Besudelung unserer nationalen Ehre, für wahren Frontgeist, für den Widerstandswillen der Nation;

ich übergebe dem Feuer die Schriften des Erich Maria Remarque, die Schriften des Karl Renn und Ernst Gläser.

Gegen den Primat des Triebes, gegen Dekadenz und moralischen Verfall, für Zucht und Sitte in deutscher Familie;

ich übergebe dem Feuer die Schriften des Sigmund Freud.

Gegen Gesinnungslumperei und Landesverrat, für Hingabe an Volk und Staat;

ich übergebe den Flammen die Schriften des Friedrich Wilhelm Förster und Professor Quidde.

Gegen die Verfälschung unserer Geschichte und Herabwürdigung unserer großen Männer, für Tradition und Ehrfurcht vor unserer Vergangenheit;

ich übergebe dem Feuer die Schriften des Emil Ludwig Cohn und Werner Hegemann.

Gegen volksfremden Journalismus, demokratisch jüdischer Prägung, für Mitarbeit am nationalen Aufbau;

ich übergebe dem Feuer die Schriften des Theodor Wolff und Georg Bernhard.

Gegen Frechheit und jüdische Anmaßung, für Achtung vor deutschem Volksgeist;

ich übergebe dem Feuer die Schriften des Tucholsky, Ossietzky, Wittkowsky, gen. Maximilian Harden.

Gegen dünkelhafte Verhunzung der deutschen Sprache, für Pflege des kostbaren Gutes unseres Volkes;

ich übergebe dem Feuer die Schriften des Alfred Kempener, gen. Alfred Kerr, die Schriften des Heinrich Mann.

Gegen seelenzerfasernde Ueberschätzung des Trieblebens, für den Adel der menschlichen Seele;

ich übergebe dem Feuer die Schriften des Magnus Hirschfeld und van der Velde.

Wir wollen abtun jede Unkultur und alles undeutsche Wesen! Das höchste soll sein: die restlose Hingabe an das geliebte deutsche Volk und unser stolzes deutsches Vaterland! Denn wir bekennen uns zu dem Rufe:

Deutschland, Deutschland über alles!«

Nach diesen Worten stimmten die Kapellen das Deutschlandlied an, dessen erste Strophe die Menschenmenge mitsang. Zum Abschluss brüllte Heinz Franz ein dreifaches »Sieg Heil« über den Platz. Um 22.45 Uhr war die Mannheimer Bücherverbrennung beendet.

Dresden

»... viele Professoren, Vertreter der Behörden und kunstpolitisch interessierte Kreise«

Die Studentenschaft der Technischen Hochschule Dresden lud am frühen Abend des 10. Mai 1933 zunächst in den Saal ihres Studentenhauses in der Mommsenstraße 13. Sie hatte den prominenten Nazi-Dichter Will Vesper gebeten anlässlich der Bücherverbrennung eine Rede zu halten und eine Zusage erhalten. Dass Vesper ausgerechnet vor den Studenten der Technischen Hochschule in Dresden sprach und ihrer Bücherverbrennung beiwohnte, hatte den simplen Grund, dass er zu diesem Zeitpunkt im nur zwanzig Kilometer entfernten Meißen wohnte und nur eine sehr kurze Anreise hatte.

Die *Dresdner Neuesten Nachrichten* nannten in ihrem Beitrag *Wider den undeutschen Geist. Die Reinigungsaktion der Dresdner Studenten* am 12. Mai 1933 die Anwesenden bei der Veranstaltung im Studentenhaus: »*Studenten in SA.- und SS.-Uniform säumten den Saal und unter den zahlreich erschienenen Kommilitonen sah man den Rektor der Hochschule, viele Professoren, Vertreter der Behörden und kunstpolitisch interessierte Kreise.*«

Will Vesper hatte sich nicht die Mühe gemacht, für diese Veranstaltung eigens einen neuen Vortrag auszuarbeiten. Er verlas seinen Text *Zeitwende in der Dichtung*, den er bereits mehrfach vorgetragen und publiziert hatte. Auch der Deutschen Studentenschaft hatte er ihn für den Artikeldienst überlassen. Anschließend las Vesper aus seinem Buch *Vom großen Krieg* und trug einige Gedichte vor, die dem Artikel der *Dresdner Neuesten Nachrichten* zufolge »*in allerletzter Zeit, aus dem Geiste der erwachten Nation heraus, entstanden sind*«.

Nach der Veranstaltung im Studentenhaus strömten die Teilnehmer auf die Mommsenstraße, wo sich ein Fackelzug formierte. Mehrere SA-Kapellen spielten auf und der Zug marschierte auf die Räcknitzhöhen zum Bismarckturm. Währenddessen fuhr auch ein Lastwagen dorthin, um die Bücherfracht anzuliefern. Im Artikel der *Dresdner Neuesten Nachrichten* war über die Errichtung des Scheiterhaufens zu lesen: »*Gegen 21 Uhr bringt ein schwerer Lastwagen eine Ladung Bücher auf den Platz vor der Bismarck-*

säule in Räcknitz. Studentensturmleute errichten schnell einen wuchtigen Scheiterhaufen aus Holz, Stroh, Papierballen. Die Bücherlast wird dann aufgehäuft. Es sind etliche hundert, die man ausgesucht hat aus dem großen Haufen, der im Studentenhaus in den letzten Tagen gesammelt worden ist: dicke Wälzer, schmale Bände mit leuchtenden Hüllen, Broschüren. Hitlerjungen halten Fackeln. Im Fackelschein liest man ein paar Titel: Lenin, Marx, F. W. Försters Erziehungsliteratur, Holitscher, Hodann. Sehr häufig auf der Titelseite der Stempel aus einer Schulbibliothek. Inzwischen haben sich viele Hunderte von Zuschauern eingefunden, die auf den Stufen des Denkmals, am Rand des Platzes warten auf den symbolischen Akt der Verbrennung.«

Als der Fackelzug der Studentenschaft gegen 22 Uhr eintraf, wurde der Scheiterhaufen angezündet. Während weitere Bücher in das Feuer geworfen wurden, hielt Lieberwirth, der »Führer« der Dresdner Studentenschaft, die einleitende Feuerrede. »*Er spricht von der Notwendigkeit der Reinigung des deutschen Volkskörpers vom intellektuellen Schmutz*«, berichteten die *Dresdner Neuesten Nachrichten*: »*Freudigen Herzens hätten die Studenten die Aufgaben angepackt, an dem nun begonnenen Aufbau des Vaterlandes mitzuarbeiten und dafür zu sorgen, daß der letzte Schund weggeräumt, daß das marxistische Gift unschädlich gemacht wird, das jahrzehntelang in die Seele unseres Volkes geträufelt worden sei.*«

Nach dem Absingen des Deutschlandliedes hielt der »Älteste der Studentenschaft«, Herbert Engel, eine kurze Rede und rief dann die Feuersprüche aus. Der Zeitungsartikel lässt vermuten, dass auch in Dresden die vorgegebenen Feuersprüche abgewandelt wurden: »*Mit zum Teil kräftigen Begleitworten schleudert dann Engels das ›Erfurter Programm der SPD‹ ins Feuer, das ›Kapital‹ von Marx, dann Bücher von Heinrich Mann, Kästner, Gläser, ein pädagogisches Werk des Pazifisten Förster, Emil Ludwigs ›Kaiser‹-Buch, Remarques ›Im Westen nichts Neues‹, Bücher von Kerr und Tucholsky. Begeisterter Beifall in der Versammlung.*« Auch in Dresden vergaß die Studentenschaft nicht, ihre Bücherverbrennung mit »Sieg-Heil«-Rufen und dem Horst-Wessel-Lied abzuschließen.

Die nichtstudentischen Bücherverbrennungen des Mai und Juni 1933

Die von den NS-Massenorganisationen initiierten Bücherverbrennungen ereigneten sich vornehmlich zwischen dem 30. Mai und dem 21. Juni 1933. Sie folgten nicht nur zeitlich der »Aktion wider den undeutschen Geist«, sondern waren auch in ihrem Ablauf bis in das rhetorische Repertoire der Feuerreden hinein unverkennbar durch das Vorbild der vorangegangenen studentischen Aktionen inspiriert. Deshalb kann man sie auch als nachahmende oder studentisch-inspirierte Bücherverbrennungen bezeichnen.

Die Eigendynamik, die sich aus der »Aktion wider den undeutschen Geist« entwickelte, hatte die Deutsche Studentenschaft beabsichtigt. Am 16. Mai 1933 sandte das DSt-Hauptamt ein Rundschreiben an die Einzelstudentenschaften, in dem erklärt wurde: »*Die Aktion ist mit der Verbrennung am 10. Mai noch nicht restlos beendet. Es wird hiermit in der Zeit vom 22. bis 27. Mai eine Prüfungswoche angeordnet.*«[202] Die Intention dieser »Prüfungswoche« bestand darin, die mit der Büchersammelaktion eingeleitete Kontrolle des Buchhandels sowie der öffentlichen und privaten Bibliotheken fortzusetzen, um öffentliche Präsenz und Verfügbarkeit der angefeindeten Literatur weiterhin zu unterbinden. Die Dynamik, die man sich aus der Aktion versprach, sollte primär nicht darin bestehen, dass Bücherverbrennungen noch Wochen nach dem 10. Mai das Tagesgeschehen bestimmten, sondern darin, dass die NS-Massenorganisationen nun selbst die Initiative ergriffen, »Säuberungsaktionen« durchzuführen. Die Konsequenz, die gesammelten Bücher auch öffentlich zu verbrennen, hatte im Mai und Juni 1933 fast schon den Charakter der Routine.

Die Bücherverbrennung in Dortmund
»Wir haben sie hinweggefegt im neuen Deutschland, weil sie nicht unseres Blutes waren ...«

Am Abend des 30. Mai 1933 strömten Tausende Einwohner Dortmunds auf den zentral gelegenen Hansaplatz. SA, SS, Hitler-Jugend, der Bund Deutscher Mädel (BDM) und der Nationalsozialistische Lehrerbund (NSLB) hatten zur Verbrennung der Bücher aufgerufen, die in den Tagen und Wochen zuvor in den Buchhandlungen und Bibliotheken, zum größten Teil aber im sozialdemokratischen Volkshaus konfisziert worden waren. Gegen 21 Uhr wurde der Scheiterhaufen auf dem Hansaplatz unter dem Jubel der

Menschenmenge entzündet. Dem Bericht *Undeutscher Geist ging in Flammen auf* des *Groß-Dortmunder Anzeigers* vom 31. Mai 1933 zufolge eröffnete ein so genannter Hilfskommissar für Kunst und Wissenschaft namens Goldmann die Reihe der Feuerreden: »*Er begrüßte die Massenversammlung mit den Worten, daß diese symbolische Kundgebung eine Handlung darstelle, in der zum Ausdruck gebracht werden solle, daß undeutscher Geist in Wort und Schrift aufgehört hat, das Volk zu verderben. Es soll angedeutet werden, daß die deutsche Revolution nicht in ihrem Anfang stecken geblieben ist, daß vielmehr Schritt vor Schritt der Reinigungsprozeß des gesamten deutschen Gemeinschaftswesens vorwärtsgehe. Deshalb seien aus allen städtischen Bibliotheken und aus Bevölkerungskreisen die Schriften undeutscher Art ausgesucht und heute dem Scheiterhaufen übergeben worden.*«

Goldmann schloss seine Rede mit »Sieg-Heil«-Rufen und es folgte die Ansprache des Studienrates Dr. Woelbing. Er sprach offenbar als Vertreter des NSLB und hatte entscheidend an der Vorbereitung der Dortmunder Bücherverbrennung mitgewirkt. Der *Groß-Dortmunder Anzeiger* berichtete über seine Rede: »*Während hoch auflodernd die Flammen zum Nachthimmel schlugen, sprach zu dem Verbrennungsakt Studienrat Pg. Dr. Woelbing etwa folgendes: ›Als vom Kommissar Beauftragter für die Säuberung und Reinigung der Dortmunder Bibliotheken, beginne ich nunmehr den revolutionären Akt der Verbrennung der Schmutz- und Schundliteratur, der undeutschen marxistischen und verhetzenden Bücher und Schriften. Im ganzen wurden bis jetzt 4000 Bücher und Zeitschriften ausgesondert, das meiste zersetzende Material fand sich im Volkshaus; es ist eine Schande, wenn man den Haufen der schmutzigen und schamlosen Schriften sieht. Das war die Kultur des Marxismus, das war der Bildungsstoff, den man dem deutschen Volke vorzusetzen wagte.* [...] *Wir Nationalsozialisten wollen das nationale urdeutsche Buch lesen, von Dichtern und Schriftstellern, die arischen Blutes sind und deren Seele mit dem Volke eng verwurzelt ist.* [...] *Wir wollen Bücher in denen die Jugend ihre Ideale wiederfindet und inbezug auf Rasse, Wahrhaftigkeit, Persönlichkeit und Religiösität bildet; wir fordern die deutsche Nationalbücherei im Sinne Fichtes und im Geiste Hitlers. Und so verbrenne ich jetzt diese Hetzschriften und die Schundliteratur und fordere die Hitlerjugend auf, diese Bücher dem Feuerbrand zu übergeben.*‹«

Ob die HJ zunächst nur einzelne Bücher ins Feuer warf, nachdem Woelbing die Namen ihrer Verfasser ausgerufen hatte oder ob sie gleich alle

202 Rundschreiben P Nr. 5, Akten der Dst., I* 21 C 14/1, Blatt 29.

viertausend Bücher und Zeitschriften hineinwarf, ist dem Zeitungsbericht nicht zu entnehmen.

Eine gespenstische Szene der Dortmunder Bücherverbrennung dürfte der Auftritt von Schülern des Bismarck-Realgymnasiums abgegeben haben. Dessen Studienreferendar Friedhelm Kaiser hatte die bevorstehende Bücherverbrennung zum Verfassen eines Gedichtes inspiriert, das seine Schüler nun auf dem Hansaplatz im Chor aufsagen mussten:

Brandfackel

Habt ihr die Feinde erkannt?
Reinigt das deutsche Land!
Her mit dem flammenden Brand!

Fort mit den falschen Propheten!
lasst sie von anderen anbeten –
wir aber wollen sie töten!

Was die uns Fremden schreiben,
was die uns Fremden dichten,
soll nimmer unter uns bleiben,
wollen wir heute vernichten!

Soll uns nicht mehr betören
ihre zersetzende Sucht,
soll uns nicht mehr zerstören
deutsche Sitte und Zucht!

Schaffet, strebet, erweist
unsern den deutschen Geist!

Altes verzehren –
Neues gebären.
segnen – verdammen
Feuer und Flammen!

Brenn Flamme! Brenne!

3. Blatt — Nr. 147 **Groß-Dortmunder Anzeiger** Mittwoch, 31. Mai 1933

Seinem Dirigentenstab gehorchen 450 SA-Musiker!

Undeutscher Geist ging in Flammen auf

Eindrucksvolle Kundgebung auf dem Hansaplatz / Begeisterte Beteiligung der Dortmunder Bevölkerung / Ansprachen der Pgg. Goldmann, Dr. Woelbing, Kaiser, Polizeipräsident Schepmann, Eilers und des Hitlerjugendführers Sürenhagen

Standkonzert auf dem Hansaplatz

Die SA musiziert:

Generalprobe zum Massenkonzert in der Westfalenhalle!

Ein überwältigender Eindruck / Der heutige Abend verspricht nichts ... er erfüllt alles! / SA-Gruppenführer und Polizeipräsident Schepmann unermüdlich mit bei der Arbeit / Kameradschaftsgeist, der einzig besteht!

Brandfackel

von Friedhelm Kaiser

Polizeipräsident Pg. Schepmann spricht:

Stabschef Röhm grüßt die 450 SA-Musiker!

Volksfest auf dem Höchsten

Die Bücherverbrennung auf dem Hansaplatz in Dortmund am 30. Mai 1933.

Im Anschluss an diesen Vortrag sang die HJ das Lied *Volk ans Gewehr*. Dann sprach der Dortmunder Polizeipräsident Schepmann, der auch noch die Gelegenheit wahrnahm, gegen die Zentrumspartei zu wettern: »*Eins muß an dieser Stelle klar ausgesprochen werden: Das Zentrum, das so oft für sich in Anspruch genommen hat, konsequent zu sein, hat nie in jenen Zeiten, da es mit an der Macht war, eine solche Feier veranstaltet. Erst wir haben eine solche symbolische Handlung vollzogen und wir wollen von einem deutschen Willen beseelt sein und diesem Willen wird sich jeder beugen müssen.* [...] *Deutsch ist jeder, der mit uns blutsverwandt ist, deutsch fühlt und denkt. Wenn wir die Namen der Autoren gehört haben, die hier verbrannt worden sind, oder wenigstens ihre Schriften, so braucht man nicht zu sagen: An ihren Namen sollt ihr sie erkennen. Wir haben sie hinweggefegt im neuen Deutschland, weil sie nicht unseres Blutes waren, sondern das Blut der Feigheit und nicht das deutsche heroische Blut in sich hatten.*«

Nach der Feuerrede des Polizeipräsidenten Schepmann, der seinen Worten nach am liebsten die angefeindeten Schriftsteller selbst hätte verbrennen lassen, wurde das Deutschlandlied gesungen. Mit dem Horst-Wessel-Lied endete die Dortmunder Bücherverbrennung.

Karlsruhe
»*Heraus mit Schund und Schmutz*«

Der Hergang der Karlsruher Ereignisse am 17. Juni 1933 gibt einen exemplarischen Eindruck jener Bücherverbrennungen, wie sie um den 20. Juni 1933 herum im Rahmen der nationalsozialistischen »Sonnenwendfeiern« deutschlandweit von der Hitler-Jugend organisiert wurden. In Karlsruhe handelte es sich zudem um die zentrale Abschlussveranstaltung einer »Kampfwoche gegen Schmutz und Schund«, die ab dem 12. Juni 1933 von der Hitler-Jugend in Baden durchgeführt wurde. Im Rahmen dieser badischen »Kampfwoche gegen Schmutz und Schund« fand am 17. Juni in Heidelberg eine weitere Bücherverbrennung statt.

Die Karlsruher Büchersammelaktion

Am 14. Juni 1933 begann in Karlsruhe eine umfassende Kampagne der HJ unter dem Motto »Heraus mit Schund und Schmutz«. Kinder des Jungvolks – gerade zehn Jahre alt – wurden von erwachsenen HJ-Führern durch die Karlsruher Geschäftsstraßen getrieben und dazu missbraucht, in Buchhandlungen und Bibliotheken die angefeindete Literatur zu plündern.

Die badische NS-Zeitung *Der Führer* berichtete am 15. Juni 1933 unter der Überschrift *Heraus mit Schund und Schmutz*: »*Vom Mühlburgertor und vom Durlachertor zogen je zwei Kolonnen des Jungvolks mit ihren Führern durch die Kaiserstraße, deren Buchhandlungen als erstes gesäubert wurden, zum Marktplatz. Vor jedem Buchladen, vor jeder Bibliothek ließen die Führer ihre Jungens halten, kräftige junge Kehlen schmetterten den Schaulustigen, die sich rasch gesammelt hatten, den Kampfruf der Säuberungsaktion in die Ohren: Heraus mit Schmutz und Schund! Lest deutsche Dichter! Dann betrat eine Abordnung von sechs Jungens den Laden und verlangte die Herausgabe sämtlicher unter das Schund- und Schmutzgesetz fallender Bücher. Ein Kommando von 12 Jungens hielt unterdessen den Eingang frei* [...].«

Der Artikel berichtete zudem, dass auf dem Karlsruher Marktplatz die HJ eine ständige Mahnwache mit einem Transparent hielt, auf dem »Heraus mit Schund und Schmutz« zu lesen war.

Kinder des Jungvolkes werden von einem erwachsenen HJ-Führer dazu missbraucht, die angefeindeten Bücher aus den Karlsruher Buchhandlungen und Bibliotheken herauszuholen und bei einer Sammelstelle abzuliefern.

In der Ausgabe des *Führers* vom 23. Juni 1933 berichtete ein HJ-Mitglied unter der Überschrift *Undeutscher Geist, verbrenne!* von der Karlsruher Büchersammelaktion: »*Die Schund- und Schmutzbücher verbrennen! Ha, welcher deutsche Junge, welches deutsche Mädel wäre da nicht mit Leib und Seele dabei?! Schon Tage lang vorher haben wir die Büchereien, Zeitungsstände, Buchhandlungen, Vereinsbibliotheken usw. ausgestöbert, nach ›Im Westen nichts Neues‹, nach den Schundfetzen eines Guber, den ›wissenschaftlichen Werken‹ von Herrn Einstein, nach den Faseleien von Bibelforschern, drei Groschenoper, nach Magazinen und wie der ganze Mist sonst heißen mag. Mit dem Auto, mit Körben und in Zeltbahnen wird er zur besseren Verwendung auf die Geschäftsstelle der HJ gebracht. Auch bei solchen Herren, die uns in der Schule einmal zwangen, unsere Abzeichen abzulegen, wird vorgesprochen.*«

Da der Vater von Carl Einstein seit 1888 Direktor des Israelitischen Landstiftes zu Karlsruhe sowie Sekretär des Großherzoglichen Oberrates der Israeliten war und Carl Einstein selbst zahlreiche wissenschaftliche Essays zu kulturhistorischen Themen geschrieben hat, dürfte mit der Erwähnung des »Herrn Einstein« eben Carl Einstein und nicht etwa Albert Einstein gemeint gewesen sein.

Die Bücherverbrennung auf dem Schloßplatz

Auch der 17. Juni 1933 war ein regnerischer Tag. Nachdem einige Hitler-Jungen vor dem Karl-Friedrich-Denkmal aus einer Lastwagenladung Bücher den Scheiterhaufen errichtet hatten, wurde er zunächst mit Zeltplanen abgedeckt. Währenddessen bewegten sich zahlreiche Verbände der HJ, des BDM und des Jungvolkes in einem Sternmarsch durch die zum Schloßplatz führenden Straßen. Als sie gegen 20.30 Uhr unter den dumpfen Klängen ihrer Trommeln den Schloßplatz erreicht hatten und begannen Aufstellung zu nehmen, wurde der Scheiterhaufen entfacht. Auf beiden Seiten des Feuers wurden so genannte Fahnenabordnungen der HJ aufgestellt. Eine Kapelle spielte *Siehst du im Osten das Morgenrot* und *Volk ans Gewehr*.

Zur Feuerrede war eigens der kommissarische Landesminister für Justiz, Kultus und Unterricht in Baden, Dr. Otto Wacker (NSDAP), erschienen. Im Artikel *Der Kampf gegen Schmutz und Schund. Ein Sonnenwendfeuer der Hitlerjugend* in der *Badischen Presse* vom 18. Juni 1933 hieß es über Wackers Rede: »*Nach dem von einem Spielmannzug gespielten Liede* [...] *hielt Kultusminister Dr. Wacker eine Ansprache in der er darauf hinwies, daß die Jugend den Kampf gegen Schund und Schmutz aufgenommen habe und zwar nicht nur aus Protest gegen die undeutsche Literatur, sondern als Ausdruck des Willens, die deutsche Seele von dem Moder zu reinigen und freie Bahn zu schaffen für einen neuen Geist eines neuen Geschlechtes. Die Deutsche Jugend wolle den Weg wieder ebnen zurück zum Vaterlande, zurück zur Heimat, sie will beweisen, daß sie deutsch geboren ist, sie wolle zerstören, was faul und morsch ist und sie wolle abgeben ein Gelöbnis zu deutschem Geist und zum allmächtigen Gott und alles wegräumen, was ins Chaos und ins Ungewisse führt.* [...] *Sie werfe deshalb alles ins Feuer, was undeutsch sei.*«

Nach Wackers Feuerrede wurden unter Ausrufung ihrer Namen die Werke von Emil Ludwig, Erich Maria Remarque und Karl Marx von Hitler-Jungen in das Feuer geworfen. Abschließend rief der Landesjugendführer Friedhelm Kemper das übliche dreifache »Sieg Heil« aus. Wiederum mit dem Deutschlandlied und dem Horst-Wessel-Lied endete auch die Karlsruher Bücherverbrennung.

Epilog:

Verbrannte Schriftsteller zwischen Vergessen und Wiederentdeckung

»*Der Geist trotzt allen Flammen!*« – ... und ist doch verbrannt

»*Drum griffen sie in ihrem ernsten Grimme*
Nach unsrem Wort mit ihrer Mörderhand.
Sie zündeten ein Feuer auf im Land
Und glaubten, daß es in der Glut verglimme.
Sie glaubten, sie verbrennen unsre Stimme.
Doch war es nur Papier, was sie verbrannt.«

Erich Weinert[203]

So scheinbar unversehrt wie Erich Weinert in seinem Gedicht *Der Brand auf dem Opernplatz* aus dem Jahr 1935 reagierten viele der betroffenen Schriftsteller auf die Bücherverbrennung. Heinrich Mann schrieb 1936: »*Der Bücherverbrennung soll man gedenken – um der Ohnmacht willen, die sich erdreistete, Scheiterhaufen zu errichten für Geisteswerke: als ob Geisteswerke nicht feuerfest wären.*«[204] Oskar Maria Graf schloss seinen an die Bücherverbrenner gerichteten Aufruf »*Verbrennt mich!*« vom 15. Mai 1933 mit den Worten: »*Verbrennt die Werke des deutschen Geistes! Er selber wird unauslöschlich sein, wie eure Schmach!*«[205] Und Anna Seghers sprach anlässlich des zehnten Jahrestages der Bücherverbrennung 1943 sogar den pathetisch anmutenden Satz aus: »*Daß wir den Jahrestag der Bücherverbrennung feiern, das allein zeigt, daß das verbotene Buch in dem Scheiterhaufen des 10. Mai statt zu Asche zu werden, geglüht und gehärtet wurde zu einer handfesten Waffe gegen Hitler.*«[206]

All diese Entgegnungen auf die Scheiterhaufen des 10. Mai 1933 schienen aus der Gewissheit zu kommen, dass die Nationalsozialisten zwar Bücher – gleichsam »nur Papier« – verbrennen könnten, niemals aber die Stimme, das Wort, den Geist ihrer Verfasser. Dieser Glaube an die Unendlichkeit des Geistes half vielen betroffenen Autoren sich den Mut zum schreibenden Widerstand zu bewahren und so an der Gegenwart nicht gänzlich zu verzweifeln.

Bei anderen beschlichen Zweifel die Gewissheit. Wenige Tage vor der Bücherverbrennung schrieb Alfred Döblin in einem Brief an Ferdinand Lion: »*Am 10. Mai ist autodafé, ich glaube, der Jude meines Namens ist auch da-*

bei, erfreulicherweise bloß papieren. So ehrt man mich. Aber die Sache hat doch zwei Seiten: nämlich wie wird es später sein, in 1 Jahr, in 2 Jahren, wann wird die ›Gleichschaltung‹ der Verlage erfolgen? Arzt kann ich nicht mehr sein im Ausland, und schreiben wofür, für wen? Ich mag über dieses fatale Kapitel nicht nachdenken. Was meinen Sie? Rätselraten.«[207]

Döblin schrieb diesen Brief bereits aus dem Exil in Zürich, und seine Worte offenbaren Fragen, über die er nicht wagte nachzudenken, die aber nicht nur ihn, sondern wohl alle Schriftsteller, die das Schicksal des Exils mit ihm teilten, früher oder später einholen sollten.

Hatte die »Mörderhand« am 10. Mai wirklich nur nach Papier und nicht auch nach der Lebendigkeit des freien Wortes gegriffen? Für das Gespräch mag die »Stimme« genügen. Wie aber kann ein Schriftsteller in seinen Worten leben, wenn er sie nicht niederschreibt? Wo sonst soll der Geist eines Schriftstellers für seine Leser auch über seinen Tod hinaus fortleben, wenn nicht in seinen Büchern?

Doch – die Bücherverbrennung war eine öffentliche Hinrichtung des freien Geistes! Auf den Scheiterhaufen brannte auch der Geist der angefeindeten Schriftsteller, gerade weil sie Schriftsteller waren. Anhand des Verlaufes der »Aktion wider den undeutschen Geist« und der an den Verbrennungs-

203 Erich Weinert, *Der Brand auf dem Opernplatz*, in: Schöffling, S. 89.

204 Heinrich Mann, *Die Bücherverbrennung*, in: ebd., S. 113.

205 Oskar Maria Graf, *Verbrennt mich!*, in: ebd., S. 61. Diese von Graf aus dem Exil in Wien veröffentlichte Protesterklärung wurde u.a. am 15. Mai 1933 in der *Saarbrücker Volksstimme* (das Saarland stand bis 1935 unter der Kontrolle des Völkerbundes) abgedruckt. Graf hatte die fälschliche Information erhalten, dass seine eigenen Werke nicht auf den schwarzen Listen der »verbrannten« Bücher stehen würden. Die Annahme, am 10. Mai von der NS-Bücherverbrennung verschont geblieben zu sein, empfand er als eine persönliche Schmach und forderte daher, dass man auch seine Bücher verbrennen solle. Grafs Sorge war jedoch unberechtigt: Sein Name stand noch vor der Bücherverbrennung auf der schwarzen Liste »Schöne Literatur«. Mit Ausnahme der Titel *Wunderbare Menschen* und *Kalendergeschichten* hatte der Ausschuß zur Neuordnung der Berliner Volks- und Stadtbibliotheken das Werk von Oskar Maria Graf vollständig indiziert.

206 Anna Seghers, *Rede anlässlich des zehnten Jahrestages der Bücherverbrennung*, in: ebd., S. 138.

207 Alfred Döblin, *Brief an Ferdinand Lion, vom 28. April 1933*, in: ebd. S. 56.

208 Walter Mehring, *aus den Emigrationsgedichten »und euch zum Trotz« von 1934*, in: Jürgen Serke, *Die verbrannten Dichter. Lebensgeschichten und Dokumente*, Weinheim und Basel 1992, S. 148 (im Folgenden: Serke).

orten gehaltenen Feuerreden können wir erkennen, dass die Vertreibung und das Verbot der deutsch-jüdischen und progressiven Schriftsteller im Akt der Bücherverbrennung bereits unmittelbar beabsichtigt waren. Der Terror an den Hochschulen, die deutschlandweite Verbreitung der schwarzen Listen und die umfassenden »Säuberungen« in den Bibliotheken und Buchhandlungen ließen keinen Zweifel, dass es dem »ernsten Grimme« der NS-Studenten mit der Bücherverbrennung todernst war. Mit ihren brennenden Büchern sollte den vertriebenen Schriftstellern in Deutschland auch die Lebendigkeit ihres Geistes entrissen werden.

Dimensionen eines beispiellosen Exodus der Kultur

»Werft eure Herzen über alle Grenzen!
Und wo ein Blick grüßt, werft die Anker aus!«

Walter Mehring [208]

Die Bücherverbrennung war das Fanal, an dem der Exodus deutscher Kultur vor dem Auge der Weltöffentlichkeit sichtbar wurde. Um jedoch das ganze Ausmaß dessen zu ermessen, kann die Dokumentation der Bücherverbrennung nicht hinreichend sein. Betroffen waren nicht nur die Schriftsteller, Wissenschaftler und Publizisten, sondern alle Bereiche des kulturell-gesellschaftlichen Lebens.

Unter den zahlreichen Kulturschaffenden, die nach 1933 den schicksalsschweren Weg ins Exil antreten mussten, waren die Maler Max Beckmann, Lyonel Feininger, George Grosz, Oskar Kokoschka, Paul Klee, Wassily Kandinsky, Oskar Schlemmer, Kurt Schwitters; die Architekten Walter Gropius, Ernst May, Erich Mendelsohn, Ludwig Mies van der Rohe, Bruno Taut; die Komponisten Hanns Eisler, Paul Hindemith, Arnold Schönberg, Kurt Weill, Friedrich Hollaender; die Dirigenten Erich Kleiber, Otto Klemperer, Bruno Walter; die Verleger, die den verbrannten Werken den Weg in die Öffentlichkeit gebahnt hatten, darunter Gottfried Bermann-Fischer, Walter Landauer, Fritz Landshoff, Jakob Hegner, Rudolf Ullstein; die Regisseure, die bis 1933 die verbrannten und verbotenen Stücke inszeniert hatten, darunter Erwin Piscator, Max Reinhardt, Leopold Jessner, Fritz Lang, Leopoldt Lindberg, Fritz Kortner, Leonhard Steckel; die Schauspieler Albert Bassermann, Elisabeth Bergner, Ernst Busch, Ernst Deutsch, Peter Lorre, Lotte Lenya, Grete Mosheim, Carola Neher.

Das Exil bestand nicht nur aus den Kulturschaffenden. Exilanten kamen aus allen Schichten der Bevölkerung, vom Arbeiter bis zum Bankier; mit den unterschiedlichsten politischen Überzeugungen, vom bürgerlich Konservativen über den Sozialdemokraten bis hin zum Anarchisten. Viele flohen zunächst in die Metropolen des benachbarten Auslands. In Prag, Wien, Zürich, Paris, Amsterdam und anderen Städten bildeten sich Zentren der deutschen Emigration, entstanden Zeitungen, Verlage, Theater, Schriftstellerverbände und Sekretariate der 1936 in New York gegründeten Deutschen Akademie der Künste und Wissenschaften im Exil. Als nach 1938 die Armeen NS-Deutschlands den europäischen Kontinent mit Krieg überzogen, waren die deutschen Emigranten von neuem politischer Verfolgung ausgesetzt.

Lion Feuchtwanger, der 1940 seinem Schriftsteller-Kollegen Heinrich Mann zur Flucht aus Frankreich in die USA verhalf, berichtete: »*Ich mußte ihm, immer in Eile und in vagen Umrissen, von einem abenteuerlichen Fluchtprojekt erzählen, das große Ansprüche stellte an die Nerven und an die physische Kraft derjenigen, die es unternahmen. Ich mußte den damals neunundsechzigjährigen Heinrich Mann fragen: ›Sind Sie bereit, alles, was Sie haben, im Stich zu lassen, einen Rucksack mit dem Allernotwendigsten auf die Schultern zu nehmen, 30 Kilometer durch die Nacht zu marschieren, auf verbotenen Wegen, und dann ein zweifelhaftes Motorboot zu besteigen? Dieses Motorboot soll uns, immer in Gefahr, von deutschen oder italienischen Schiffen geschnappt zu werden, mittels einer Reise, die der Kapitän auf sieben oder zehn Tage veranschlagt, um Spanien herum nach Lissabon bringen.‹* [...] *Heinrich Mann, ohne eine Sekunde zu bedenken, sagte ja.*«[209] Viele, die noch die innere Kraft hatten, wie Heinrich Mann, auf dornigen Wegen den Hafen von Lissabon zu erreichen, nahmen dort für immer Abschied von Europa, bevor sie eines der Schiffe bestiegen, das sie nach Amerika brachte.

Das deutsche Exil war über die ganze Welt zerstreut. Es erschöpfend zu schildern, ist im Rahmen dieses Buches unmöglich. Dem interessierten Le-

209 Zitiert nach: Werner Mittenzwei u.a. (Hg.), *Kunst und Literatur im antifaschistischen Exil 1933–1945*, Band 7: Exil in Frankreich, Leipzig 1981, S. 390.

210 Claus-Dieter Krohn u.a. (Hg.), *Exilforschung. Ein internationales Jahrbuch*, München 1983 ff. (bisher sind in dieser Reihe 20 Bände erschienen). Ders. u.a. (Hg.), *Handbuch der deutschsprachigen Emigration 1933-1945*, Darmstadt 1998.

211 Hans-Albert Walter, *Deutsche Exilliteratur 1933-1950*, 7 Bände, Darmstadt und Neuwied 1972 ff.

ser seien daher vor allem die von Claus-Dieter Krohn[210] herausgegebenen Arbeiten und das siebenbändige Werk *Deutsche Exilliteratur 1933–1945* von Hans-Albert Walter[211] anempfohlen.

John Heartfield, Lithografie: Durch Licht zur Nacht, aus: »Arbeiter Illustrierte Zeitung«, Prag, 10. Mai 1933.

Denen, die am Leben verzweifelt sind

»*Was wir gedacht und geschrieben haben,*
was wir, Angehörige eines Volkes,
das nie seine Dichter begriffen hat,
dennoch glaubten verkünden zu müssen –
es versinkt im Gespensterzug der Dämonen.«

Walter Hasenclever [212]

Schon der Entschluss, ihr Herz »über alle Grenzen« zu werfen, wie Walter Mehring es ausdrückte, brach es unzähligen deutschen Emigranten. Aus dem Exil erneut fliehen zu müssen, bedeutete eine Anstrengung, zu der viele nicht mehr die Lebenskraft hatten. Walter Hasenclever, der Träger des Kleistpreises von 1917, dessen Werke am 10. Mai 1933 verbrannt wurden, nahm sich 1940 im französischen Internierungslager Les Milles das Leben.

Das Werk des in der Weimarer Republik viel gedruckten und gespielten Autors ist nahezu versunken. Exil und Freitod beendeten seine Arbeit und nach 1945 gab es nur eine bescheidene Renaissance seiner früheren Werke. Ab Ende der fünfziger Jahre spielten wenige Bühnen erneut seine Stücke und 1962 erschien bei Rowohlt eine Werkausgabe. Das Schicksal Hasenclevers teilten viele seiner Kollegen, soweit sie das Exil nicht überlebten oder nicht nach Deutschland zurückkehren wollten oder konnten.

Der Romancier Ernst Weiss war 1933 nach Prag geflohen. Nach der deutschen Besetzung der Tschechoslowakei floh er 1938 nach Paris. Als auch dort 1940 die deutschen Truppen einmarschierten, schnitt er sich in seinem Hotelzimmer die Pulsadern auf und starb.

Der Dichter und Kunsthistoriker Carl Einstein stürzte sich 1940 in Südfrankreich in einen Fluss. Von den spanischen Behörden eines der begehrten Transitvisa nach Portugal zu erhalten, wäre für ihn unmöglich gewesen, weil er im spanischen Bürgerkrieg gegen Franco gekämpft hatte.

Der Schriftsteller und Philosoph Walter Benjamin hatte ein solches Transitvisum, als er im September 1940 die spanische Grenze erreichte. Ihm fehlte jedoch das französische Ausreisevisum. So wurde er im spanischen Grenzort Port-Bou festgehalten, wo man ihm die Auslieferung an die Gestapo androhte. Daraufhin nahm sich Benjamin das Leben.

212 Zitiert nach: Serke, S. 301.

213 Gertrud Kolmar, *Nachruf*, in: Serke, S. 331.

Auch den Dramatiker Ernst Toller, der so ausdauernd für seine Überzeugungen gekämpft hatte, verließ schließlich der Lebensmut. Verarmt und verzweifelt erhängte er sich 1939 im New Yorker Hotel Mayflower.

Die Nachricht vom Selbstmord Tollers gab der zerschundenen Seele des großen Romanciers Joseph Roth den Rest. Von schwerer Alkoholkrankheit gezeichnet starb Roth fünf Tage nach Toller in einem Pariser Armenhospital.

Stefan Zweig, den das Exil nach Rio de Janeiro geführt hatte, vergiftete sich 1942 gemeinsam mit seiner Frau. Die brasilianische Regierung richtete ihm ein Staatsbegräbnis aus.

Denen, die ermordet wurden

»*Ich werde sterben, wie die Vielen sterben;*
Durch dieses Leben wird die Harke gehn
Und meinen Namen in die Scholle kerben.«

Gertrud Kolmar [213]

Im März 1943 wurde die 1894 in Berlin geborene deutsch-jüdische Dichterin Gertrud Kolmar nach Auschwitz deportiert. Sie war in Deutschland geblieben, um ihren Vater zu pflegen.

In Auschwitz starben 1943 auch der Dichter und Musiker Arno Nadel und der Schriftsteller Georg Hermann. Es ist anzunehmen, dass Georg Hermann, ein zucker- und herzkranker Mann von zweiundsiebzig Jahren, schon in dem Viehwaggon starb, in dem er aus seinem Exil in den Niederlanden in das über tausend Kilometer entfernte Vernichtungslager deportiert wurde. Seine Werke *Kubinke*, *Schnee* und *Die Nacht des Dr. Herzfeld* standen auf den schwarzen Listen der 1933 verbrannten Bücher.

Jakob van Hoddis, der mit *Weltende* ein Schlüsselgedicht des literarischen Expressionismus schuf, wurde 1942 aus der jüdischen Heilanstalt Sayn bei Koblenz abgeholt und ein Opfer der nationalsozialistischen Euthanasie-Morde. Seit 1912 litt van Hoddis an Schizophrenie. Er starb 1942 in einem der Konzentrationslager Belzec, Chelmno oder Sobibor.

Den expressionistischen Dramatiker und Erzähler Paul Kornfeld ermordeten die Nationalsozialisten 1942 im Konzentrationslager Lodz. Seine bedeutenden Stücke, darunter *Die Verführung*, *Der ewige Traum* oder *Sakuntula*, wurden vor 1933 von den großen Theaterbühnen in Städten wie Berlin, Hamburg oder Frankfurt am Main aufgeführt.

Der Schriftsteller Erich Mühsam, pazifistischer Anarchist und 1918 Mitglied des Zentralrates der bayerischen Räterepublik, wurde 1934 im Konzentrationslager Sachsenhausen zu Tode gequält.

Theodor Wolff, Publizist und ehemaliger Chefredakteur des *Berliner Tageblatts*, dessen Name am 10. Mai 1933 im sechsten Feuerspruch ausgerufen wurde, während NS-Studenten seine Texte und sein Buch *Das Vorspiel* verbrannten, starb 1943 in Berlin an den Folgen der KZ-Haft in Sachsenhausen. Dorthin war er verschleppt worden, nachdem italienische Truppen ihn in seinem Exil in Südfrankreich verhaftet und an die Gestapo ausgeliefert hatten.

Carl von Ossietzky, der ehemalige Herausgeber und Autor der Zeitschrift *Die Weltbühne* starb 1938 unter Polizeibewachung in einem Berliner Krankenhaus an Tuberkulose. Die Krankheit hatte ihn nach jahrelanger Haft in den Konzentrationslagern Sonnenburg und Papenburg heimgesucht. 1936 war Ossietzky in Abwesenheit der Friedensnobelpreis verliehen worden. Am 10. Mai 1933 wurden Ossietzkys Texte unter Ausrufung seines Namens im neunten Feuerspruch verbrannt.

Der Schriftsteller Adam Kuckhoff wurde 1943 im Gefängnis Plötzensee wegen »Hochverrats« mit dem Handbeil hingerichtet. Er war Mitglied der Widerstandsgruppe Rote Kapelle um Harro Schulze-Boysen.

Der Nationalökonom Rudolf Hilferding wurde 1941 in einem Pariser Gefängnis ermordet, nachdem die kollaborierende Vichy-Regierung im nicht deutsch besetzten Südfrankreich ihn an die Gestapo ausgeliefert hatte. In den Jahren 1923 und 1928/29 war der Sozialdemokrat Reichsfinanzminister gewesen. Hilferdings wissenschaftlichen Werke *Das Finanzkapital* und *Die Schicksalsstunde der deutschen Wirtschaftspolitik* standen auf den schwarzen Listen der 1933 verbrannten Bücher.

Der lange Weg zurück

»*In der alten Heimat ist etwas ausgeblieben* ...«[214]

Alfred Kantorowicz

Warum sind so viele der von den Nationalsozialisten »verbrannten« und verbotenen Schriftsteller heute vergessen? Welche Faktoren haben dazu geführt, dass eine kollektive Wiederaneignung der von der Bücherverbrennung betroffenen Autoren nach 1945, wenn überhaupt, nur sehr eingeschränkt stattgefunden hat? Diese Fragen – am Schluss des vorliegenden Buches gestellt – müssten den Anfang eines neuen Buches bilden, wollte man ihnen in angemessener Ausführlichkeit nachgehen.

Ein sehr allgemeiner, aber doch wirksamer Grund für die langsame oder ganz unterbliebene Rückkehr der verbrannten Bücher im Nachkriegsdeutschland bestand in der daniederliegenden Infrastruktur. So wie die alltägliche Versorgung der Bevölkerung war auch die Möglichkeit, Bücher herzustellen, vor große Probleme gestellt. Es fehlte am Grundlegendsten. Viele Buchdruckereien waren beschädigt oder gänzlich zerstört. Papier war nur in stark limitierten Kontingenten zu erhalten. Zum Druck eines Buches bedurfte es außerdem einer alliierten Genehmigung. Die Alliierten erkannten in ihren Literaturpolitiken selbstverständlich ein Instrument zur Entnazifizierung der deutschen Bevölkerung. Dabei vertrauten sie neben der deutschen Exilliteratur verstärkt auf den Import ihrer eigenen Literaturen, welche oft den Vorzug erhielten. Dies führte jedoch auch zur Wiederkehr der Werke bedeutender fremdsprachiger Autoren, die dem lesenden Publikum während der Weimarer Republik durch eine Reihe von Übersetzungen bekannt gewesen waren. Auf den schwarzen Listen, die 1933 den Bücherverbrennungen zugrunde lagen, standen nicht nur deutschsprachige Autoren, sondern auch die Namen des französischen Autors Henri Barbusse, der amerikanischen Autoren Ernest Hemingway, Upton Sinclair, Jack London und vieler sowjetischer Autoren, darunter Maxim Gorki und Alexander Bogdanow.

Was die deutsche Verlagsstruktur anbetraf, hatte es nach 1933 einen grundlegenden Wandel gegeben, der sich auch auf die Nachkriegsliteratur auswirkte. »*Die Kontinuitäten zum Verlagssystem, das sich während des Dritten Reiches entwickelt hatte, waren stärker als die Kontinuitäten zum Verlagssystem der Weimarer Republik*«, schreibt der Exilforscher Frithjof Trapp.[215]

Zwölf Jahre nationalsozialistischer Literaturpolitik hatten auch die Lesegewohnheiten der deutschen Bevölkerung stark verändert. Vor allem in der Generation, zu der auch die studentischen Bücherverbrenner von 1933 zählten, hielten sich die während der NS-Zeit angenommenen Vorbehalte gegenüber den »verbrannten« Autoren.

Skepsis, wenngleich aus anderen Motiven, bestimmte auch das Denken vieler im Exil lebender Schriftsteller, die nun, nach dem Ende des Nationalsozialismus, vor die Entscheidung gestellt waren, nach Deutschland zurückzukehren oder das Exil endgültig als neue Heimat anzuerkennen. Viele der »verbrannten« deutsch-jüdischen Autoren fragten sich mit Recht, was sie einer deutschen Bevölkerung mitzuteilen hatten, in der die Täter des Holocaust lebten. Theodor W. Adorno war es, der 1951, nach seiner Rückkehr aus dem Exil, den viel zitierten Satz äußerte, »*nach Auschwitz ein Gedicht zu schreiben, ist barbarisch*«.[216] Sicherlich war diese Position bezüglich der moralischen Konsequenz dichterischen Arbeitens überzogen. Jedoch brachte sie die notwendige Erkenntnis zum Ausdruck, dass ein Wiederanknüpfen an die kulturelle Blüte von vor 1933 im Sinne eines nahtlosen Brückenschlages unmöglich geworden war. Die Verbrechen des Nationalsozialismus markierten einen unüberbrückbaren Zivilisationsbruch; sie waren so ungeheuerlich, dass sie sich dem sprachlichen Vermögen vieler Schriftsteller bis heute versperren. Jedoch bedurfte es zunächst der Rückkehr von vertriebenen Wissenschaftlern wie Max Horkheimer und Theodor W. Adorno, um in Deutschland überhaupt wieder die Voraussetzungen von kritischen Diskursfeldern anzulegen, die sich den gesellschaftlichen und kulturellen Konsequenzen des Holocaust stellen konnten. Ebenso verhielt es sich mit den »verbrannten« Schriftstellern. Es bedurfte einer Rückkehr der progressiven und kritischen Kraft, die aus der Lektüre ihrer Werke zu gewinnen war. Zudem hatte sich das literarische Schaffen vieler »verbrannter« Schriftsteller nach ihrer Emigration beträchtlich weiterentwickelt. Thomas Mann schuf mit *Doktor Faustus* eine literarische Auseinandersetzung mit dem Nationalsozialismus, die 1948 die Leser in Deutschland erreichte. Carl Zuckmayer, einer der bedeutendsten Dramatiker der Weimarer Republik, dessen Werke am 10. Mai 1933 unter anderem in Hannover verbrannt wurden, schrieb im Exil mit *Des Teufels General* ein Drama, das von 1946 bis 1950 über dreitausend Mal auf deutschen Bühnen aufgeführt wurde.

Dennoch verlief die Wiederaneignung der »verbrannten« Schriftsteller insgesamt sehr schleppend. Wenn ein deutscher Verlag einen 1933 »verbrannten« Titel in den Nachkriegsjahren neu verlegen wollte, waren eine Reihe formaler Probleme zu bewältigen. Zunächst musste Kontakt zu den meist noch im Exil lebenden Autoren hergestellt werden, die im Falle ihres Einverständnisses mit einer Neuauflage ihrer Werke in Deutschland darauf an-

214 Alfred Kantorowicz, *Etwas ist ausgeblieben. Zur geistigen Einheit der deutschen Literatur nach 1945*, Hamburg 1985, S. 76.

215 Frithjof Trapp, *Die Bücherverbrennungen: Rückwirkungen und Folgen für die Lese- und Rezeptionsgewohnheiten*, in: Graf, S. 42.

216 Theodor W. Adorno, *Kulturkritik und Gesellschaft*, in: *Gesammelte Werke*, Bd. 10. I., Frankfurt am Main 1977, S. 30.

gewiesen waren, die fälligen Honorare und Tantiemen in konvertierbarer Währung zu erhalten. War der betreffende Autor von den Nazis ermordet worden oder im Exil verstorben, mussten zur Neuauflage seiner Bücher die Erben ausfindig gemacht werden. Letzteres mag mit dazu beigetragen haben, dass häufig diejenigen »verbrannten« Autoren heute vergessen sind, die vor 1945 und in den ersten Jahren danach gestorben waren.

Die Wirkung, die von Exilverlagen wie dem Querido Verlag für die deutschsprachige Emigration ausgegangen war, hätte ihnen nach 1945 auch in Deutschland zukommen können. Der Querido Verlag von Fritz Landshoff geriet jedoch in den geschäftlichen Ruin, bevor es die finanzielle Möglichkeit gegeben hätte, ihn unter den aufwendigen Genehmigungsverfahren bei den alliierten Kontrollbehörden in eine der Besatzungszonen zu überführen. Vielleicht hatte Landshoff aber auch zu lange auf die Absatzmöglichkeiten bei den deutschsprachigen Lesern außerhalb Deutschlands gesetzt, von denen inzwischen ein Großteil nach Deutschland zurückgekehrt war.

Anders als Fritz Landshoff hatte der Exilverleger Gottfried Bermann-Fischer in Deutschland noch ein Standbein, als er 1947 dorthin zurückkehrte. Bermann-Fischer, der Schwiegersohn des deutsch-jüdischen Verlagsgründers Samuel Fischer, hatte 1932 die Leitung des Verlages S. Fischer übernommen, des damals bedeutendsten deutschsprachigen Verlagshauses. Nach der NS-Machtübernahme ging Bermann-Fischer mit dem in Deutschland »verbrannten« Teil des Verlages ins Exil, während er den in Deutschland verbliebenen Teil der treuhänderischen Leitung seines Mitarbeiters Peter Suhrkamp übergab. Zunächst in Wien, dann in Stockholm ansässig wurde der Bermann-Fischer Verlag zu einem der größten Verlage der deutschsprachigen Emigration. Er besaß nicht nur die Rechte an den Werken bedeutender »verbrannter« Autoren, sondern auch prominenter amerikanischer Autoren wie Thornton Wilder, die er 1947 über die amerikanische Armee auf den von Peter Suhrkamp geleiteten Teil seines Verlages übertragen ließ. Ab 1947 erschienen in West-Deutschland unter anderem wieder Werke von Thomas Mann, Stefan Zweig und Franz Werfel. Noch im Einverständnis mit Bermann-Fischer verlagerte Suhrkamp 1947 aufgrund der zunehmenden Ost-West-Spannungen den Schwerpunkt des Verlages von Berlin nach Frankfurt am Main, wo er den Suhrkamp Verlag vorm. S. Fischer Verlag gründete. 1949 kam es zwischen Suhrkamp und Bermann-Fischer zu Auseinandersetzungen über die Eigentumsverhältnisse und die inhaltliche Ausrichtung des Verlages. Schließlich erfolgte die Teilung in den Suhrkamp Verlag und den neu gegründeten S. Fischer Verlag, die beide noch heute in Frankfurt am

Main ansässig sind. Ein forciertes Verlegen »verbrannter« und vertriebener Schriftsteller auf dem westdeutschen Buchmarkt, wie es Bermann-Fischer vorgesehen hatte, wurde durch die Teilung des ursprünglichen S. Fischer Verlages deutlich geschwächt, zumal Bermann-Fischer die Verlagsrechte wichtiger Autoren an Suhrkamp verloren hatte. Dennoch sind im S. Fischer Verlag bis heute die meisten Titel »verbrannter« Schriftsteller erneut erschienen und so von einer breiten deutschen Leserschaft wieder entdeckt worden. Dazu gehörten neben Thomas Mann, Franz Werfel und Stefan Zweig die Autoren Richard Beer-Hoffmann, Joseph Breitbach, Max Brod, Lion Feuchtwanger, Karl Jakob Hirsch und Arthur Schnitzler. Auch der Suhrkamp Verlag hat einiges zum Wiedererscheinen »verbrannter« Autoren beigetragen; etwa durch die zwanzigbändige Ausgabe der *Gesammelten Werke* von Bertolt Brecht, die Herausgabe der *Politischen Essays* von Heinrich Mann oder den Roman *Das verlorene Kind* von Rahel Sanzara. Eine besondere Erwähnung gebührt auch den Verlagen Kiepenheuer & Witsch (u.a. Erich Kästner, Alfred Kerr, Hermann Kesten, Erich Maria Remarque, Joseph Roth), dem Verlag Claassen (u.a. Heinrich Mann, Irmgard Keun, René Schickele, Walter Mehring), dem Rowohlt Verlag (u.a. Kurt Tucholsky, Alfred Döblin, Robert Neumann, Ernst Toller) und dem Verlag Langen-Müller (u.a. Jakob Wassermann, Gustav Meyrink).

Allein diese Neuauflagen »verbrannter Autoren« brauchten jedoch Jahrzehnte, um in Deutschland wieder über den Buchhandel den Lesern zugänglich zu werden. Die Neuauflage des Titels eines »verbrannten« Schriftstellers war zudem keine Garantie dafür, dass er von den Lesern auch angenommen wurde. Häufig schlief die Rezeption eines »verbrannten« Werkes nach der ersten Auflage wieder ein und es ist heute im Buchhandel nicht mehr lieferbar.

Im Anhang werden die schwarzen Listen mit den Namen der »verbrannten Autoren« und vielen ihrer Titel wiedergegeben. Diese Auflistung kann keinen vollständigen Überblick über die verbrannte Literatur bieten. Jedoch hat der interessierte Leser die Möglichkeit, sein Lesen auf die »verbrannten« Schriftsteller hin zu hinterfragen und sich gegebenenfalls zu ihrer Lektüre zu entschließen. In den inzwischen reichhaltigen Nachschlagewerken findet er hinreichend Material für Neu- und Wiederentdeckungen.

Danksagung

Für die Unterstützung bei der Arbeit an diesem Buch möchte ich meiner Familie danken: meinen Eltern, Miriam Ducke, Elias Benedikt, Hannelore Ducke und Elly Möller.

Mein besonderer Dank gilt dem Parthas Verlag: Klaus Wettig, der das Erscheinen dieses Buches ermöglichte und mir viele inhaltliche Anregungen gab, sowie Ulrike Quaas, die mich während der Entstehung des Buches immer engagiert betreute.

Schließlich danke ich Herrn Dr. Herbert Schott vom Staatsarchiv Würzburg, der mir bei meinen Recherchen sehr geholfen hat.

Anhang

Karten

»Schwarze Listen«

Literaturverzeichnis

Register

Bildnachweis

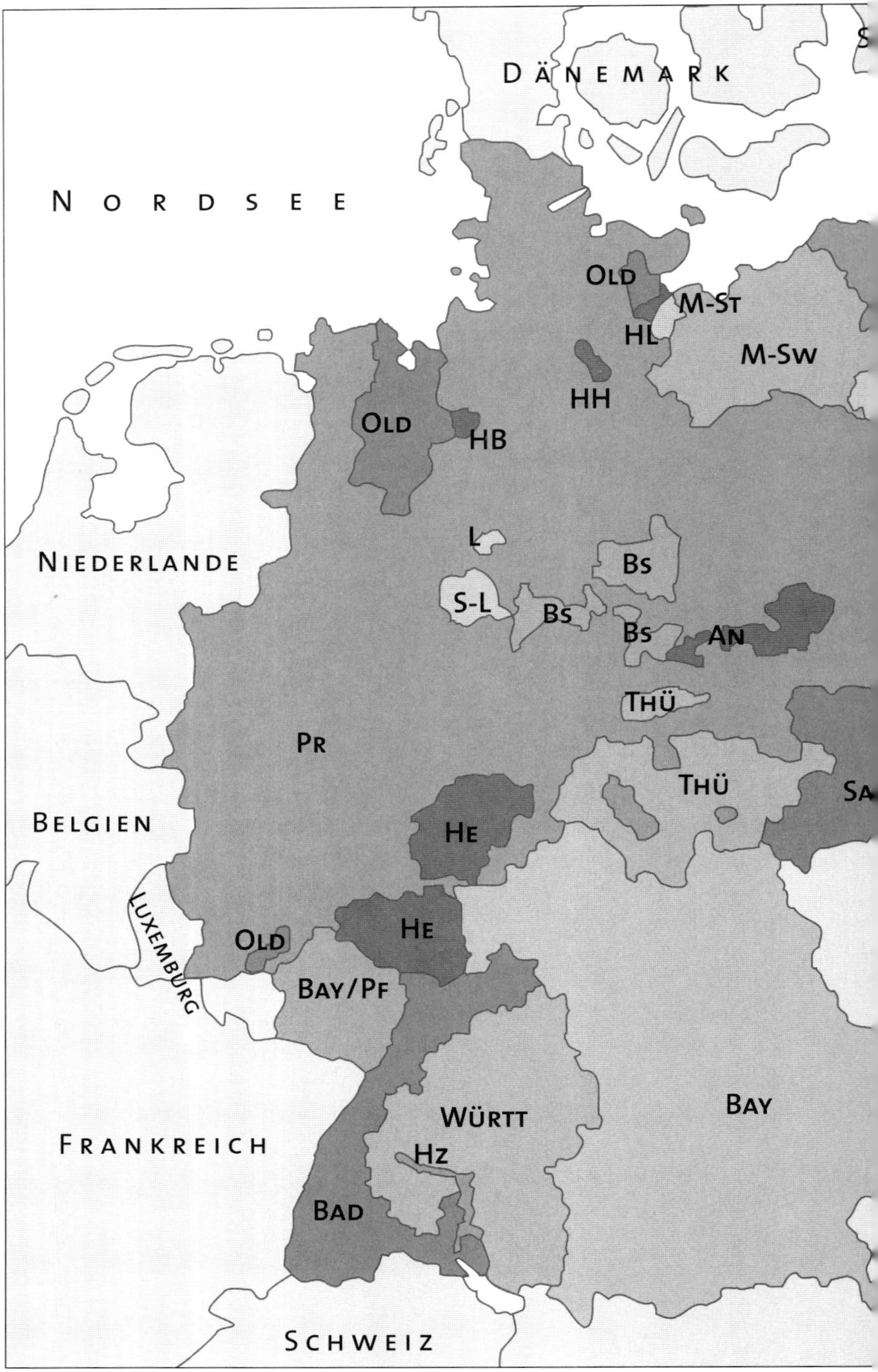

Dänemark
Nordsee
Old
M-St
HL
M-Sw
HH
Old
HB
L
Niederlande
Bs
S-L
Bs
Bs
An
Thü
Pr
Thü
Sa
Belgien
He
Luxemburg
Old
He
Bay/Pf
Württ
Bay
Frankreich
Hz
Bad
Schweiz

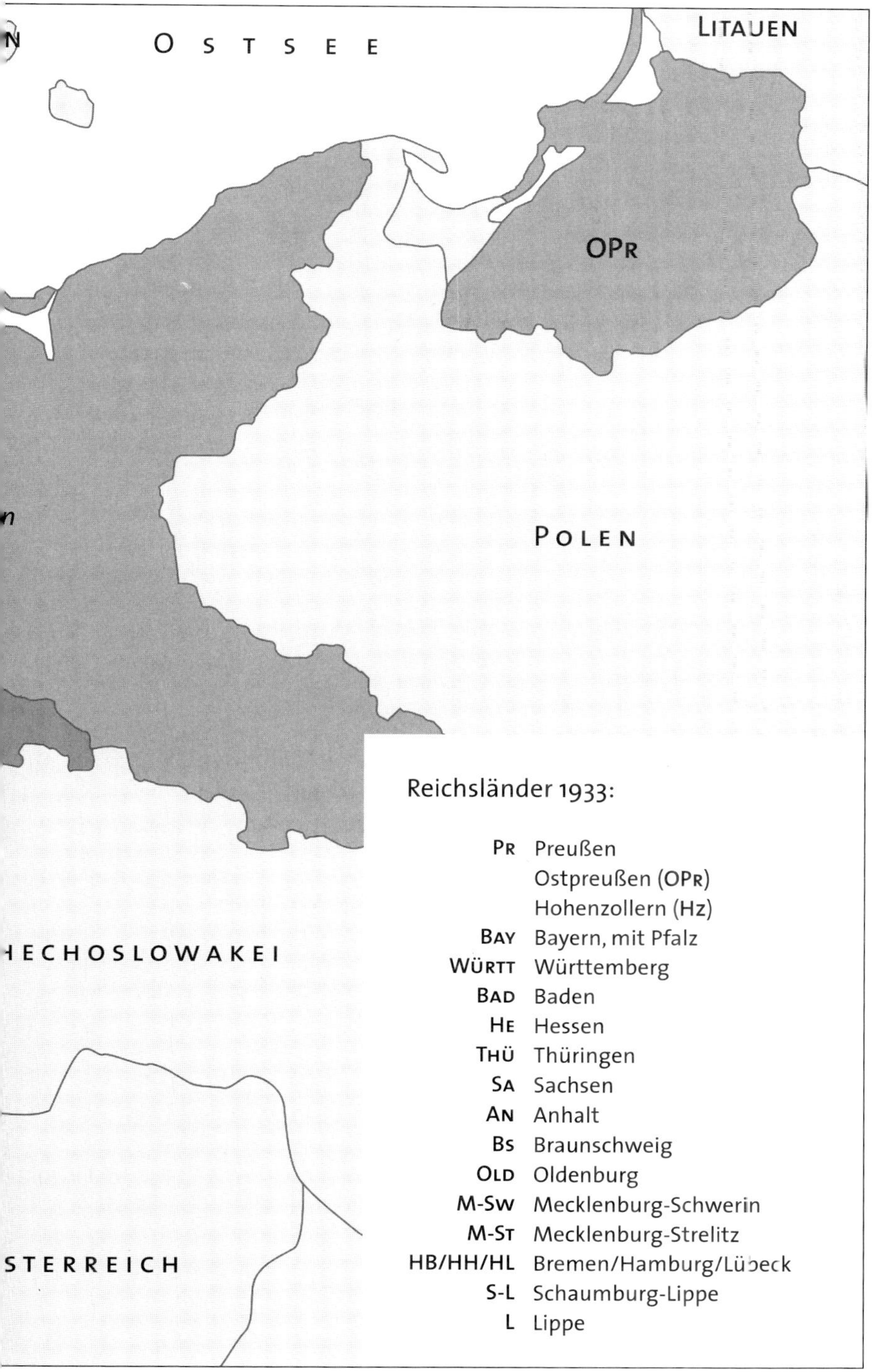

Reichsländer 1933:

PR	Preußen
	Ostpreußen (OPR)
	Hohenzollern (HZ)
BAY	Bayern, mit Pfalz
WÜRTT	Württemberg
BAD	Baden
HE	Hessen
THÜ	Thüringen
SA	Sachsen
AN	Anhalt
BS	Braunschweig
OLD	Oldenburg
M-SW	Mecklenburg-Schwerin
M-ST	Mecklenburg-Strelitz
HB/HH/HL	Bremen/Hamburg/Lübeck
S-L	Schaumburg-Lippe
L	Lippe

DÄNEMARK
NORDSEE
Kiel
Rostock
Hamburg
Bremen
Hannover
Braunschweig
NIEDERLANDE
Münster
Essen
Dortmund
Hann. Münden
Göttingen
Halle
Düsseldorf
Wuppertal
Kassel
Köln
Weimar
Bonn
Marburg
Gießen
BELGIEN
Frankfurt
Darmstadt
LUXEMBURG
Worms
Würzburg
Mannheim
Erlangen
Kaiserslautern
Heidelberg
Nürnberg
Karlsruhe
FRANKREICH
München
SCHWEIZ

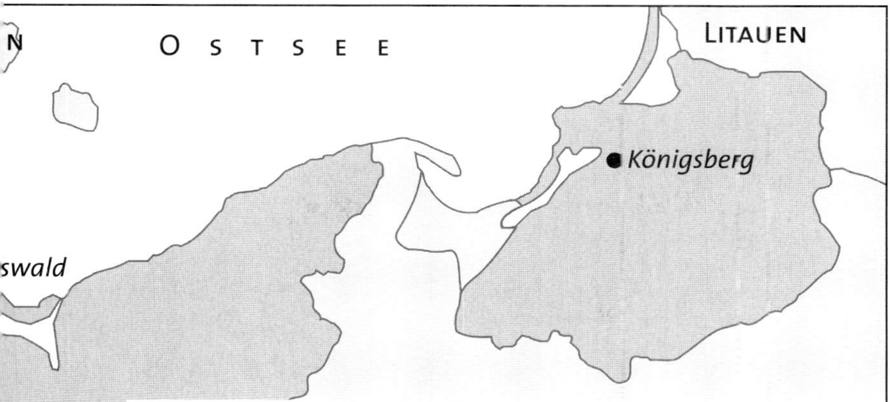

NS-Bücherverbrennungen im Frühjahr 1933

Berlin: 10. Mai
Bonn: 10. Mai
Braunschweig: 9. März und 10. Mai
Bremen 10. Mai
Breslau 10. Mai
Darmstadt 21. Juni
Dortmund 30. Mai
Dresden: 8. März und 10. Mai
Düsseldorf: 11. April
Erlangen: 12. Mai
Essen: 21. Juni
Frankfurt am Main: 10. Mai
Gießen: 8. Mai
Göttingen: 10. Mai
Greifswald: 10. Mai
Halle 12. Mai
Hamburg: 15. Mai und 30. Mai
Hannover: 10. Mai
Hann. Münder 10. Mai
Heidelberg: 12. März, 17. Mai und 17. Juni
Kaiserslautern 26. März
Karlsruhe: 17. Juni
Kassel: 19. Mai
Kiel: 10. Mai
Köln: 17. Mai
Königsberg: 10. Mai
Leipzig: 1. April und 2. Mai
Mannheim: 19. Mai
Marburg: 10. Mai
München: 10. Mai
Münster: 31. März und 10. Mai 1933
Nürnberg: 10. Mai
Pirna: 8. März
Rostock: 10. Mai
Weimar: 17. Juni
Worms: 10. Mai
Würzburg: 10. März und 10. Mai
Wuppertal: 1. April
Zwickau: 8. März

Städte der Bücherverbrennungen

○ nichtstudentische Bücherverbrennungen vor der »Aktion wider den undeutschen Geist«

● studentische Bücherverbrennungen der »Aktion wider den undeutschen Geist«

⊘ nachahmende, nichtstudentische Bücherverbrennungen nach der »Aktion wider den undeutschen Geist«

»Schwarze Listen«

Bei den nachfolgend aufgeführten Dokumenten handelt es sich um eine Transkription derjenigen schwarzen Listen, die den studentischen Bücherverbrennungen zugrunde lagen. Im Unterschied zu der 1983 von Gerhard Sauder veröffentlichten Transkription werden hier nur diejenigen schwarzen Listen herangezogen, die durch Dr. Herrmann vom Ausschuß zur Neuordnung der Berliner Stadt- und Volksbüchereien während der »Aktion wider den undeutschen Geist« direkt an die Deutsche Studentenschaft weitergegeben wurden. Die Originale befinden sich im Staatsarchiv Würzburg (Akten der DSt., 21 C 14/I). Im Original falsch geschriebene Namen und Buchtitel werden in die Transkription übernommen und nur dann in Klammern berichtigt, wenn ein Name sonst nicht mehr identifizierbar ist.

Die »Schwarze Liste (Schöne Literatur)« ging mit einem Begleitschreiben Dr. Herrmanns vom 1. Mai 1933 am darauf folgenden Tag beim DSt-Hauptamt ein.

Schwarze Liste (Schöne Literatur)

Die vorliegende Liste nennt alle Bücher und alle Autoren, die bei der Säuberung der Volksbüchereien entfernt werden können. Ob sie alle ausgemerzt werden müssen, hängt davon ab, wie weit die Lücken durch gute Neuanschaffungen aufgefüllt werden. Die Liste sagt nichts über den faktischen Bestand der einzelnen Büchereien. Sie gilt nur als allgemeines Hilfsmittel für Bibliothekare und Kommissare, die mit der Säuberung beauftragt sind.

Anthologie jüngster Lyrik
Anthologie jüngster Prosa
Asch, Nathan
Asch, Schalom
***Babel**: Budjonnys Reiterarmee*
Barbusse, Henri
Beer-Hofmann, Richard
Birkenfeld, Günther
***Bobinskaja**: Karbunauri*
***Bogdanow**: Das erste Mädel*
***Bonsels**: alles ausser: Biene Maja, Himmelsvolk*
Bley [gemeint ist Franz Blei]
***Braune**: Mädchen von der Orga Privat*
Brecht, Bert
***Breitbach**: Rot gegen Rot*
***Brod, Max**: alles ausser: Tycho Brahe*
***Brück**: Schicksale hinter Schreibmaschinen*
Carr, Robert
***Doeblin, Alfred**: alles ausser »Wallenstein«*
Don Passos [gemeint ist John Roderigo Dos Passos]
Dreissig neue Erzähler des neuen Russlands
Dreissig neue deutsche Erzähler«
***Ebermayer**: Die Nacht in Warschau*
***Edschmid, Kasimir**: alles ausser: »Timur«, »Die 6 Mündungen«*
***Ehrenburg**: alles ausser: »Grachus Baboeuf«*
Essig, H.
***Felden**: Eines Menschen Weg*
Feuchtwanger, Lion
Fink, Georg
***Frank, Leonhard**: alles ausser: »Räuberbande«, »Ochsenfurter Männerquartett«*
***Frey**: Pflasterkästen*
Geist, Rudolf
Gladkow, Fjodor
Glaeser, Ernst
Goll, Iwan
***Gorki**: Der Spitzel, Märchen der Wirklichkeit, Eine Beichte, wie ein Mensch geboren ward, Das blaue Leben*
***Graf, Oskar Maria**: alles ausser: Wunderbare Menschen, Kalendergeschichten*
Gruenberg, Karl
Hasek, Jaroslav
Hasenclever, Walter
***Hemingway**: In einem weiten Land*
***Hermann, Georg**: Kubinke, Schnee, Die Nacht des Dr. Herzfeld*
***Hirsch**: Vorbestraft*
***Hofbauer**: Der Marsch ins Chaos*
***Hoffmann**: Frontsoldaten*
Holitscher, Arthur
Hotopp, Albert
Illes, Bela
***Jacob, Heinrich Eduard**: Blut und Zelluloid*
***Johannesen**: Vier von der Infanterie*
***Ilff**: 12 Stühle*
Inber, Vera
***Kaestner, Erich**: alles ausser: »Emil«*
Kallinikow, Josef
Katajew
Kaus, Gina
***Kellermann**: Der 9.November*
Kerr, Alfred
Keun, Irmgard
Kesten
Kisch, Egon Erwin
Klaeber, Kurt
***Koeppen**: Heeresbericht*
Kollontay, Alexandra
***Kurtzig**: Dorfjuden*
Kusmin

Lhatzko
Lampel, Peter: *nur: Verratene Jungen*
Leitner: *Hotel Amerika*
Leonow: *Aufbau*
Lernet-Holenia
Lewinsohn: *Das Erbe im Blut*
Libedinsky, Jurij
Lidin, Wladimir
Liepmann, Heinz
Linck: *Kameraden im Schicksal*
London: *Martin Eden, Zwangsjacke, Eiserne Ferse*
Ludwig, Emil
Mann, Heinrich
Mann, Klaus
Meyer-Eckhard: *nur: Das Vergehen des Paul Wendelein*
Meyrink
Michael, F.: *Die gut empfohlene Frau*
Neumann, Robert: *alles ausser: »Mit fremden Federn«*
Newerow
Ognjew
Olbracht, Iwan
Ottwald, Ernst
Panferow
Pantelejew
Pinthus, Kurt
Plivier
Regler
Remarque, Erich Maria
Renn, Ludwig: *nur: Nachkrieg*
Ringelnatz
Roth
Rubiner, Ludwig
Rümann
Sanzara
Schäffer: *Elli oder die sieben Treppen*
Schirokauer, Alfred
Schlump
Schnitzler, Arthur: *alles ausser: »Der Weg ins Freie«*
Schroeder, Karl
Sejfullina: *alles ausser: »Der Ausreisser«*
Seghers, Anna
Sinclair, Upton
Sochaczewer, Hans
Sostschenko, Michael
Seraphimowitsch: *Der eiserne Strom*
Ssologub, Fjodor
Suttner: *Die Waffen nieder*
Tetzner: Hans Urian
Thomas, Adrienne
Tokunaga
Toller, Ernst
Traven: *Regierung, Der Karren*
Tucholsky, Kurt
Türk
Ulitz: *Ararat, Worbs, Testament*
Unruh: *alles ausser: Offiziere, Louis Ferdinand*
Vanek, Karl
Wassermann, Jakob
Wedding: *Ede und Unku*
Wegner, Armin T.
Weiskopf
Werfel: *alles ausser: Barbara, Verdi, Tod des Kleinbürgers*
Woehrle: *Querschläger*
Zweig, Arnold
Zweig, Stefan

Die nachfolgenden schwarzen Listen »Geschichte«, »Kunst« sowie »Politik- und Staatswissenschaften« gingen mit einem Begleitschreiben Dr. Herrmanns vom 8. Mai 1933 am darauf folgenden Tag beim DSt-Hauptamt ein.

Schwarze Liste VII
Belehrende Abteilung: Geschichte (G und D)

Generell:
1) Aus der Abteilung Geschichte des Weltkrieges sämtliche pazifistische und defaitistische Literatur entfernen.

2) Aus der Abteilung Geschichte Russlands (Gr) sämtliche probolschewistische Parteiliteratur entfernen.

Astrow-Slekow: *Illustrierte Geschichte der russischen Revolution*
Barbusse, Henri: *150 Millionen*
Bauer, Otto: *Die Österreichische Revolution*
Blos, Wilhelm: *Von der Monarchie zum Volksstaat*
Blum, Oskar: *Russische Köpfe*
Cunow, H.: *Der Ursprung der Religion und des Gottesglaubens*
Dan, Th.: *Sowjetrussland, wie es wirklich ist*
Deutsche Einheit. Deutsche Freiheit. Gedenkbuch zum Verfassungstag 1929
Dreiser, Th.: *Sowjetrussland*
Eisner, Kurt: *alles*
Fischer, Eugen: *Die kritischen 39 Tage von Sarajewo bis zum Weltbrand*
Fischer-Baling, E.: *Volksgericht, die deutsche Revolution von 1918*
Gumbel, E.J.: *alles*
Hahn, Paul: *Erinnerungen aus der Revolution in Württemberg*
Hegemann, W.
Hellwald, Fr.v.: *Sittenspiegel (Bd 1-2)*
Hobohm, M.: *Untersuchungsausschuss und Dolchstosslegende*
Holitscher, A.
Hurwicz, Elias: *Geschichte der jüngsten russischen Revolution*
Kamerad im Westen
Kampffmeyer-Altmann: *Vor dem Sozialistengesetz*
Kantorowicz, H.U.: *Der Geist der englischen Politik und die Legende von der Einkreisung Deutschlands*
Kautsky, K.
Kersten, K.: *Bismarck und seine Zeit*
Kisch, E.E.: *alles*
Kleinberg, A.: *Die europäische Kultur der Neuzeit*
Ludwig, E.: *alles*
Luxemburg, R.: *alles*
Marcu, Valeriu: *Schatten der Geschichte*
Mehring, F.: *alles*
Merkenschlager, Fr.: *Götter, Helden und Günther*
Mueller-Franken, H.: *Die November-Revolution*
Noske, G.: *Von Kiel bis Kapp*
Olberg, Oda: *Briefe aus Sowjet-Russland*
Pjatnizki: *Aufzeichnungen eines Bolschewikis*
Reed: *Zehn Tage, die die Welt erschütterten*
Deutsche Revolution. Eine Sammlung zeitgen. Schriften
Rosenberg. A.: *Die Entstehung der deutschen Republik*
Rühle, O.: *Illustrierte Kultur- und Sittengeschichte des Proletariats*
Schäffer, Jul.: *Die Zerstörung des Volksgedankens durch den Rassenwahn*
Schapowalow: *Auf dem Wege zum Marxismus*
Schiff, F.: *Die grossen Illusionen der Menschheit*
Schiff, V.: *So war es in Versailles*
Severing, C.: *1919/1920 im Wetter- und Wetterwinkel*
Sforza, C.: *Gestalten und Gestalter des neuen Europa Die europäischen Diktaturen*
Slang, F.: *Panzerkreuzer Potemkin*
Sommer, Br.: *Geschichte der Religionen (Bd 1-2), Die Bibel*
Stalin: *Auf dem Weg zum Oktober*
Trotzki, L.
Tschuppik, K.: *Ludendorff*
Wegener, A.T.: *Fünf Finger über Dir*
Wehrlos hinter der Front
Wells, H.G.: *Geschichte unserer Welt. Grundlinien der Weltgeschichte (Bd 1-3)*
Wie würde ein neuer Krieg aussehen? Untersuchung, eingel. von der Interparlamentar. Union
Wittvogel, K.A.

Schwarze Liste X
Belehrende Abteilung: Kunst

***Dix, O.**: Krieg*
***Grosz, George**: alles*
***Knauf**: Empörung und Gestaltung Daumier (Daumier selbst bleibt in den Büchereien!)*
***Märten, L.**: Historisch-Materialistisches über Wesen und Veränderung der Künste*
***Masereel, F.**: nur: Bilder aus der Großstadt (alles andere von Masereel bleibt!)*
***Monographien** über Chagall, Klee, Lautre* [gemeint ist Henri de Toulouse-Lautrec] *Meidner, Roessel*
***Siemsen, A.**: Politische Kunst und Kunstpolitik*
***Sinclair, U.**: Die goldene Kette*
***Wolfradt, W.**: Otto Dix*

Schwarze Liste VIII
Belehrende Abteilung: Politik und Staatswissenschaften

Vorbemerkung: Die restlose Sperrung der Abteilung Sozialismus geht zu weit, in jedem Fall ist das nicht- und vormarxistische deutsche Schrifttum zum Sozialismus von der Sperrung auszunehmen. Zum Ersatz für die ausrangierten marxistischen Bücher empfiehlt es sich, das parteifreie Arbeiterschrifttum vor allem aus den Abteilungen: Arbeiterfrage, Sozialpolitik, Genossenschaftswesen, Bevölkerungsfrage, Arbeitsdienst mehr in Verkehr zu bringen. Außerdem ist darauf zu achten, dass gerade von der Literatur des wissenschaftlichen Marxismus je 1 Exemplar im Giftschrank der Studien-, Haupt- und Stadtbüchereien aufgehoben wird.

***Abraham. R.**: Die Theorie des modernen Sozialismus*
***Abramowitsch, M.**: Hauptprobleme der Soziologie*
***Adler, Max:** alles*
***Asch, Käthe**: Die Lehre Charles Fouriers*
***Aufhäuser, S.**: alles*
***Balabanoff, A.**: alles*
***Barbusse, H.**: Die Henker, 150 Millionen*
***Bauer, L.**: Morgen wieder Krieg, Die öffentliche Meinung*
***Bauer, O.**: alles*
***Bebel, A.**: Die Frau und der Sozialismus*
***Bernstein, Ed.**: alles*
***Bernstein, F.** Der Antisemitismus als Gruppenerscheinung*
***Blos, A.**: Die Frauenfrage im Lichte des Sozialismus*
***Borchardt, J.**: Einführung in den wissenschaftlichen Sozialismus*
***Brupbacher, N.**: Marx und Lenin*
***Bucharin, N.**: Das Programm der Kommunisten*
***Cohnstaedt**: Die Agrarfrage*
***Coudenhove-Kalergi, R. N.**: alles*
***Cunow., H.**: Allgemeine Wirtschaftsgeschichte Bd 4*
***Danneberg**: Zehn Jahre neues Wien*
***Deutsch, Julius**: Wehrmacht und Sozialdemokratie*
***Deutsch, Otto**: Das Räderwerk des Roten Betriebes*
***Dittmann, W.**: Die Marinejustizmorde. 1917*
***Drehn**: Lohnarbeit und Kapital*
***Eckstein, G.**: Kapitalismus und Sozialismus*
***Ehinger:** Die sozialen Ausbeutungssysteme*
***Engels. F.**: Sämtliche Schriften, außer: Der deutsche Bauernkrieg, Die Lage d. arbeitenden Klassen in England, Ludwig Feuerbach und der Ausgang der klassischen Philosophie*
***Erkelenz**: 10 Jahre deutsche Republik*
***Fabian, W.**: Die Kriegsschuldfrage*
***Feiler, A.**: Das Experiment des Bolschewismus*
***Fischer, L.**: Oelimperialismus*

Foerster. F. W.: *alles*
Fraenkel, E.: *Soziologie der Klassenjustiz*
Freymuth: *Sozialdemokratie und Beamtentum*
Fried, A. H.: *Handbuch der Friedensbewegung*
Goetz, W.: *Deutsche Demokratie*
Graf, G. E.: *alles*
Gumbel, E. J.: *Verräter verfallen der Fehme, Verschwörer, Vier Jahre politischer Mord*
Das Heidelberger Programm
Heimann, Ed.: *Kapitalismus und Sozialismus, Sozialistische Wirtschafts- und Arbeitsordnung*
Hermes, G.: *Die geistige Gestalt des marxistischen Arbeiters*
Heuss. Th.: *Führer aus deutscher Not, Hitlers Weg*
Hilfferding, R.: *Das Finanzkapital, Die Schicksalsstunde der deutschen Wirtschaftspolitik*
Hillquist, M.: *Der Sozialismus*
Hobohm. M.: *Dolchstoßlegende*
Hodann, Max: *Geschlecht und Liebe*
Hoelz, Max: *alles*
Hofbauer, J.: *Im roten Wien*
Ilgenstein: *Die religiöse Gedankenwelt des Sozialismus*
Juchacz: *Arbeiterwohlfahrt*
Jugow, A.: *Fünfjahresplan, Die Volkswirtschaft der Sowjetunion*
Kampffmeyer, P.: *Geschichte der med. Gesellschaftsklassen in Deutschland*
Kautsky, K.: *alles, ausser: Der Bolschewismus in der Sackgasse*
Kobler, F.: *Gewalt und Gewaltlosigkeit*
Korn, K.: *Die Weltanschauung des Sozialismus*
Korsch, K.: *Marxismus und Philosophie*
Kracauer S.: *Die Angestellten*
Krischanowski: *Die Planwirtschaftsarbeit in der Sowjetunion*
Krische, P.: *alles (Freidenkerverlag)*
Kurella, A.: *Mussolini ohne Maske*
Landauer, S.: *Aufruf zum Sozialismus*
Lassalle: *alles, ausser: Assisenreden, Ueber den besonderen Zusammenhang der gegenwärtigen Geschichtsperiode mit der Idee des Arbeiterstandes*
Lenin: *alles, ausser: Der Radikalismus die Kinderkrankheit des Kommunismus, Die Revolution von 1917*
Lepinski, Fr.: *Die jungsozialistische Bewegung*
Lichtenherger, Henri: *Deutschland und Frankreich*
Liebknecht, K.: *Klassenkampf gegen den Krieg, Reden und Aufsätze, Militarismus und Anti-Militarismus, Studien über die Bewegungsgesetze der gesellschaftlichen Entwicklung*
Lindsey. B. B.: *Kameradschaftsehe*
Lion, Hilde: *Soziologie der Frauenbewegung*
Lipinski. R.: *Die Sozialdemokratie*
Lowitsch: *Energie, Planwirtschaft, Sozialismus*
Lukacz: *Geschichte und Klassenbewusstsein*
Lunatscharski: *Kulturaufgaben der Arbeiterklasse*
Luxemburg, R.: *alles*
Man, H.: *alles, ausser: Der Kampf um die Arbeitsfreude*
Mann, H.: *Macht und Mensch*
Mann, Th.: *Von deutscher Republik, Deutsche Aussprache*
Marck, Siegfried: *Alles*
Marx, K.: *alles*
Mehring, Fr.: *alles*
Mennicke, Karl: *Der Sozialismus*
Naphtali, Fr.: *Wirtschaftsdemokratie*
Nenni, P.: *Todeskampf der Freiheit*
Nitti, Fr.: *Bolschewismus, Faschismus und Demokratie*
Noelting, E.: *Einführung in die Theorie der Volkswirtschaft*
Olberg, Oda: *Der Fascismus in Italien, Die Entartung in ihrer Kulturbedingtheit*

***Oppenheimer, L.**: Die soziale Frage, Das Grundgesetz der marxistischen Gesellschaft*
***Otto, Berthold**: Mammonismus, Militarismus, Krieg und Frieden*
***Pannekoek**: Marxismus und Darwinismus*
***Pashitnow**: Die Lage der arbeitenden Klassen*
***Piechowsky., P.**: Proletarischer Glaube*
***Popp, A.**: Der Weg zur Höhe*
***Preuss, Hugo:** Deutschlands republikanische Reichsverfassung, Staat, Recht und Freiheit, Verfassungspolitische Entwicklungen*
Protokolle über die Verhandlungen des Parteitages der S.P.D.
***Radbruch, G.:** Kulturlehre des Sozialismus*
***Rathenau, W.:** Der neue Staat*
***Reuer, K.**: Der geistige Arbeiter in der gegenwärtigen Gesellschaft, Die Wirtschaft als Gesamtprozess. . ., Marxismus, Krieg und Internationale*
***Rosenbaum**: Ferdinand Lassalle*
***Schoenaich, Frh. v.**: alles*
***Seger, G.**: Arbeiterschaft und Pazifismus*
***Sinclair, U.**: Religion und Profit*
***Sinowjew**: Die Geschichte der kommunistischen Partei Russlands*
***Stalin**: Lenin und der Leninismus, Auf dem Wege zum Oktober*
***Sternberg, Fritz**: Der Imperialismus, Der Niedergang des deutschen Kapitalismus*
***Stier-Somlo, Fr.**: (Katholisch getaufter Jude und Separatist) alles, ausser: den kommunalpolitischen Schriften*
***Striemer, A.**: Zur Kritik der freien Wirtschaft*
***Ströbel, H.**: Steuerschande und Wirtschaftstrug*
***Suhr, O.**: Die Welt der Wirtschaft*
***Suttner, B.**: Die Waffen nieder*
***Tichauer, Th.:** Soziale Bildung*
***Tillich, P.:** Die sozialistische Entscheidung*
***Toller, E.:** Justiz*
***Trotzki, L.**: alles*
***Urbantschitsch**: Die Probeehe*
***Velde, Th. H. van de**: Die Abneigung in der Ehe*
***Vorländer**: Kant, Fichte, Hegel und der Sozialismus*
***Wehberg; Claus**: Die Führer der deutschen Friedensbewegung, Grundprobleme des Völkerbundes ?*
***Weisengrün**: Marxismus*
***Weiss, Fr.**: Politisches Handbuch*
Weissbuch über die Schwarze Reichswehr (Liga für Menschenrechte)
***Weitsch-Lotze**: Zahlen, die uns angehen*
***Windegg, W.**: Arme und Reiche*
***Wittfogel, K. A.**: alles, ausser: Das erwachende China*
***Woker, G.**: Der kommende Gift- und Brandkrieg*
***10 Jahre Weimarer Verfassung.** 1929*
***Ziegler, A.**: Schwurzeugnus des Antisemitismus*
Zusammenstellung von Reden zum Verfassungstag

Die schwarze Liste »Literaturgeschichte« trägt in den Akten der DSt den Eingangsstempel vom 10. Mai 1933.

Schwarze Liste XI
Belehrende Abteilung: Literaturgeschichte

***Bab, J.:** alles*
***Brentano, B. Y.**: Kapitalismus und schöne Literatur*
***Kerr, A.**: alles*
***Kleinberg, A.**: Die deutsche Dichtung in ihren sozialen, zeitgeschichtlichen und geistesgeschichtlichen Bedingungen*
***Mann, H.**: Geist und Tat*
***Mehring, F.**: Die Lessinglegende, Die Literaturgeschichte*
***Pohl, G.**: Vormarsch ins 20. Jahrhundert*

Siemsen, A.: *Literarische Streifzüge durch die Entwicklung der europäischen Gesellschaft*
Zweig, St.: *Der Kampf mit dem Dämon. Drei Dichter ihres Lebens (nicht: Drei Meister)*

Die schwarze Liste »Religion, Philosophie, Pädagogik« trägt in den Akten der DSt den Eingangsstempel vom 13. Mai 1933. Auf der ersten Seite oben steht handschriftlich: »Herzl. Gruss Herrmann«.

Schwarze Liste IX
Belehrende Abteilung: Religion, Philosophie, Pädagogik

Adler, Max: *Neue Menschen*
Adler-Löwenstein: *Soziologische und schulpolitische Grundfragen*
Am andern Ufer
Barbusse. H.: *Ein Mitkämpfer spricht*
Bauer, O.: *Sozialdemokratie, Religion und Kirche*
Bjelych-Pantelejew: *Schkid, die Republik der Strolche*
Cunow, H.: *Der Ursprung der Religion und des Gottesglaubens*
Dehn, G.: *Proletarische Jugend*
Drill, R.: *Die neue Jugend*
Efferoth, H.: *Die Ketzerbibel*
Engelhardt, Victor: *An der Wende des Zeitalters*
Erkes, E.: *Wie Gott erschaffen wurde*
Fricke: *Geschichte des Protestantismus in Preußen*
Goldbeck, E.: *Die Welt des Knaben* [durch die DSt von der Liste gestrichen]
Kassitz, F.: *Kämpfer der Zukunft*
Kautsky, K.: *Der Ursprung des Christentums*
Kawerau, Siegfried: *alles*
Kerlöw-Löwenstein: *Das Kind als Träger der werdenden Gesellschaft*
Körber, Normann: *Das Bild vom Menschen.*
Korsch, K.: *Marxismus und Philosophie*
Krische, P.: *alles (Freidenker-Verlag)*
Lindemann, A.: *Was wollen die proletarischen Freidenker?*
Lindsay-Evans: *Revolution der modernen Jugend*
Löwenstein, Kurt: *alles*
Ludwig, E.: *Der Menschensohn*
Lukacz, G.: *Geschichte und Klassenbewußtsein*
Mayer, Th.: *Feiern und Feierstunden freidenkender Menschen*
Müller-Lhyer
Nitsche, Max: *alles* [durch die DSt von der Liste gestrichen]
Oestreich, Paul: *alles*
Ognjew., N.: *Kostja Rjabzew*
Rühle, Alice und Otto: *alles*
Siemsen, A: *Beruf und Erziehung*
Sommer, Br.: *Geschichte der Religionen Bd I und 2, Die Bibel*
Steiger, W: *Schulfeiern*

Verzeichnis der verwendeten Sachliteratur

THEODOR W. ADORNO, *Kulturkritik und Gesellschaft*, in: *Gesammelte Werke*, Bd. 10. I., Frankfurt am Main 1977.

ALFRED BAEUMLER, *Männerbund und Wissenschaft*, Berlin 1934.

MARIANNE BAEUMLER u.a. (Hg.), *Thomas Mann und Alfred Baeumler. Eine Dokumentation*, Würzburg 1989 (im Text auch: Thomas Mann und Alfred Baeumler).

ADOLF BARTELS, *Die deutsche Dichtung der Gegenwart. Die Jüngsten*, Leipzig 1921.

HEINRICH BECKER u.a. (Hg.), *Die Universität Göttingen unter dem Nationalsozialismus*, München 1987 (im Text auch: Becker).

REINHARD BEIN, *Zeitzeichen. Stadt und Land Braunschweig 1930–1945*, Braunschweig 2000.

WOLFGANG BENZ, *Emil J. Gumbel. Die Karriere eines deutschen Pazifisten*. In: ULRICH WALBERER (Hg.), *10. Mai 1933. Bücherverbrennung in Deutschland und die Folgen*, Frankfurt am Main 1983.

FRIEDEMANN BERGER u.a. (Hg.), *In jenen Tagen ... Schriftsteller zwischen Reichstagsbrand und Bücherverbrennung*, Leipzig und Weimar 1983 (im Text auch: Berger).

ERNST BERTRAM, *Wartburg. Spruchgedichte*, Leipzig 1933.

HANS PETER BLEUEL/ERNST KLINNERT, *Deutsche Studenten auf dem Weg ins Dritte Reich*, Gütersloh 1967 (im Text auch: Bleuel/Klinnert).

EDITH BÖHNE/WOLFGANG MOTZKAU-VALETON (Hg.), *Die Künste und Wissenschaften im Exil 1933–1945*, Gerlingen 1992.

HILDEGARD BRENNER, *Die Kunstpolitik des Nationalsozialismus*, Reinbek b. Hamburg 1963.

HILDEGARD BRENNER, *Die Republikaner beugen sich dem Wort der Obrigkeit*, in: HERMANN HAARMANN u.a. (Hg.), »*Das war ein Vorspiel nur ...*« (Katalog zur gleichnamigen Ausstellung der Akademie der Künste im Jahr 1983), Berlin und Wien 1983. S. 65 ff. (im Text auch: Akademie-Katalog).

KARL OTTO CONRADY, *Völkisch-nationale Germanistik in Köln. Eine unfestliche Erinnerung*, Schernfeld 1990.

VOLKER DAHM, *Die nationalsozialistische Schrifttumspolitik nach dem 10. Mai 1933* in: Walberer, S. 36 ff.

ANKE DIETZLER, *Bücherverbrennung in Hannover am 10. Mai 1933*, in: Hannoversche Geschichtsblätter NF. 37, 1983, S. 108 ff.

RICHARD DREWES und ALFRED KANTOROWICZ (Hg.), *Verboten und verbrannt. Deutsche Literatur – 12 Jahre unterdrückt*, Berlin und München 1947.

THOMAS ELLWEIN, *Die deutsche Universität*, Wiesbaden 1997.

ANSELM FAUST, *Der Nationalsozialistische Deutsche Studentenbund*, 2 Bände, Düsseldorf 1973.

ANSELM FAUST, *Die Hochschulen und der »undeutsche Geist«. Die Bücherverbrennungen am 10. Mai 1933 und ihre Vorgeschichte*, in: Akademie-Katalog, S. 31 ff.

BISCHOF OTTO VON FREISING und RAHEWIN, *Die Taten Friedrichs*, hg. von Franz-Josef Schmale, Darmstadt 1965.

THOMAS FRIEDRICH (Hg.), *Das Vorspiel. Die Bücherverbrennung am 10. Mai 1933*, Berlin 1983 (im Text auch: Friedrich).

STEPHAN FÜSSEL, »*Wider den undeutschen Geist*«. *Bücherverbrennung und Bibliothekslenkung im Nationalsozialismus*, in: *Göttingen unterm Hakenkreuz. Nationalsozialistischer Alltag in einer deutschen Stadt – Texte und Materialien*, Göttingen 1983, S. 95 ff.

PETER GAY, *Die Republik der Außenseiter*, Frankfurt am Main 1970.

FRANK GOLCZEWSKI, *Kölner Universitätslehrer und der Nationalsozialismus*, Köln und Wien 1988 (im Text auch: Golczewski).

ANGELA GRAF und HANS-DIETER KÜBLER (Hg.), *Verbrannte Bücher. Verbrannte Ideen. Verbrannte*, Hamburg 1993 (im Text auch: Graf).

MICHAEL GRÜTTNER, *Studenten im Dritten Reich*, Paderborn (u.a.) 1995 (im Text auch: Grüttner).

HERMANN HAARMANN u.a. (Hg.), *»Das war ein Vorspiel nur ...«* (Katalog zur gleichnamigen Ausstellung der Akademie der Künste im Jahr 1983), Berlin und Wien 1983, S. 55 (im Text auch: Akademie-Katalog).

FRANK HALFMANN, *Eine »Pflanzstätte bester nationalsozialistischer Rechtsgelehrter«*: Die Juristische Abteilung der Rechts- und Staatswissenschaftlichen Fakultät, in: Becker, S. 87 ff.

HELMUT HEIBER (Hg.), *Goebbels. Reden*, Band 1, Düsseldorf 1971.

HELMUT HEIBER, *Universität unterm Hakenkreuz*, 3 Bände, München u.a. 1992.

HEINRICH HEINE, *Ludwig Börne. Eine Denkschrift*, in: *Sämtliche Schriften in zwölf Bänden*, hg. von Klaus Briegleb, Bd. 7, Frankfurt am Main u.a. 1981.

RAUL HILBERG, *Die Vernichtung der europäischen Juden*, Frankfurt am Main 1990.

ELMAR E. HOLLY, *Die Weltbühne 1918–1933*, Berlin 1989.

ULRICH HUNGER, *Germanistik zwischen Geistesgeschichte und »völkischer Wissenschaft«: Das Seminar für deutsche Philologie im Dritten Reich*, in: Becker, S. 272 ff.

INGE JENS (Hg.), *Thomas Mann an Ernst Bertram. Briefe aus den Jahren 1910-1955*, Pfullingen 1960.

INGE JENS, *Dichter zwischen Links und Rechts. Die Geschichte der Sektion für Dichtkunst an der Preußischen Akademie der Künste dargestellt nach den Dokumenten*, Leipzig 1994 (im Text auch: Jens).

ALFRED KANTOROWICZ, *Etwas ist ausgeblieben. Zur geistigen Einheit der deutschen Literatur nach 1945*, Hamburg 1985.

MICHAEL H. KATER, *Studentenschaft und Rechtsradikalismus in Deutschland 1918–1933*, Hamburg 1975.

ANDREAS B. KILCHER (Hg.), *Metzler Lexikon der deutsch-jüdischen Literatur*, Stuttgart und Weimar 2000.

CLAUS-DIETER KROHN u.a. (Hg.), *Exilforschung. Ein internationales Jahrbuch*, München 1983 ff. (bisher sind in dieser Reihe 20 Bände erschienen).

CLAUS-DIETER KROHN u.a. (Hg.), *Handbuch der deutschsprachigen Emigration 1933–1945*, Darmstadt 1998.

DIOGENES LAERTIOS, *Leben und Lehre der Philosophen*, Stuttgart 1998.

JOACHIM-FELIX LEONHARD (Hg.), *Bücherverbrennung. Zensur, Verbot, Vernichtung unter dem Nationalsozialismus in Heidelberg*, Heidelberg 1983 (im Text auch: Leonhard).

WERNER MITTENZWEI u.a. (Hg.), *Kunst und Literatur im antifaschistischen Exil 1933–1945*, Band 7: *Exil in Frankreich*, Leipzig 1981.

HANS NAUMANN, *Die deutsche Dichtung der Gegenwart. Vom Naturalismus bis zum Expressionismus*, Stuttgart 1927.

DETLEV PEUKERT, *Der Schund und Schmutzkampf als »Sozialpolitik der Seele«*, in: Akademie-Katalog.

HERMANN RAFETSEDER, *Bücherverbrennungen. Die öffentliche Hinrichtung von Schriften im historischen Wandel*, Wien u.a. 1988.

HANS REINOWSKI, *Aus dem ersten Quartal der Hitlerherrschaft. Terror in Braunschweig*, Zürich 1933.

ULF ROSENOW, *Die Göttinger Physik unter dem Nationalsozialismus*, in: Becker, S. 373 ff.

ADOLF RUPPRECHT, *Wie die Nazis das Eigentum der SPD raubten und zerstörten*, Berlin 1960 (im Text auch: Rupprecht).

GERHARD SAUDER, *Akademischer »Frühlingssturm«. Germanisten als Redner bei der Bücherverbrennung*, in: Walberer, S. 140 ff. (im Text auch: Sauder I).

GERHARD SAUDER, *Die Bücherverbrennung. 10. Mai 1933*, München/Wien 1983 (im Text auch: Sauder II).

KLAUS SCHÖFFLING (Hg.), *Dort wo man Bücher verbrennt. Stimmen der Betroffenen*, Frankfurt am Main 1983.

ALBRECHT SCHÖNE, *Göttinger Bücherverbrennung 1933. Rede am 10. Mai 1983 zur Erinnerung an die »Aktion wider den undeutschen Geist«*, Göttingen 1983 (im Text auch: Schöne).

HANS J. SCHÜTZ, *Verbotene Bücher*, München 1990.

JÜRGEN SERKE, *Die verbrannten Dichter. Lebensgeschichten und Dokumente*, Weinheim und Basel 1992 (im Text auch: Serke).

GÜNTER STEMBERGER (Hg.), *2000 Jahre Christentum*, Erlangen 1989.

HANS-WOLFGANG STRÄTZ, *Die geistige SA rückt ein. Die studentische Aktion wider den undeutschen Geist im Frühjahr 1933*, in: Walberer (erstmals erschienen in: *Vierteljahreshefte für Zeitgeschichte*, 16. Jahrgang 1968).

SVEN THUN, *Bücherverbrennung 1933 am Beispiel Wuppertal*, Wuppertal 2002 (veröffentlicht nur unter www.exil-club.de).

CORDULA TOLLMIEN, *Nationalsozialismus in Göttingen* (Diss.), Göttingen 1998

FRITHJOF TRAPP, *Die Bücherverbrennungen: Rückwirkungen und Folgen für die Lese- und Rezeptionsgewohnheiten*, in: Graf, S. 30 ff.

HEINRICH VON TREITSCHKE, *Unsere Aussichten*, in: *Preußische Jahrbücher*, 15. November 1879

THEODOR VERWEYEN, *Bücherverbrennungen*, Heidelberg 2000 (im Text auch: Verweyen).

ULRICH WALBERER (Hg.), *10. Mai 1933. Bücherverbrennung in Deutschland und die Folgen*, Frankfurt am Main 1983 (im Text auch: Walberer).

HANS-ALBERT WALTER, *Deutsche Exilliteratur 1933-1950*, 7 Bände, Darmstadt und Neuwied 1972 ff.

MICHAEL WILDT, *Generation des Unbedingten. Das Führungskorps des Reichssicherheitshauptamtes*, Hamburg 2002 (im Text auch: Wildt).

CLEMENS ZIMMERMANN, *Die Bücherverbrennung am 17. Mai 1933 in Heidelberg*, in: Leonhard, S. 101 ff.

Register

Abbildungsnachweis

Bei den meisten Abbildungen, die wir Zeitungen entnommen haben, waren die Urheber nicht mehr festzustellen; soweit die Urheber festgestellt werden konnten, waren jedoch die heutigen Rechtsträger nicht zu ermitteln. Der Verlag bittet deshalb um Hinweise, um bestehende Ansprüche honorieren zu können.

Wegen der Reproduktionen aus Zeitungen ist die Bildqualität häufig mangelhaft, wegen des zeitgeschichtlichen Zeugnisses wollten wir auf Abbildungen aber nicht verzichten.

Stiftung Archiv der Akademie der Künste S. 92, 120, 121, 125, 128
Bildarchiv Preußischer Kulturbesitz S. 23, 93, 109, 110, 123, 126, 127, 172, 173, 174
Staatsarchiv Würzburg S. 68, 106, 107, 131
Stadtarchiv Braunschweig H XVI: H III 1f/1933 S. 54
Städtisches Museum Göttingen S. 151, 152
Stadtarchiv Heidelberg S. 192
Stadtarchiv München S. 179
Deutsches Historisches Museum S. 115, 124
Österreichische Nationalbibliothek, Bildarchiv S. 129
Museum für Geschichte der Stadt Dresden S. 52
Stadtarchiv Frankfurt am Main S. 169
The Heartfield Community of Heirs / VG Bild-Kunst, Bonn S. 213